적폐몰이, 공영방송을 무너뜨리다

이 도서의 국립중앙도서관 출판예정도서목록(CIP)은 서지정보유통지원시스템 홈페이지(http://seoji.nl.go.kr)와 국가자료종합목록 구축시스템(http://kolis-net.nl.go.kr)에서 이용하실 수 있습니다. (CIP제어번호 : CIP2019049200)

적폐몰이, 공영방송을 무너뜨리다

• 김도인 지음 | 전 MBC 편성제작본부장 •

도서
출판 프리뷰

나는 왜
이 책을 쓰는가

나는 1986년 11월 라디오 PD로 MBC에 입사했다. 방송사는 KBS
와 MBC만 있던 시절이었다. 1980년 언론 통폐합으로 TBC와 동아방
송이 KBS에 흡수되고, SBS와 EBS는 개국하기 전이었다. 1980년 언
론인 대량해직 사태로 인한 인력 공백, TV 방송시간의 확대, 그리고
1986년 아시안게임과 1988년 올림픽게임 준비를 위해 당시 MBC는
신입사원을 많이 뽑았다. 함께 입사한 사람들로는 최승호 MBC 사장,
박정훈 SBS 사장, 김영희 MBC 부사장, 이진숙 전 대전MBC 사장,
김병욱 PD 등이 있다.

내가 입사할 무렵 MBC 라디오는 KBS 라디오에 눌려 거의 모든
시간대에서 2위로 밀려나 있었다. 1980년 언론 통폐합 이전에는 TBC
동양방송와 DBS동아방송가 라디오 방송사 중에서 강세를 보였는데, 이
두 방송이 KBS로 통폐합되었기 때문이다. 그러다가 내가 입사한 이

후 MBC 라디오가 선두로 치고나갔다. 1987년 11월에 MBC 라디오가 최초로 표준FM 주파수를 얻어서 AM과 FM으로 동시 방송을 시작한데다 새로 입사한 젊은 PD들이 치열한 내부 경쟁을 벌이면서 채널에 활력을 불어넣은 것이 주효했다.

이후 2010년대 중반까지 MBC 표준FM은 독보적인 청취율 1위를 자랑했다. 라디오는 마이너 매체라는 말이 MBC 라디오에는 해당되지 않았다. MBC 라디오는 한때 광고매출에서 직접제작비를 뺀 이익을 가리키는 공헌이익이 최고 600억 원대에 육박하는 '라디오계의 공룡'이자 '황금알을 낳는 거위'였다.

나는 다양한 프로그램을 연출하면서 MBC가 라디오 왕국으로 자리 잡는 데 한몫을 했다. 홈런타자는 아니었지만 타율은 상당히 높은 편에 속했다. 창의력이 뛰어나거나 끼가 많지는 않았지만 사심 없이 열심히 일했기 때문이다.

돌이켜보면 입사 초창기에 취재 프로그램을 한 것이 이후 방송 생활을 하는 데 큰 도움이 되었다. 1989년 무렵 방송된 '현장 르포 마이크 출동'은 취재 PD 3~4명이 섭외, 취재, 원고 작성, 출연까지 도맡아서 하는 1인 제작 프로그램이었다. 1990년 5월에 시작한 'PD수첩'의 원조 격인 셈이다. 매일 저녁 7시 25분에 방송되었기 때문에 2주일에 3회 꼴로 25분 분량의 방송을 제작해야 했다.

당시에는 힘들었지만 지나고 보니 얻은 것도 많았다. 우선 워낙 호

되게 배워서 일을 무서워하지 않게 되었다. 취재 프로그램을 하면서 다양한 현장과 사람들을 경험했고, 사람들이 마이크에 대고 하는 말이 사실인지 검증하는 법을 배웠으며, 나중에 원고 쓸 때에 대비해 현장을 관찰하고 메모하는 습관을 키울 수가 있었다.

언론 부역자로 몰려 회사를 나오다

2017년 2월 편성제작본부장이 된 나는 문재인 정권 출범 이후 벌어진 전방위적인 퇴진 압력에 밀려 1년을 채 못 버티고 2018년 1월 회사를 나왔다. '언론 부역자', '언론 적폐'라는 낙인이 찍힌 채였다. 이후 한동안 분노와 원망 때문에 TV를 볼 수도 라디오를 들을 수도 없었다. MBC가 있는 상암동 근처에는 가기도 싫고 꿈에서도 노조원들과 싸웠다. 어느 정도 시간이 흐르자 MBC에 대한 생각이 새롭게 정리되기 시작했다. 생각해 보면 참 고마운 회사였다.

무엇보다도 재미있는 일, 보람 있는 일을 하면서 월급을 받았다. 4만 명의 청취자들을 모아놓고 잠실 주경기장에서 '별이 빛나는 밤에' 콘서트도 연출해 봤고, 평양에 가서 생방송으로 리포트도 해봤다. 회사 생활을 하면서 한번도 '을'의 역할을 할 필요가 없었다는 점도 정말 고마운 일이었다.

회사 생활을 하면서 가장 힘들었던 점은 언론노조와의 갈등이었다. 나는 입사 초기 노조에 가입했지만 열성 노조원은 아니었다. 입사 전에 다닌 광고대행사와 비교하니 MBC의 모든 것이 고마웠다. 인간적인 갈등도 있었다. MBC 사장으로 선임되었다가 노조의 반대로 석 달 만에 사퇴한 김영수 사장은 내가 연합광고에 근무할 때 과분할 정도로 나를 아껴주시던 분이다. 그 분의 사장 취임에 반대하는 농성 현장에 앉아 있으려니 마음이 너무 불편했다. 노조로 인해 회사 분위기가 건강해지는 측면도 적지 않다고 생각했다. 노조의 견제로 MBC의 조직문화가 건강해진 측면이 분명히 있었다. 하지만 어느 순간부터인가 노조가 건강한 견제세력에 머무르지 않고 권력 그 자체가 되어 갔다. 그때부터 노조로부터 마음이 떠나기 시작했다. 2007년경 보직 부장을 맡으면서 노조에서 자동 탈퇴하게 되었다.

노무현 정권 시절 MBC 언론노조는 전성기를 맞이하였다. 초대 언론노조 위원장을 지낸 최문순 사장이 취임했고, 내가 속한 라디오본부에서도 정찬형 전 MBC 노조위원장이 선배들을 제치고 본부장이 되었다. MBC에서 언론노조의 힘은 막강했다. 보직 부장들보다 노조 대의원들이 회사 돌아가는 사정을 먼저 아는 경우가 허다했다.

하지만 2008년 2월 이명박 대통령이 취임한 이후 정권과 언론노조 사이에는 대치전선이 형성되기 시작하였다. 그러다가 2010년 3월 김재철 사장이 취임한 이후에는 회사 보직자 그룹과 언론노조 사이에도 긴장관계가 형성되기 시작했다. 내가 언론노조를 비롯한 좌파진영으로부터 소위 '낙인찍기'의 대상이 된 것은 그런 와중의 일이었다. 보수 정권이 들어서면서 수세에 몰린 언론노조는 반대 진영에 속한 사람들을 '부역자'니 '적폐'니 비난하면서 조합원들의 분노를 결집하여 내부 결속력을 다지는 한편, 그들을 자리에서 내쫓는 명분으로 삼았다.

2016년 12월 14일 탄핵 국면에서 1차 언론 부역자 명단을 발표한 언론노조는 총 3차례에 걸쳐 101명을 언론 부역자로 선정했다. 나는 2017년 6월 15일 발표한 3차 부역자 명단에 이름을 올렸다. 언론노조는 나를 언론 부역자로 선정한 이유를 이렇게 공개했다.

1. 2017년 3월 13일 방송 예정이던 'MBC 스페셜-탄핵' 편을 불방시켰다.

2. 2013년 라디오국장 시절 '시선집중'과 '세계는 그리고 우리는' 등을 무력화시켰다.

3. 2011년 라디오 부장 시절 김미화, 윤도현, 김어준 등을 앞장서서 하차시켰다.

1, 2차 명단에 오른 사람들은 언론노조 김환균 위원장, 언론노조 MBC본부 김연국 본부장, 조능희 전 본부장 등을 모욕죄와 명예훼손

죄로 형사 고소했다. 하지만 나는 다른 방식을 택하기로 했다. 책을 쓰기로 한 것이다. 따라서 이 책은 언론노조가 나를 3차 언론 부역자 명단에 올린 것에 대해 내가 내놓는 답변이다.

언론노조에서 나를 부역자로 선정하며 밝힌 사건들 이외에도 '6월 항쟁 30주년 다큐'의 불방, 그리고 'PD수첩—한상균은 왜 감옥에 있는가'편의 불방 논란 등 MBC 언론노조에 의해 일방적으로 매도당한 사안들에 대해서도 사실관계를 밝히고자 한다.

언론노조원들이 나를 언론 부역자라고 생각한다면 그들의 '의견'이니 만큼 어쩔 수가 없을 것이다. 나도 최근 뉴스나 시사 프로그램을 보면서 그들을 '언론 부역자'로 생각하기로 했으니. 하지만 사실 관계에 대해서는 바로 잡고자 한다.

방송의 공정성 회복에 기여하고 싶어

내가 MBC에 몸담고 있던 지난 30여 년 동안 우파와 좌파 진영 사이의 정권 교체가 세 번 있었다. 진영이 바뀌는 정권 교체가 일어나면 MBC는 극심한 혼란에 빠져들었다. 13차례 파업이 있었고, 5명의 사장이 임기를 못 채우고 쫓겨났다. 그사이 MBC와 MBC 노조에서 어떤 일이 벌어졌는지 상세히 기록하려고 했다. 지금까지 상흔이 남아 있는 2012년, 2017년의 MBC 파업에 대해 언론노조와 진보 학자들의 관점에서 본 기록은 많았지만 반대편의 시각에서 본 기록은 거의 없다. 2017년 파업 당시 시청자들의 시청권을 지키겠다는 사명감으로 파업에 가담하지 않았다가 지금도 고통을 당하는 동료들이 많다. 이들의 노고가 헛되이 묻히게 해서는 안 되겠다고 생각했다.

나는 2018년 8월부터 MBC를 관리·감독하는 방송문화진흥회의 이사로 일하게 되었다. 소수 이사라는 한계 때문에 최승호 사장 체제의 MBC가 시청률이나 경영수지 측면에서 추락하는 것을 속절없이 지켜보아야만 했다. 자괴감을 느낄 때가 많았다. 너무도 어이없는 일은 그토록 공정방송을 주장하던 언론노조가 보여주는 불공정 방송 행태이다. 왜 이런 일이 생기는지 그들의 생각을 엿봤다.

또 외국의 공영방송이 편성규약 등의 제도를 도입한 철학은 무엇인지, 그들은 어떤 방식으로 방송의 공정성 논란을 피해 가는지에 대해서도 알아보았다.

MBC를 비롯한 우리 방송계는 왼쪽으로 너무 기울어져 있다. 방송의 공정성을 보장하기 위한 제도적 장치나 공영방송을 관리·감독하는 시스템에 대한 연구마저도 진보 학자들의 주장에 의존하다시피 하고 있다. 미약하지만 이 책이 MBC와 공영방송의 공정성 회복, 나아가 우리나라 언론 전체가 균형을 되찾는 일에 도움이 되었으면 하는 소망이다.

김 도 인

시작하는 글 | 나는 왜 이 책을 쓰는가 ··· 4

Part 01 적폐몰이

Chapter 01 언론노조와 전쟁을 벌이다 ································· 17

1. 박근혜 탄핵 다큐 제작 중단 ·· 18
2. 6월 항쟁 30주년 다큐 제작이 중단된 사연 ······················ 22
3. 부당노동행위로 검찰 수사를 받다 ·································· 29
4. '한상균은 왜 감옥에 있는가?'를 놓고 노조와 일전 ············ 40

Chapter 02 MBC를 강타한 최악의 파업 ······················· 49

1. 카메라기자 성향분석표가 대형 악재 역할 ······················ 50
2. 마침내 무너진 김장겸 사장 체제 ·································· 67

Chapter 03 노영방송의 길로 ··· 75

1. 사장으로 수직 신분상승한 최승호 PD ··························· 76
2. 사표를 강요당하다 ·· 81
3. 무경험자들의 논공행상 ·· 90
4. 반격 준비, 방송문화진흥회 이사로 선임되다 ··················· 97

Chapter 04 시청자 신뢰 걷어찬 편파 방송 ················· 103

1. 정권의 방송으로 시청자의 외면을 받다 ························· 104
2. 외면당한 객관주의 저널리즘 ·· 112
3. 언론노조의 전유물이 된 공정성 논의 ···························· 118

Part 02 노조가 MBC를 장악하다

Chapter 01 골리앗이 된 언론노조 ······················· 125

1. MBC 언론노조의 역사는 파업의 역사 ················ 126
2. MBC는 어떻게 노조 왕국이 되었나 ················· 136

Chapter 02 김미화 퇴출과 언론노조 ····················· 143

1. 김미화의 퇴근길 시사프로 ························· 144
2. 이명박 정부 출범과 김미화 1차 퇴출 시도 ············ 148
3. 김재철 사장 취임과 총파업 ························ 156
4. 생방송 스튜디오에 나타난 정보과 형사 ·············· 160
5. 김미화씨, 임자를 만나다 ·························· 178

Chapter 03 윤도현 하차의 진실 ························· 199

1. 경력직 PD 충원 놓고 노조와의 갈등 폭발 ············ 200
2. DJ 교체 논란으로 윤도현과 주병진씨 모두에게 피해 돌아가 ···· 205
3. '문화방송 정상화 전략 및 추진방안'이라는 문건 ········· 210

Chapter 04 내전 치른 MBC, 170일 간의 파업 ··········· 215

1. 노사 현안 관련 합의로 노조 발언권 강화돼 ··········· 216
2. 전 방송사로 파업이 확대되다 ······················ 223
3. 메우기 힘든 갈등의 골 남긴 170일 파업 ·············· 230

Chapter 05 잠깐 동안의 평화 ················· 239

1. 라디오국장으로 돌아오다 ················· 240
2. 또다시 라디오를 망친 인물이라는 비난을 받다 ················· 252
3. 미래지향적인 편성 전략을 시도하다 ················· 263

Part 03 공정방송 회복을 위한 길

Chapter 01 공정성을 보장하기 위한 외국의 방송제도들 ····· 279

1. BBC의 방송 공정성 확보를 위한 장치 ················· 280
2. 독일과 오스트리아의 공정방송 제도 ················· 286
3. 프랑스 방송의 공정성 장치 ················· 292
4. 방송의 공정성 원칙을 둘러싼 논란 ················· 296

Chapter 02 공정방송을 위한 제언 ················· 301

1. 갈 길 먼 공영방송의 공정성 확보 ················· 302
2. 공영방송의 다양성을 위한 방안 ················· 311
3. 방문진의 MBC 관리 이렇게 개선하자 ················· 320

감사인사 | 함께 힘들었던 분들께 응원의 박수를 ················· 325

PART

01

적폐몰이

Chapter01

언론노조와
전쟁을 벌이다

1 박근혜 탄핵 다큐 제작 중단

2017년 2월 23일 방송문화진흥회는 이사회를 열고 김장겸 사장을 임기 3년의 MBC 새 사장으로 선임했다. 전임 안광한 사장의 임기 만료에 따른 선임이었다. 2016년 12월 9일 박근혜 대통령에 대한 탄핵 소추안이 국회에서 가결됨으로써 대통령 권한이 정지된 비상사태였고, 3월 10일에 헌법재판소 결정이 예정되어 있는 상황이었다.

토요일인 2월 25일 오후 3시경 김장겸 사장 내정자로부터 전화가 왔다. 편성제작본부장을 맡아달라는 것이었다. 이틀 만에 전화가 온 것을 보니 인선에 고심이 많았던 것 같았다. 그 시점에 본부장이 된다는 것이 마냥 좋아할 일은 아니었다. 제10기 방송문화진흥회(방문진) 이사들의 임기는 2018년 8월까지였다. 길어 봐야 그때까지겠다는 생각이 들었다. 하지만 본부장 선임을 고사하는 것도 비겁한 일이었다. 열심히 하겠다고 대답했다.

2월 27일 방송문화진흥회는 임시 이사회를 열고 김장겸 사장으로부터 복수의 이사 후보를 추천 받아 본사 이사 내정자 7명과 관계사 사장 및 임원을 선임했다. 백종문 부사장, 최기화 기획본부장, 김도인 편성제작본부장, 이주환 드라마본부장, 이은우 경영본부장, 윤동열 미디어사업본부장, 김성근 방송 인프라본부장 등 7명의 본사 이사 내정자가 정해졌다.

이날 김연국 언론노조 MBC본부장은 방문진 앞에서 기자회견을 열고 "방송의 독립성과 공정성, 공정방송의 실현 의지와 철학을 가진 인사가 단 한 명도 없다. 이들이 임기를 제대로 마치고 나오지 않도록 끝까지 싸워 몰아낼 것"이라고 밝혔다.

방문진에서 이사로 선임된 그날 저녁에 열린 MBC 임시 주주총회에서 이사 선임이 확정되었다. 주총에서 이사로 확정되자 곧바로 K 콘텐츠제작국장에게 다음과 같은 내용의 문자를 보냈다. "L 피디가 준비 중인 탄핵 다큐는 김현종 본부장도 컨펌한 적이 없다고 하고, 저도 컨펌할 생각이 없으니 더 늦기 전에 중단시켜 주십시오."

취임식도 열리기 전에 이런 문자부터 보낸 이유는 경영진 교체기를 맞아서, 또한 대통령 탄핵이라는 정치적 격변기를 맞아서 사내 지휘 체계가 무너지는 조짐이 있다고 판단했기 때문이다. 대표적인 사례가

'탄핵 다큐' 문제였다.

2월 22일 본부장 주재회의 때 K 국장이 'MBC 스페셜-탄핵 다큐'를 준비해 3월 중순 탄핵이 확정되면 방송할 예정이라고 보고했다. 당시 김현종 본부장이 "그렇게 중요한 아이템이 본부장 컨펌 없이 어떻게 진행되고 있나?"라고 지적하였다. K 국장은 "부장과 본부장 간에 컨펌된 것 아닌가?"라고 반문했다. 자신이 휴가 중이던 2016년 12월 말에 담당 부장이 본부장에게 구두로 보고한 줄 알았다는 것이었다.

본부장에게 기획안 제때 보고 안해

본부장이 기획안을 달라고 하자 K 국장은 "기획안은 받아보지 못했다. 기획안을 안 받고 구두로 진행하는 경우도 있다."라고 했다. 본부장은 주요 기획 중에 기획안을 보지 않고 제작을 승인한 적은 없었다고 반박했다. 두 사람의 대화를 지켜보던 나는 국장이 기획안을 받아보지 못했다는 것은 말도 안 된다고 생각했다. 도대체 어떤 내용이기에 본부장에게 기획안을 제출하지도 못하나 하는 생각이 들었다.

진상을 파악해 보니 1월 9일에 L피디가 담당 부장에게 '탄핵 다큐' 기획안을 사내 인트라넷으로 보고했고, 담당 부장은 이를 보완해서 같은 날 K 국장에게 사내 메일로 보고한 것으로 드러났다. K 국장이 담당 부장으로부터 기획안을 보고 받고 40일 넘게 본부장에게 보고하지 않고 있었던 것이다.

아무튼 그날은 본부장이 아이템을 컨펌한 적이 없으니 원점에서 재검토하는 것으로 결론이 났다. 특히 L피디에 대한 우려감을 강력히 표명했다. 방송 예정일을 불과 20일 남겨두고 원점에서 재검토하라는 소리는 방송 불가를 의미하는 것이었다. 그런데 그 이후에도 L피디가 제작을 중단했다는 얘기는 들리지 않았다.

편성제작본부는 편성국, 시사제작국, 콘텐츠제작국, 라디오국, 아나운서국, 뉴미디어 포맷개발센터를 관장하는 매머드 본부였다. 'PD수첩', '시사매거진 2580', '100분 토론', 'MBC 스페셜', '시선집중' 등 뉴스를 제외한 주요 시사와 교양 프로그램은 전부 편성제작본부장 관할이었다. 어디서 어떤 사고가 날지 몰랐다. 사전 승인 절차를 밟아 제작한 'PD수첩-탄핵, 불붙은 여론 전쟁'이나 '리얼스토리 눈-대통령 탄핵 청와대 떠나 사저로'는 아무런 차질 없이 방송이 나갔다.

방문진의 소수 이사들은 내가 프로그램 시사도 하지 않고 불방 결정을 내린 것에 대해 감사를 실시해야 한다고 요구했으나, 이는 "방송 편성의 자유에 대한 외압"이라며 부결 처리되었다. 프로그램을 시사한 다음 방송 여부를 결정하라는 것은 승인받지 않은 프로그램을 몰래 제작하는 PD가 항상 하는 얘기였다. 시사를 한 후에 불방 결정을 내리면 사전 보고를 하지 않았다는 사실은 면책되고, 왜 불방시킬 수밖에 없는지를 상급자가 입증해야 하는 구도로 공수가 바뀌게 된다.

2

6월 항쟁 30주년 다큐 제작이 중단된 사연

콘텐츠제작국에서 몰래 제작하던 다큐멘터리는 '탄핵 다큐'뿐만이 아니었다. 2월 27일 저녁에 내가 보낸 문자를 보고 놀란 K 국장은 이튿날 오전에 다큐멘터리 담당 부장을 불러서 '6월 항쟁 30주년' 다큐와 '휴먼 다큐 사랑–두 엄마 이야기'까지 제작을 중단하라고 지시했다. 모두 본부장에게 기획안이 제출되지 않은 다큐였다. '6월 항쟁 30주년' 다큐의 경우 미국 취재 일정을 포함해 제작비 규모가 커서 평상시 'MBC 스페셜'의 표준 제작비 4,428만원으로는 커버할 수 없는 프로그램이었다. 아이템 내용뿐만 아니라 제작비 조달 방법까지 제시되는 기획서를 작성해 본부장 결재를 받아야 되는 사안이었다.

나중에 K 국장에게 물어 보니 전임 본부장이 제작비 조달 방안이 없다는 이유로 결재를 거부할까 봐 보고를 하지 않았다고 했다. 콘텐츠진흥원 공익사업 분야에 지원해서 제작비 지원을 받게 되면 결재를 올리려고 했다는 것이었다. 콘텐츠진흥원의 지원작 발표는 3월 말에야 있을 예정이었기 때문에 촛불집회와 태극기집회에 대한 사전 취재에 한해서 허가했다고 했다.

그런데 K 국장은 '6월 항쟁 30주년' 다큐의 제작을 중단시켜놓고도 나에게 보고하지 않았고, 후임 홍상운 국장에게도 그 사실을 인계하지 않았다. 그러다가 K 국장은 3월 2일에 편성제작본부를 떠나 신성장사업국장으로 자리를 옮겼다. 물론 나는 그런 다큐들이 제작 중단되었다는 사실도 몰랐다. 나중에 M 피디가 홍상운 국장에게 '6월 항쟁 30주년' 다큐에 대해 보고했을 때는 콘텐츠진흥원 지원 만기일인 3월 6일이 지나서였을 것이다.

홍상운 국장은 전임 국장이 제작 중단을 지시했던 아이템인데다, 제작비 조달 방안도 없고 해서 M 피디의 기획안을 거부했고, 그런 사실을 나에게 보고하지 않았다.

2017년 3월 17일 미디어오늘에 'MBC 탄핵 다큐 이어 세월호 · 6월 항쟁 제작도 막았다'는 기사가 실렸다. 신임 경영진들이 제작 중단 압력을 넣어서 제작이 중단된 것처럼 기사화한 것이었다. 나는 '허위 기사로 MBC를 비방한 언론노조 기관지 미디어오늘에 경고한다'는 성명서를 통해 보고 받은 적도 없는 제작을 어떻게 중단시키느냐고 반박했다.

3월 말에 콘텐츠제작국에서 보고가 올라왔는데 '6월 항쟁 30주년' 다큐의 불방 제작비가 3,000만원 가까이 나왔다. 2월 28일 K 국장이 제작 중단 지시를 내린 이후 집행된 금액이 상당했다. 임원회의에서 감사가 M 피디에게 변상조치 시켜야 되는 것이 아니냐는 이야기까지 했다. M 피디는 5월 17일에 인사위원회에 회부되었다.

인사위원회 개최를 하루 앞둔 5월 16일 언론노조 MBC본부는 '끝없는 징계, 자멸을 재촉하는 경영진'이라는 성명서를 발표했다. "회사는 제작중단 지시를 불이행하고 사전 제작비를 과다 지출했다는 이유로 M 피디를 징계하겠다고 나섰다. 부당한 검열과 불방이라는 사건 본질은 외면하고 담당 PD에게 책임을 묻겠다는 것이다."라며 회사를 비방하였다.

나는 콘텐츠제작국장에게 대응 성명서를 준비하라고 지시했다. 홍상운 국장은 'MBC스페셜 6월 항쟁 30주년 아이템 사실은 이렇습니다.'라는 문건을 작성해 나에게 인트라넷으로 보내고 예정된 일본 출장을 떠났다.

문장이 서술체로 되어 있지 않아서 내가 문장을 다듬어 홍보국과 조율한 다음, 5월 18일 게시판에 '6월 항쟁 다큐 제작 관련 징계사유는 이렇습니다.'라는 글을 게재했다. 내용의 요지는 이랬다.

1. '6월 항쟁 30주년'에 대해 J다큐부장과 K콘텐츠제작국장이 제작 승인을 한 적이 없다. 다만 시기를 놓치면 촬영이 불가능한 촛불집회와 태극기집회 등의 미속촬영을 하고 싶다고 하여 그 부분에 한해 사전 취재를 허가했다.

2. M피디가 사전 제작비를 과다하게 지출했다는 이유만으로 징계를 받게 되었다는 주장은 사실이 아니다. 사전 제작비로 3,000만 원을 집행하면서 담당 부장과 국장에게 보고하지 않고 임의로 지출하였기 때문이다.

3. 이와 같은 제작관행은 일탈이다.

이런 내용을 사내 인트라넷 게시판에 올리자 5월 24일 콘텐츠제작국 소속 PD들이 국 총회를 연 다음 '방송을 막고 PD들을 모욕한 경영진은 MBC를 떠나라!'는 제목의 기명 성명을 냈다. 사실 관계를 왜곡하여 인격을 훼손하고, 프로그램 불방의 책임을 PD 개인에게 돌리는 행위라며 경영진과 보직 간부들을 향해 자리에서 물러나라고 요구했다. 2017년 5월 9일 대통령 선거에서 문재인 대통령이 당선되면서 현 경영진을 쫓아낼 명분을 찾던 중이었을 것이다.

엎친 데 덮친 격으로 예상치 못한 일이 일어났다. 2017년 6.10 민주항쟁 기념식에서 '6월 항쟁 30주년' 다큐의 주인공 역할이었던 미국인 킴 뉴튼Kim Newton 교수가 문재인 대통령을 만난 것이다. 6월 항쟁 당시 외신기자로 와서 사진을 찍은 그는 자신이 진행자로 참여한 '6월 항쟁 30주년' 다큐의 방영을 희망한다며 대통령의 도움을 요청하는 편지를 전달했다. 이 사실은 문재인 대통령이 페이스북에 킴 뉴튼 교수를 만난 사실을 게재함으로써 많은 언론에 보도되었다. 그 사건을 계기로 나는 이 정권으로부터 대표적인 '언론 적폐 세력'으로 공인받게 된 셈이었다.

'6월 항쟁 30주년' 다큐가 정상적인 절차를 거쳐서 나에게 보고가 되었더라면 제작을 허가하지 않을 이유는 없었을 것이다. K 국장이 미리 '6월 항쟁 30주년' 다큐에 관해 제대로 보고했더라면 얼마나 좋았을까 하는 아쉬움이 강하게 남았다. 그래서 홍상운 콘텐츠제작국장에게 2018년 6.10 민주화운동에 즈음해서 방송이 나갈 수 있도록 M 피디에게 기획안을 다시 제출시키도록 했다.

M 피디가 보내온 기획서를 보니 미국 취재가 두 번 예정되어 있어서 본인도 예산이 많이 드는 프로그램이라는 것을 인정하고 있었다. 지금까지 들어간 제작비 3,000만원에 'MBC 스페셜' 1회분 제작비 약 4,428만원을 더 보태면 기본적인 촬영을 할 수 있으며, 2018년도 콘텐츠진흥원 공공공익 분야에 지원해서 지원금을 받을 수 있으면 후반 작업이 원활할 것 같다는 얘기였다. 콘텐츠진흥원의 공익사업 지

원을 받지 못하게 된다면 회사 특집 예산을 배정하면 되겠다 싶어서 기획안을 승인해 주었다.

　대통령의 페이스북 게시 글 때문에 기세가 올랐는지 M피디는 6월 21일 내가 올린 '6월 항쟁 다큐 제작관련 징계사유는 이렇습니다.'의 내용이 허위 사실이라며 사내 인트라넷 게시판에 올라간 성명서를 삭제하고 MBC 구성원에 대해 사과하라고 요구했다. 본인은 분명히 제작 승인을 받았다는 것이었다. 나는 K 국장으로부터 사전 취재에 한해서 허가했을 뿐 프로그램 전체에 대한 제작 승인을 한 것이 아니라는 확답을 받아두었기에 그의 요구를 무시했다. 그러자 M 피디는 내용증명을 보내왔다. 내가 조치를 취하지 않으면 고소하겠다고 했다. 내용증명도 무시했더니 8월 중순경 나를 정보통신망이용촉진 및 정보보호 등에 관한 법률위반(명예훼손)으로 서울서부지검에 형사 고소했다. 아울러 성명서 내용의 삭제와 피해보상금 3,000만원을 청구하는 민사소송도 제기해 왔다.

　이 고소 건은 1년 넘게 나를 괴롭혔다. 마포경찰서에서 무혐의 의견으로 송치하자 담당 검사는 보강조사를 지시했고, 다시 무혐의 의견으로 경찰이 송치하자 검찰에서 나를 불러 피의자 조사를 강도 높게 했다. 대통령이 페이스북에서 언급한 관심 사건이라는 점이 나를 심리적으로 강하게 압박했다. 검사의 입장도 마찬가지였으리라.

　다행히 M 피디가 나를 형사고소하기 전에 내용증명을 보내왔기 때문에 그가 어떤 서류를 증거자료로 제시하면서 어떤 주장을 하는지 미리 파악할 수 있었다. 이 사건은 2018년 4월 30일 무혐의 처분을 받았다. 그러자 상대방은 고등검찰청에 항고했고, 2018년 11월 19일 항고기각 결정이 내려졌다. 보통 항고기각 때는 기각 이유를 간단히 기재한다고 들었는데, 무려 6페이지에 걸쳐 내가 무혐의인 이유를 상세하게 기술하고 있었다. 특이한 사례였다. 민사소송도 1심에서 내가 이기자 상대방은 항소하였는데, 항고가 기각되자 2019년 1월 10일 항소를 도중에 취하하였다.

'6월 항쟁' 다큐에 얽힌 얘기는 이것이 끝이 아니다. 2017년 방송이 무산되었던 '6월 항쟁' 다큐는 2018년 6월 11일 '어머니와 사진사'라는 제목으로 방송되어 1.9%의 시청률을 기록했다. 그런데 2018년 6월 12일 인터넷 신문인 'PD저널'에서 '어머니와 사진사'의 제작과 관련해 M 피디를 인터뷰했는데, "지난해 경영진의 탄압으로 제작이 중단된"이라든지 "과거 경영진의 석연치 않은 제작 중단 지시"라는 표현이 들어 있었다.

나는 언론중재위원회에 반론 보도를 청구하여 2018년 7월 5일 '조정을 갈음하는 결정'을 받아냈다. 그런데도 PD저널이 불복하기에 서울남부지법에 반론보도를 청구하는 민사소송을 제기하여 승소하였고, 상대편이 항소를 포기함에 따라 최종 확정되었다.

3 부당노동행위로 검찰 수사를 받다

편성제작본부장이 된 다음 국장 인선을 놓고 고심을 거듭했다. 한 치 앞도 내다볼 수 없는 시절이었다. 나와 소통이 잘 되는 사람, 그리고 내가 믿을 수 있는 사람을 기준으로 편성국장에 김지은, 시사제작국장에 조창호, 콘텐츠제작국장에 홍상운, 라디오국장에 유경민, 아나운서국장에 신동호, 뉴미디어 포맷개발센터장에 유정형 국장의 임명을 김장겸 사장에게 요청했다.

국장들과 처음 회의하는 자리에서 나는 이렇게 얘기했다. "언제까지 될지 모르지만 우리가 이 자리에서 일하는 동안 쪽 팔리게 살지는 맙시다." 이왕이면 뭔가 의미 있는 발자취를 남기고 싶은 생각도 들었다. 지금 돌이켜보면 국장들이 소신을 가지고 버텨 주었기에 MBC

역사상 가장 악조건에서 싸워야했던 2017년 파업 사태를 잘 버텨낼 수 있었다.

편성제작본부의 당면 과제는 뉴미디어 포맷개발센터를 어떻게 운용할 것이냐 하는 문제였다. 뉴미디어 포맷개발센터는 2014년 10월에 신설된 조직으로 온라인 · 모바일 등 뉴미디어 전용 콘텐츠의 포맷을 개발하거나 제작하는 일을 수행했다. 구로 디지털 단지에 사무실이 있다는 이유로 언론노조에서는 '유배지'라고 공격을 해온 곳 중의 하나였다. 다행히 뉴미디어 포맷개발센터 근무자 중에서 부당전보 무효확인소송을 제기한 사람은 없었지만, 유배지라는 말이 나오는 것을 개선하지 않으면 곤란한 상황이 발생할 수 있다고 생각했다. 편성제작본부 산하에 있는 부서인 만큼 방송용 프로그램을 제작하는 기능을 추가해야겠다고 생각했다.

편성국장 시절 KBS의 '걸어서 세계 속으로'를 벤치마킹한 프로그램을 만들어야 하겠다고 생각했다. 시청률도 꾸준히 나오고, 여행 전문 케이블 채널에 판매되는 등 수익성이 좋았다. 그런데도 제작비가 과거 MBC에서 제작했던 여행 프로그램의 절반밖에 안 된다는 얘기를 듣고서 깜짝 놀란 적이 있었다. 그 비결이 바로 '1인 제작' 시스템이었다. 베테랑 PD 한 명이 촬영과 편집, 대본 작성까지 모두 담당하기 때문에 가능한 일이었다. 그 무렵 나는 각 부문별 공헌이익을 보면서 MBC의 경영 상황에 대해 위기의식을 많이 가지고 있었다.

MBC는 원래 드라마, 예능, 라디오에서 흑자를 많이 내서 보도나 시사·교양에서 발생한 적자를 메우는 구조였다. 그런데 드라마 부문의 수익성이 갑자기 악화되었다. 2015년까지만 해도 347억 원의 공헌이익을 기록하던 드라마 부문이 2016년에 137억 원의 적자로 돌아선 것이다. 케이블, 종편에서 드라마 제작에 뛰어들면서 제작요소 비용은 폭등한 반면, 광고수익은 오히려 감소한 여파였다. 광고수입뿐만 아니라 콘텐츠 유통수입을 거둘 수 있는 드라마나 예능 같은 장르에는 제작비를 아껴서는 안 되겠지만, 광고도 안 붙고 콘텐츠 유통수입도 없는 시사·교양 장르에는 적정한 제작비로 우수한 프로그램을 제작할 수 있는 제작 프로세스의 혁신이 필요한 상황이었다.

또 하나의 고려 요인은 UHD 방송의 도입이었다. 나는 편성국장 시절부터 UHD 방송의 도입에 부정적이었다. UHD 방송을 하게 되면 쌍방향 방송이 가능하고 직접 수신율이 높아질 것이라는 것이 매체전략국의 주장이었다. 나는 기술적으로 가능한 것과 시장에서 실현 가능한 것은 별개의 문제라며 몇 차례 언쟁을 벌인 적도 있었다. UHD 장비의 구입 때문에 지역 MBC에는 경영 위기가 올 수 있다고 경고하기도 했다. 2017년부터 시작된 UHD 방송의 의무편성 비율은 2017년 5%, 2018년 10%였다. 그래서 UHD 수상기가 많이 보급될 때까지, 300~400만원에 구입할 수 있는 UHD 캠코더를 이용해 저렴하게 제작할 수 있는 프로그램이 있으면 좋겠다고 생각했다.

편성제작본부장 선임을 통보받자마자 유정형 콘텐츠제작국 부국장과 통화했다. 유 부국장은 입사 동기이자 내가 외주국장으로 있을 때 부국장으로 같이 호흡을 맞춘 사이였다. 해외여행 프로그램의 기획을 맡아본 경험도 있어서, 해외 견문 프로그램의 관리를 맡을 만한 적임자였다. 나의 복안을 설명한 다음, 3월 2일자로 센터장 발령을 내겠다고 했다. 3월 3일 첫 임원회의에서 뉴미디어 포맷개발센터에 새로운 포맷과 프로세스로 프로그램을 제작하는 기능을 추가하겠다고 김장겸 사장에게 보고했다.

3월 4일 토요일 유정형 센터장에게 내가 생각한 프로그램 콘셉트를 메일로 보내 검토해 보라고 요청했다. 5월 9일 대선이 끝나면 매주 목요일 밤 11시대에 편성하겠다고 했다.

유 센터장은 취재경험이 있는 PD들을 중심으로 적어도 4개조가 필요하다고 얘기하였다. 그래서 효율적인 업무 프로세스를 통해 저렴한 비용으로 해외견문 프로그램을 제작할 월드와이드 제작팀을 뉴미디어 포맷개발센터 내에 신설하기로 했다. 3월 10일 L부장을 팀장으로 해서 'W' 제작 경험이 있는 베테랑 PD 4명을 포함한 7명을 발령냈다. 여기자 2명은 현지 리포트를 하는 역할로 선발했다. 출연료를 들여야 하는 외부 인사들을 쓰지 않고 현장에서 기자들이 오프닝, 클로징 리포트를 하게 할 생각이었다.

3월 28일경 유 센터장이 찾아왔다. 제작진이 목요일 밤 11시대 60

분물 제작을 너무 부담스러워 하니 차라리 일요일 밤 12시 30분대에 40분 제작물로 편성되기를 희망한다는 것이었다. 일요일 밤 12시대는 원래 재방송이 나가는 시간대여서 그 시간대에 편성된 예산이 없었다. 그래서 '기분 좋은 날', '경제 매거진 M' 등의 제작비를 줄여서 주당 2,400만원 제작비를 확보해 주었다.

녹취록이 없었더라면 누명을 쓸 뻔

4월 11일에 유 센터장이 다시 찾아왔다. 제작진이 일요일 밤 12시대도 시간이 너무 촉박하다고 부담스러워 하니 차라리 추석 때 파일럿으로 2편을 편성해달라고 희망한다는 것이었다. 나는 제작진이 의논해서 프로그램 제작 로드맵과 제작비 내역을 제출하라고 했다.

4월 12일에는 유정형 센터장이 KBS '걸어서 세계 속으로' 팀장과 미팅한 결과를 보고해 왔다. 우리도 꼭 도입할 필요가 있는 제작 시스템인 것 같은데 제작진이 완강하게 반대한다는 얘기를 전해왔다. 또 한 가지 걸림돌은 기술 쪽이었다. 1인 제작 시스템에 필요한 장비를 구입하려면 촬영 장비만 9,000만원, 편집 장비가 1억 원이 넘게 소요된다는 답변이 왔다. 용산 전자상가에서 파는 300~400만 원대 UHD 카메라 정도면 충분할 것 같은데, 최상의 스펙을 기준으로 소요 예산을 산출한 것이었다. 나는 방송 장비시장에 거품이 많이 끼어 있다고 생각했지만 어차피 장비 구입은 그쪽 권한이었다. 유 센터장에게 '1인 제작' 시스템을 즉각 도입하는 문제는 장기과제로 미루고, 제작진들이 익숙한 기존의 방식대로 일단 제작을 시작하자고 했다.

유정형 센터장이 5월 11일에 인트라넷 이메일로 제작진이 작성한 제작 일정과 편당 4,000만원이 조금 넘는 제작비 내역을 보내왔다. 7월에 작가 등 제작진을 꾸리고 8월초에 해외 촬영을 나가, 10월초인 추석 연휴 때 파일럿 프로그램 2편을 방송하는 일정이었다. 나는 바로 승인하면서 이번에는 차질이 없어야 한다고 다짐을 받았다. 6월 중순쯤 되었을 때 월드와이드 제작팀이 본부장 면담을 요구한다는 얘기를 유정형 센터장이 전해왔다. 6월 23일 나는 구로 디지털 단지에 있는 뉴미디어 포맷개발센터 사무실로 갔다.

5월 9일 대선이 끝난 뒤 김장겸 사장 체제를 끌어내리기 위한 공격이 본격화되던 시점이었다. 뉴미디어 포맷개발센터 사무실에 들어가니 '김장겸 OUT' 등 경영진 퇴진을 요구하는 팻말들이 가득했다. 유정형 센터장이 배석한 가운데 L 팀장 등 월드와이드 제작팀원 4명과 면담했다.

L 팀장의 태도가 유난히 거칠었다. 경영진들을 양아치 집단, 먹튀, 기회주의, 출세주의자로 비난하면서 경영진 사퇴를 요구했다. 내가 월드와이드 제작팀에 L 팀장을 보낸 것은 그에게 변화 촉진자로서의 역할을 기대했기 때문이었다. 그가 미래방송연구소에 있으면서 지상

파의 경영여건이 악화되고 있으며, 방송사에 변화의 물결이 몰려오고 있다는 것을 절감했으리라 기대했다. 그런데 실망이었다. 파일럿 프로그램 제작은 어떻게 되고 있는지 몇 번이고 물었다. 하지만 제작진은 이 문제에 대한 답변을 회피하면서, 상암동 본사로 사무실을 옮겨주지 않으면 프로그램을 만들 수가 없다고 주장했다. 월드와이드팀 제작진과 면담해 보니 이들은 애초에 제작할 생각이 없었고 정권 바뀌기만 기다리면서 이 핑계 저 핑계를 대온 것이 분명하다는 생각이 들었다.

사무실로 돌아온 나는 경영본부장에게 상암동에 사무실 공간이 있는지 확인하는 한편, 콘텐츠제작국장과 시사제작국장에게 월드와이드팀을 배속 받을 수 있겠는지 물어봤다. 월드와이드팀만 뉴미디어포맷센터에서 떼어낼 생각이었다. 홍상운 국장은 난색을 표했지만 조창호 시사제작국장은 회사에서 필요하다면 시사제작국으로 배속시키겠다고 했다. 6월 29일 고용노동부의 특별근로감독이 들어오는 바람에 상암동으로의 사무실 이전은 흐지부지되었다.

고용노동부는 2017년 6월 29일부터 상암 MBC 사옥에 9명의 근로감독관을 투입해 특별근로감독을 실시했다. 언론노조 MBC본부가 6월 1일 서울지방고용노동청 서부지청에 특별근로감독을 신청한 결과였다. 과거에 있었던 일부 전보인사에 대해 대법원에서 부당 전보로 확정판결을 내렸다는 이유였다. 7월 14일까지 특별근로감독을 실시했다. 특별근로감독을 하는 모양새를 보니 방문진 교체 시기인 2018년 8월까지 우리 경영진을 내버려둘 것 같지 않다는 생각이 들었다.

2017년 8월 28일 서울지방고용노동청 서부지청에 출두해서 조사를 받았다. 태어나서 처음으로 받는 조사였다. 특별근로감독 조사기간 중에 뉴미디어 포맷개발센터 직원들을 대상으로 조사했고, 이후 유정형 센터장을 몇 차례 조사한 다음 나를 부른 것이었다. 조사의 초점은 2017년 3월 10일 인사에서 사원들을 뉴미디어 포맷개발센터로 보낸 배경, 그리고 그 과정에 김장겸 사장이 얼마나 개입했는지, 실제 프로그램을 할 의도가 있었는지 등이었다.

2017년 9월 28일 고용노동부 서부지청은 김장겸 사장과 안광한, 김재철 전 사장, 백종문 부사장, 최기화 기획본부장, P 미술부장 등 6명에 대해 부당노동 혐의가 있다며 기소의견으로 검찰에 송치한다고 밝혔다. 노조원 부당전보를 통한 불이익 처분과 노조 탈퇴 종용, 육아휴직 조합원 로비출입 저지 등을 통한 노조 지배·개입 등을 주된 이유로 들었다. 회사 측은 부당전보와 육아휴직 조합원 로비 출입 저지 등은 이미 소송으로 다퉈졌거나 노동위원회에 제소되어 다뤄진 과거 사건들이라고 반박했다. 특별근로감독의 배후에 MBC 장악 의도가 깔려 있다고 보고, 방송의 독립과 자유를 지키기 위해 물러서지 않겠다고 밝혔다.

2017년 11월 29일 서울 서부지검에서 부당노동행위 관련 참고인 조사를 받았다. 앞서 11월 13일 김장겸 사장이 해임되었고, 11월 22일에는 서울 서부지검에서 상암동 MBC 본사에 대한 압수 수색을 실시하였다. 언론사에 대한 압수 수색은 극히 이례적이었다.

검찰은 전산실과 주요 관계자 컴퓨터 등을 압수 수색했다. 내가 지난 5년간 회사 인트라넷을 통해 주고받은 메일도 모두 조사당했다. 그리고 MBC 직원 70여명을 참고인으로 불러 조사한 다음 나를 소환한 것이었다.

11월 29일 검찰에서 참고인 조사를 받을 때는 지난 9월 말 고용노동부 조사 때와는 전혀 다른 분위기였다. 그 무렵 MBC 경영진은 정권에 미운털이 잔뜩 박혀 있었다. 나는 대통령이 민주당 TV토론에서 직접 언급한 '탄핵 다큐'의 제작을 중단시킨 데다, '6월 항쟁 30주년' 다큐의 제작도 중단시킨 사람으로 알려져 있었다. 무엇보다도 2017년 3월 10일 뉴미디어 포맷개발센터로 PD와 기자를 전보 발령 낸 것을 문제 삼아 김장겸 사장을 부당노동행위로 기소하기 위해서는 담당 본부장인 나부터 물고 늘어질 것이라는 생각이 들었다.

검찰 조사를 받게 되면 반드시 변호사와 동행하라는 말을 들었지만 나는 그냥 혼자 갔다. 변호사까지 동행하면 뭔가 켕기는 게 있다는 인상을 줄 수도 있겠다 싶었다. 대신 준비한 비장의 카드가 있었다. 6월 23일 뉴미디어 포맷개발센터 회의실에서 제작진과 면담한 내용을 담은 녹취록이었다. 배석한 유정형 센터장이 나중에 제작진이 딴소리를 할 수 있다며 녹음해 놓은 것이었다. 되돌아보니 이 녹취록이 없었다면 그날 집에 돌아오지 못했을 수도 있었다는 생각이 들었다.

검찰 조사는 오전 10시에 시작해서 이튿날 새벽 3시까지 이어진 강행군이었다. 참고인 조사였지만 언제든지 피의자로 전환시킬 수 있다는 암시를 주면서 진행되었다. 저녁 식사 전까지는 수사관이 나를 상대로 조사하고, 검사는 내 등 뒤에 있는 책상에서 듣고만 있었다. 질문 내용이 노조원들의 시각에 지나치게 경도되어 있다는 생각이 들 정도로 공격적이었다.

핵심 쟁점은 회사 측이 정말 뉴미디어 포맷개발센터에 프로그램 제작을 시킬 의지가 있었느냐는 것이었다. 단순히 나의 주장을 뒷받침하는 서류증거뿐만 아니라 노조원들이 진술해놓은 내용을 배척할 수 있는 증거가 필요했다. 적절한 시점을 기다렸다가 6월 23일 뉴미디어포맷개발센터 회의실에서 제작진과 면담한 내용의 녹취록을 제시했다. 대화 내용을 담은 CD도 함께 제출했다. 수사관들이 CD 내용을 청취하면서 녹취록 내용을 확인하느라 한바탕 소동이 벌어졌다.

대기실에서 휴대폰 전원을 켜고 옛날 사진을 보다가 아내와 놀러 갔을 때 찍은 사진을 발견했다. 별 생각 없이 '이때가 좋았는데.' 하면서 카카오톡으로 사진을 보냈다. 그리고는 다시 조사받으러 가며 휴대폰 전원을 껐다. 그런데 아내는 내가 보낸 사진을 보고 놀라서 혼절하다시피 했다. 내가 안 좋은 생각을 하고 그 사진을 보낸 것으로 오해한 것이다. 불과 20일 전에 국정원 댓글 수사를 방해했다는 혐의를 받던 검사가 영장실질심사를 앞두고 투신한 일이 있었다.

그런 줄도 모르고 나는 계속 조사를 받았다. 검찰 조사를 마치고 나오니 새벽 3시였다. 집에 와보니 아내는 실신 상태였고, 강아지 레오는 기특하게도 식음을 전폐하고 기다리고 있었다. 가족들에게 너무나 큰 죄를 지은 셈이었다.

MBC 부당노동행위 사건을 수사하던 서울 서부지검은 2018년 1월 11일 안광한, 김장겸 전 사장과 권재홍, 백종문 전 부사장을 노동조합 및 노동관계조정법 위반혐의로 불구속 기소하였다. 적용한 혐의는 노조 지배·개입을 위한 노조원 부당전보와 노조 탈퇴 종용, 노조원 승진 배제 등이었다.

2019년 2월 19일 서울서부지법 형사합의12부는 안광한 전 MBC 사장과 백종문 전 부사장에게 징역 1년에 집행유예 2년, 김장겸 전 사장과 권재홍 전 부사장에게 징역 8개월에 집행유예 2년을 선고했다. 이후 이 사건은 항소심으로 넘어갔다.

4

'한상균은 왜 감옥에 있는가?'를 놓고 노조와 일전

2016년 12월 탄핵 국면을 맞아 언론노조는 경영진에 대한 공세를 강화했다. 2017년 2월 2일 언론노조 MBC본부는 '방문진은 차기 MBC 사장 선임을 즉각 중단하라!'는 성명서를 내고, 방송관계법 개정안이 처리되면 부칙에 따라 방문진 이사진과 MBC 경영진은 3개월 이내에 전원 교체가 될 것이니 만약 '시한부 경영진' 선임을 강행한다면 모든 수단을 동원해 저지할 것이라고 경고했다. 통과 여부가 확실하지도 않은 방송관계법 개정안이 통과된다는 가정 하에서 사장 선임 작업의 중단을 요구한 것이다.

정치권에서도 우상호 더불어민주당 원내대표가 방문진이 진행 중인 사장 선임절차를 중단하라며 "이번에 사장으로 선임되는 분은 반드시 후회하게 될 것이고, MBC 청문회도 반드시 진행할 것"이라고 강조했다.

어수선한 분위기 속에서 2월 23일 김장겸 사장이 선임되자 언론노조 MBC본부는 다음날 '김장겸 사장을 인정하지 않겠다'는 성명을 발표했다. 3월 21일에는 더불어민주당 대선 경선후보인 문재인 후보가 MBC 토론회에서 "언론 적폐청산을 해야 하고, MBC가 심하게 무너졌다."고 비난했다. 언론노조 MBC본부의 김연국 위원장은 6월 2일 열린 노조 집회에서 "청와대 관계자는 방송개혁 의지가 있어도 직접 나설 수 없으니 방송계 종사자, 시민사회단체가 적극 나서야 한다고 했다. 우리가 끌어내려야 한다. 우리가 들고 일어나 공영방송을 국민의 품으로 돌려내야 한다."고 주장했다.

이날 김민식 PD가 상암 MBC사옥 로비에서 "김장겸은 물러가라"는 구호를 외치다가 인사위원회에 회부되었고, 6월 29일에는 고용노동부의 특별근로감독 부대가 MBC에 파견되어 부당노동행위 혐의에 대한 조사를 개시했다. 7월 10일에는 언론노조 MBC본부와 각 직능단체들이 본사와 지역 MBC 직원들을 대상으로 김장겸 사장과 고영주 이사장의 거취 등에 대해 설문조사를 한 결과가 공개되었다. 설문조사에 응한 2,000여명 가운데 95%가 김장겸 사장과 고영주 이사장이 사퇴해야 한다고 답변했다는 내용이었다.

2017년 7월 16일 일요일 오전에 조창호 시사제작국장으로부터 연락이 왔다. 8월 1일 방송 예정인 'PD수첩' 아이템으로 '한상균은 왜 감옥에 있는가?'라는 기획안이 전날 밤 10시 넘은 시간에 카카오톡으로 왔다는 것이었다. 한상균은 최초의 직선제 투표로 민주노총 위원장에 당선되었으며, 2015년 11월 14일에 열린 민중총궐기 집회를 주도했다는 이유로 체포되어 2017년 5월 대법원에서 징역 3년형의 확정판결을 받았다. 노동계가 그의 광복절 사면을 강력하게 요구하고 있었고, 양심수 석방추진위원회에서도 이석기 전 통합진보당 대표와 한상균 위원장의 석방을 요구하는 시위를 벌였다.

2017년 9월 27일 문재인 대통령과 여야 4당 대표와의 만찬회동에서 이정미 정의당 대표가 "한상균 위원장이 감옥에 있다."고 하자, 문재인 대통령이 "저도 눈에 밟힙니다."라고 답했다는 보도가 있었다.

"한상균 눈에 밟힌다."고 한 문재인 대통령

내용은 둘째 치고, 8월 1일 방송분 기획안이 불과 보름 앞두고 제출되었다는 사실에 나는 깜짝 놀랐다. 적어도 방송 3주 전까지는 제출되었어야 했다. 더구나 이튿날인 7월 17일 월요일부터 7월 19일까지 조창호 시사제작국장과 나는 일본 출장을 떠날 예정이었다. 이런 스케줄까지 감안해서 주말에 기습적으로 기획안을 제출한 것 같았다. 기획안의 내용은 이러했다.

2015년 11월 14일 민중총궐기대회를 공동주최했다는 이유로 한상균 위원장이 구속된 것에 대해 두 개의 시선이 있다. 적법한 법집행이라는 의견도 있지만, 민심의 지지를 얻지 못하던 정권이 시민의 정당한 요구를 불법 폭력시위로 몰아가고 한상균 위원장을 희생양으로 삼았다는 주장도 있다. 그런데 2017년 4월에 UN인권이사회 산하 실무그룹에서 한상균 위원장의 구속을 '자의적 구금'이라고 규정하고, 한 위원장을 석방하라고 권고했다. 최근 이슈가 되고 있는 한상균 위원장에 대한 엇갈린 시선을 통해, 몸으로 일하는 사람들이 여전히 천대받는 현실을 살펴보고 일자리 문제에 대한 해법을 찾아보겠다.

너무도 엉성한 구성안이었다. 관련 기사를 확인해 보니 당시 민중총궐기대회 시위대는 경찰버스를 밧줄로 끌어내리려 하고 쇠파이프, 철제 사다리로 경찰버스의 유리창을 깨는가 하면, 공업용 볼트를 새총으로 쏘기도 했다. 이날 경찰 버스 파손에 쓴 밧줄과 사다리를 구입한 민주노총 간부가 나중에 구속되기도 했었다. 집회 당시 발생한 폭력이 집회 참가자들의 우발적인 행위가 아니라, 민노총 지도부가 주도한 조직적이고 계획적인 불법폭력시위라는 증거로 보였다. 불과 몇 달 전에 내려진 대법원의 확정판결에 대해 문제를 제기하려면 새로운 사실관계가 있어야 하는데 그렇지 않았다.

파업의 불쏘시개를 마련하기 위해서 일부러 이런 아이템을 제시했구나 하는 느낌이 들었다. 이 아이템을 제출한 B 피디는 2012년 교양 프로그램인 '금요와이드' 프로듀서로 있으면서 담당 부장과 사전 협의를 하지 않고 아이템 제작을 추진하다가 정직 3개월을 받은 적이 있었다. 이후 2년 정도 신사업개발센터에 가 있다가 2017년 4월 대법원의 부당전보 무효 확정판결로 PD수첩 팀으로 복귀한 인물이었다.

조창호 국장은 크게 두 가지 이유를 들어서 아이템을 반려했다고 했다. 첫째, 재판부의 기록에서 사법판단이 잘못되었다는 확실한 물증을 찾지 못한 채 아이템을 추진한다면 이미 사법체계의 판단을 받은 사람에 대해 면죄부를 주려는 시도라는 비판을 받을 우려가 있다. 둘째, 한상균 위원장이 억울하게 옥살이를 하고 있다는 사람들의 의견뿐만 아니라, 실정법을 위반했다고 주장하는 반대쪽 증인들도 확실하게 보도하겠다는 공정성 확보 방안을 함께 제출해야 한다. 공정성 확보 방안이 명확하게 그려진 이후에 아이템 추진을 시도하는 것이 타당할 것 같다.

7월 19일 언론노조 MBC본부는 고영주 방문진 이사장과 김장겸 사장의 퇴진을 요구하는 광고를 한겨레신문 1면 하단과 15면 전면에 게재했다. 거액의 광고비를 집행한 만큼 경영진 퇴진활동을 본격화하겠다는 신호로 보였다.

일본 출장에서 돌아온 7월 20일 오전 11시 30분경에 8월 1일 방송의 담당인 B 피디와 C 피디가 조창호 시사제작국장을 찾아와서 면담했다. 조 국장은 '한상균은 왜 감옥에 있는가?' 기획안을 반려하는 이유로 두 가지를 들었다.

첫째, '방송은 당해 사업자 또는 그 종사자가 직접적인 이해당사자가 되는 사안에 대해서 일방의 주장을 전달함으로써 시청자를 오도해서는 안 된다.'라고 규정한 방송심의규정 제9조에 위배된다. 쌍방의 주장을 균형 있게 소개하겠다는 것을 기획안에 반영하라는 얘기였다.

둘째, 방송까지 불과 2주 남짓 남았는데 대법원에서 확정 판결된 내용을 정면으로 문제 삼을만한 밀도 있는 취재를 할 수 있겠느냐는 것이었다.

B 피디와 C 피디의 반응은 이러했다. "방송을 만든 것을 보고 '야, 이거 민노총에 대해 너무 우호적인 것이 아니냐?'라고 이야기하면 그때는 수정할 수 있겠지만, 제작하지도 않은 상태에서 우리의 양심의 문제고 성향의 문제인데 그것을 계속 얘기하는 것은 아니라고 생각한다. 지금 시점에서 제일 중요한 것은 제작 자율성이다." 방송 전날에야 가假편집본이 나오고, 방송 당일에서야 원고가 나오는 당시 'PD수첩'의 제작 환경으로는 불가능한 얘기였다.

파업 명분 만들려고 억지 주장으로 일관

7월 21일 금요일 오전 H 피디가 제작진 대표라면서 수정 기획안을 들고 조창호 국장과의 면담을 요청했다. 프로그램 제목만 '한상균은 왜 감옥에 있는가?'에서 '한상균을 향한 두 개의 시선'으로 바뀌었을 뿐, 나머지 내용은 토씨 하나 바꾸지 않고 그대로였다. 제작진이 수정안을 제시했는데도 회사가 기획안 승인을 거부했다는 명분을 축적하기 위한 의도로 보였다. 당연히 기획안을 거부할 수밖에 없었다.

그날 오후 6시부로 PD수첩 제작진 11명 중 한 명을 제외한 10명이 제작 거부에 들어갔다. 오후 7시경 시사제작국은 'PD수첩이 민주노총의 청부 제작소인가?'라는 제목의 성명서를 발표했다. 이후 제작진과 회사와의 치열한 성명전이 계속되었다.

월요일인 7월 24일부터 PD수첩 제작진은 출퇴근 시간과 점심시간을 이용해 제작 거부의 이유를 알리는 피케팅 시위에 들어가는 한편, 기자회견을 갖고 '저희는 PD수첩을 만들고 싶습니다.'라는 성명서를 발표했다. 제작 중단 사태의 원인을 제공한 나와 조창호 국장의 퇴진을 요구했다. 그동안 PD수첩에서 있었던 제작 자율성 침해 사례들도 공개했다. 대부분 전임 경영진과 국장 시절에 일어난 일이었다. 김장겸 사장 이후에는 제작진이 올린 기획안에 대해서 보완을 요구한 적은 있어도 승인하지 않은 적이 없었다.

7월 25일 화요일은 PD수첩이 방송되는 날이었다. 원래 이날에는 맥도날드 햄버거 문제와 KTX 승무원 해고 문제를 다룰 예정이었으나, 제작 거부로 결방되었다. 제작 거부로 인한 방송 피해가 가시화된 것이었다. 그날 회사는 제작 거부에 나선 PD수첩 피디 가운데 이 사태를 주동했던 B 피디에 대해 2개월 대기발령을 내렸다. 그리고 '사원 여러분께 알려 드립니다'라는 회사 명의의 성명서를 게재했다. 주요 내용은 다음과 같았다.

1. 대법원 판결을 뒤집을 명백한 팩트 제시도 없고 취재할 충분한 시간도 없는 상황에서 자신들이 소속된 언론노조의 상급 단체인 민노총 위원장에 대해 동정적인 여론을 조성하는 방송을 한다는 것은 방송 규정 위반일 뿐만 아니라 누가 보더라도 상식에 어긋난다는 비판을 피할 수 없다.

2. PD수첩의 아이템 발제자가 당초부터 최저임금, 장시간 노동, 비정규직, 양극화 문제 등 한국 노동 현실의 문제점을 보편적으로 적시하고 해결책을 모색하는 기획안을 냈다면 거절할 이유가 없었다.

7월 28일 언론노조, PD수첩의 B 피디와 C 피디는 김장겸 사장과 나, 그리고 조창호 시사제작국장을 부당노동행위(노동조합 및 노동관계조정법 위반), 허위 사실 유포에 따른 명예훼손 등의 혐의로 서울중앙지검에 고소했다. PD수첩 '미국산 쇠고기, 광우병에서 안전한가' 편에 대한 검찰 수사를 그렇게 비난하던 사람들이 정권이 바뀌자 툭하면 회사 내 문제를 검찰에 들고 갔다.

2018년 1월 방송문화진흥회에서 나의 해임 사유로 제시한 것 중 하나가 2017년 7월 경, PD수첩 제작진에게 '민노총 조합원이므로 민노총 관련 아이템을 못한다.'며 프로그램 제작에 관여(부당노동행위)한 조창호 전 시사제작국장의 당시 지휘 책임자라는 것이었다. 나는 그때 이렇게 반박했다.

"만약 방송을 허가하지 않았다고 제작 거부를 할 정도였으면, 최승호 사장이 들어서고 난 뒤 PD수첩은 '한상균은 왜 감옥에 있는가?'부터 방송했어야 되는 것은 아닌가? 2017년 7월 24일 방송 예정이다가 제작 거부로 불방 되었던 '햄버거 패티' 문제와 'KTX 해고 승무원' 문제는 최승호 사장이 들어선 다음인 12월 26일 방송되었는데, 왜 한상균 관련 아이템은 방송하지 않았나? 그리고 그토록 중요한 아이템을 기획했던 B, C 피디는 왜 PD수첩 팀에서 뺐나?"

MBC를 강타한
최악의 파업

1
카메라기자 성향분석표가 대형 악재 역할

 PD수첩 제작진의 제작 거부는 8월 3일부터 '시사 매거진 2580' 등 시사제작국 다른 부서로 확산되고, 이어서 콘텐츠제작국과 보도국 카메라기자, 8월 11일부터는 보도국 취재기자들에게까지 확산되었다. 8월 14일부터는 지역 MBC 기자들도 무기한 기사 송고를 거부했다. 나흘 뒤에는 아나운서 27명이 출연 거부 등 업무 중단에 나섰다.

 8월 23일 김장겸 사장은 확대간부회의를 소집한 자리에서 불법적인 언론노조의 총파업에 밀려 경영진이 퇴진하는 일은 절대로 없을 것이라고 했지만 제작 중단은 계속 확산되었다. 8월 28일 라디오국 소속 PD 40명과 편성국 소속 PD 26명이 제작 중단에 나섰다. 이에 따라 라디오 프로그램들이 대거 결방되었다. 8월 30일에는 드라마 PD 58명이 파업 결의문을 발표했다.

언론노조 MBC본부는 8월 30일 총파업 지침을 내리고, 9월 4일 0시부터 파업 대상을 전 조합원으로 확대한다고 밝혔다. 파업에 돌입한 것이 아니라, 파업 대상을 전 조합원으로 확대한다고 한 것은 당시 노조가 이미 일 년이 넘도록 지명파업 상태였기 때문이었다.

파업 확대의 명분은 '블랙리스트 노조 파괴 저지와 공정방송 단체협약 체결'이었다. 언론노조가 보기에도 'PD수첩' 사태를 총파업의 명분으로 삼기에는 무리가 있다고 판단했기 때문이 아닌가 한다.

사태가 이처럼 급속도로 확산된 데에는 블랙리스트 폭로라는 대형 악재가 한몫했다. 8월 8일 언론노조는 카메라 기자 K씨가 작성한 '카메라기자 성향분석표'와 '요주의 인물 성향'이라는 두 개의 문건을 폭로했다.

언론노조는 이 문건이 카메라기자 65명의 성향을 분석하여 인력 배치나 승진, 평가 등에 있어서 노골적인 차별을 한 MBC 파괴 블랙리스트라고 규정하였다. 김장겸 당시 보도국장과 카메라기자 부서를 관장했던 박용찬 취재센터장, 작성자인 K 기자를 부당노동행위, 업무방해, 명예훼손 혐의로 검찰에 고소했다.

K 기자는 자신의 페이스북에 "언론노조원 중에 특히 비겁한 행동을 보이는 이른바 '박쥐'들을 구분하고 싶었다. 공개를 위해 만든 것

도 아니고, 선배 2명과 공유한 내용일 뿐"이라고 밝혔다. 회사는 김성근 방송인프라본부장을 위원장으로 하는 조사위원회를 구성하였다. 공정한 조사를 위하여 카메라기자협회 측에도 조사위원회 참여를 권유했지만 카메라기자협회는 거부하였다. 언론노조는 이 '카메라기자 성향분석표'와 '요주의 인물 성향'이라는 두 개의 문건을 파업의 명분으로 삼았다.

회사는 성명을 내고 언론노조가 내세운 '카메라기자 성향분석표'는 회사의 경영진은 물론 보도본부 간부 그 누구도 본 적이 없는 유령 문건이라고 반박했다. 하지만 회사의 이런 해명에 대해 귀를 기울이는 사람은 거의 없었다. 8월 24일부터 엿새간 실시한 총파업 투표에서 서울을 포함한 전국 18개 지부 조합원 1,758명 가운데 1,682명이 투표해 95.7%의 역대 최고 투표율을 기록했고, 찬성율도 93%를 넘어 사상 최고치를 보였다.

최승호 PD가 만든 '공범자들'이 파업 불쏘시개 역할

그로부터 거의 1년이 흐른 뒤인 2018년 7월 4일 서울 서부지검에서는 다음과 같은 이유로 K 기자 등에게 무혐의 처분을 내렸다.

① MBC 감사국에서 특별감사를 통해 피의자들의 이메일을 확인했으나, K 기자가 이 사건 문건들을 피의자 박용찬, 김장겸을 포함한 다른 사람들에게 전달했다거나, 사용자 측의 지시를 받고 이 사건 문건들을 작성했다는 자료가 발견되지 않은 사실이 인정된다.

② 결정적으로 이 사건 문건들과 인사이동 명단 파일은 서로 다른 문서로서 이 사건 문건들에 기재된 각 카메라기자에 대한 개별 내용과 인사이동 명단 파일 내용이 구체적으로 일치하지 않는다.

③ 실제 인사이동 명단 파일에 기재된 카메라기자들은 소속 부서가 바뀐 이후에도 카메라기자 업무를 수행해, 불이익 취급을 받았다거나 업무가 방해됐다고 보기 어렵다. 따라서 '카메라기자 성향 분석표'와 '요주의 인물 성향'이라는 두 개의 문건은 K 기자의 사견을 적은 문건에 불과하다.

서울서부지검의 무혐의 처분에 반발한 언론노조 MBC본부와 MBC 영상기자회는 법원에 재정신청까지 내면서 반발하였지만 2019년 6월 5일 서울고등법원 제29 형사부에서 재정신청을 기각함으로써 최종 종결처리 되었다.

2017년 9월 4일부터 시작된 MBC, KBS의 동시 파업과 최승호 전

MBC PD가 만든 영화 '공범자들'과는 불가분의 관계가 있다. 영화는 MB 정권 출범 이후 MBC, KBS 양대 공영방송에서 언론노조 소속의 기자, PD들이 어떤 탄압을 받아왔는지, 자료화면과 관계자 증언, 그리고 그들이 가해자라고 지목한 사람들에 대한 앰부시 인터뷰ambush interview 등으로 구성되었다. 앰부시 인터뷰는 공식 인터뷰를 회피하는 인물의 이동경로를 파악하여 미리 기다리고 있다가 기습적으로 카메라와 마이크를 들이대어서 상대방의 민낯을 보여주는 인터뷰 기법이다. 공인公人이 대상일 경우 허락 없는 촬영이나 사진 이용에 대해서도 초상권 침해를 인정하지 않는다는 점을 이용한 것이다.

'공범자들'은 2017년 7월 15일 부천 판타스틱 영화제에서 처음 공개되었다. 최승호씨는 한겨레 21과의 인터뷰에서 언제 제작을 결심했느냐는 질문에 이렇게 대답했다. "지난해 2016년 12월 촛불집회가 한창일 때였다. 대통령이 탄핵되고 대선이 있을 것 같았다. 정권이 바뀔 텐데 사장 임기가 정해진 공영방송은 '동토의 왕국'처럼 남아 바뀐 세상에 민폐를 끼칠 것 같았다. 상황을 타개할 무언가가 필요하다고 생각했다."

지금 와서 복기해 보면, 어쩌면 '공범자들'의 개봉 일정에 맞춰서, 내부에서는 제작 거부와 파업 등의 움직임을 벌이고, 외부에서는 경영진을 몰아내기 위한 법적·행정적 조치를 취하기로 조율이 되었던 것은 아닌가 하는 합리적 의심이 든다.

2017년 MBC, KBS의 파업 사태에 '공범자들'이 미친 영향을 정리해 보았다. 첫째, 앰부시 인터뷰에 당황해서 쩔쩔 매는 과거 경영진의 모습을 노조원들에게 보여줌으로써 그들을 조롱거리로 전락시키고 파업 열기에 불을 지피는 역할을 했다. 둘째, 8월 17일 개봉되어 일반 시민들에게 파업의 정당성을 홍보하는 역할을 했다. 셋째, 여론몰이를 통해 정부와 여당이 공영방송 사태에 개입할 명분을 제시했다. MB, 박근혜 정권의 방송 개입을 그토록 비난하던 문재인 정권으로서는 공영방송 문제에 조심스럽게 접근할 필요가 있었다. 여론정지 작업이 필요했는데 그 역할을 '공범자들'이 해준 셈이다.

2017년 7월 31일 문재인 대통령은 야 3당이 반대하던 이효성 방통위원장의 임명을 강행했다. 8월 8일 신임 이효성 방통위원장에게 임명장을 주는 자리에서 문재인 대통령은 "지난 10년간 우리 사회에서 가장 심하고 참담하게 무너진 부분이 공영방송"이라고 했다. 이효성 신임 방통위원장은 8월 9일 '공범자들' 시사회에 참석하고, 8월 11일 기자들과 만났다.

그 자리에서 이효성 위원장은 "MBC 사장과 이사회인 방문진 이사의 임기는 법적으로 보장돼 있지만, 다른 한 측면에서 그것이 무조건 꼭 그렇게 해야만 하는 것은 아니라고 생각한다."고 하면서, "방통위가 (방문진의) 이사장과 이사를 임명하는 것으로 돼 있어서 임면도 할 수 있고, 궁극적으로 사퇴를 포함한 책임을 물을 수 있는 권한도 포함되는 것"이라고 덧붙였다. KBS 사장에 대한 해임 권한을 대통령이 가지고 있다는 대법원 판례를 원용해 그런 주장을 한 것 같았다.

방통위원회가 방문진 이사와 KBS 이사의 해임을 통해 MBC, KBS 사장을 교체하는 수순을 진행하겠다는 의지를 밝힌 셈이다. 8월 31일에는 국회 의원회관에서 더불어민주당 추미애 대표, 우원식 원내대표를 포함한 전 지도부와 김연국 언론노조 MBC본부장, 성재호 언론노조 KBS본부장, 최승호씨 등이 '공범자들' 시사회에 참석해서 방통위원회의 움직임에 힘을 실어주었다.

2017년 9월의 파업은 찬성률뿐만 아니라 파업의 강도에 있어서도 유례가 없었다. 그럴 수밖에 없었다. 집권당, 방통위원회, 고용노동부 등 모두가 경영진이 아닌 노조 편이었다. 파업을 앞두고 부장들 몇 명이 마지막 인사를 한다며 찾아왔다. 노조의 압박을 이기지 못하고 파업에 동참하게 되었다며 미안하다고 했다.

파업 때라도 송출, MD 등 필수 인력은 예외로 인정해 왔다. MBC 단체협약 제90조에는 '쟁의행위 중이라도 안전시설 관리자와 기타 노동조합이 인정하는 최소한의 인원은 근무에 임한다.'라고 기본 근무자를 규정하고 있다. 하지만 이번 파업에는 예외를 두지 않았다.

9월 1일 MBC 부당노동행위 조사와 관련해 서울 서부고용노동지청의 출석 요구에 4~5차례 응하지 않은 김장겸 사장에 대해 법원의 체포영장이 발부됐다. 마침 그날 63빌딩에서 제54회 방송의 날 기념식이 열리고 있었다. 이날 방송의 날 기념식은 언론노조원들이 행사장 안으로까지 난입하여 김장겸 사장과 고대영 사장의 퇴진을 요구하면서 무법천지가 되어 버렸다.

9월 4일 파업이 시작되었다. 오전 6시경 김장겸 사장과 경영진은 TV 주조정실과 라디오 주조정실, 보도국 뉴스센터 등 핵심 방송시설을 점검하고 근무자를 격려했다. 오전에 서울 서부고용노동지청 근로감독관들이 김장겸 사장에 대한 체포영장을 집행하려고 MBC에 왔다. 로비에서 파업 집회를 벌이던 노조원들은 사전에 체포영장 집행 소식을 들었는지 기대에 찬 모습이었다.

김장겸 사장은 차라리 체포되는 쪽을 선택하겠다는 입장이었으나 나는 자진 출석을 권했다. 경영진 편에서 회사를 지키고 있던 사람들이 일거에 무너질 위험이 있었기 때문이었다. 김 사장은 이튿날 자진 출석하면서 "취임 6개월밖에 안 된 사장이 정권의 편이고 사실상 무소불위의 언론노조를 상대로 무슨 부당 노동행위를 했겠나?"라는 말을 남겼다.

파업 첫날인 9월 4일 방송 의뢰가 들어온 광고가 불방 되면서 수억 원의 피해가 발생했다. 기본 근무자까지 파업에 참가하는 바람에 광고 데이터를 변환해서 의뢰된 광고 순서에 맞게 편집해 주조로 송출하는 TV 송출부 방송준비실의 기능이 마비되었기 때문이었다. 9월 6일에는 대형 방송사고까지 터졌다. 드라마 '병원선'의 5회와 6회가 방송되는 날이었는데, 5회가 끝난 다음 중간 광고와 유사한 PCM이 방송될 때까지 6회 방송분이 입고되지 않았다. 무려 11분간이나 재난방송 스팟으로 시간을 때우면서 6회 방송분이 입고되기를 기다리는 사고가 발생한 것이다. 그 이후로는 파업이 끝나는 날까지 기술적으로는 아무런 문제가 발생하지 않았다.

9월 5일 한국언론학회 · 한국방송학회 · 한국언론정보학회 등 3개 학회 소속 학자 467명은 '공영방송 정상화를 위한 언론 · 방송학자 공동 성명서'를 발표했다. 이들은 "공영방송의 핵심 가치인 독립성과 공정성, 그리고 언론자유를 훼손해 온 공영방송 사장과 이사장 등은 즉시 물러나야 한다."고 주장하였다.

9월 7일 더불어민주당 과방위 간사인 신경민 의원은 "감사와 조사, 검사, 수사 모든 그 사이에 쓰지 않았던 정부기관의 권능을 활용할 수 있다."고 말했다. 나는 그가 '수사'라고 한 부분에 주목했다. 검찰 수사가 당사자들에게 얼마나 심리적 부담을 주는지는 당해 보지 않은 사람은 모른다. 특히 교수들이 그랬다. 국립대는 말할 것도 없고, 사립대 교수라 하더라도 금고 이상의 실형이나 집행유예를 받은 경우 그 직에서 당연 퇴직하는 것으로 규정되어 있기 때문에 더더욱 그랬다. 나중에 자진 사퇴하는 교수 출신 방문진 이사 2명은 검찰 수사를 앞두고 있었다.

노조 압박에 방문진 유의선 이사 사퇴

9월 8일 방송문화진흥회 유의선 이사가 구舊여권 이사들의 만류에도 불구하고 사퇴를 강행하였다. 보궐이사의 추천권은 민주당이 가지기 때문에 방문진 구도는 이제 5:4로 재편되었다. 유의선 이사는 사퇴 이유로 언론노조의 횡포를 들었다. "언론노조의 비상식적인 횡포 때문에 사퇴했습니다. 언론노조는 자기네 팀이 있지 않습니까. 진보 언론들이 하나의 팀이죠."라고 인터뷰에서 밝혔다.

그가 꼽은 대표적 사례는 2017년 8월 16일 미디어스가 보도한 '방문진 유의선 이사가 고소 · 고발당하는 사연'이었다. 미디어스는 언론노조가 공개한 2017년 2월 방문진 이사회 속기록을 인용해 "유 이사가 권재홍 당시 MBC 사장 후보자 면접에서 노조 탄압 방법을 묻고 조합원 업무 배제를 거들었다."고 보도하였다. 이후 전국언론노조 MBC본부는 부당노동행위와 방송법 위반 등으로 유 이사를 고소했다. 결국 검찰에 형사고소 당하게 된 것이 사퇴의 직접적인 계기가 된 것 같았다.

그날 고영주 이사장 등 구여권 추천 이사 5명은 기명 성명을 발표했다. 유의선 이사의 사퇴에 대해 경악과 충격을 금치 못한다면서 자신들은 임기를 온전히 다할 것이라고 다짐했다.

이날 의미 있는 반전이 있었다. 조선일보가 '여與, KBS · MBC, 야野

측 이사 비리 부각시키고, 시민단체로 압박'이라는 단독기사를 보도
한 것이다.

더불어민주당 전문위원실이 작성해서, 8월 25일 워크숍에서 과방
위 소속 의원들이 공유한 것으로 알려진 이 문건의 주요 내용은 다음
과 같았다.

1. 정치권이 나설 경우 현 사장들과 결탁된 자유한국당 등 야당
들과 극우 보수 세력이 담합해 자칫 '언론 탄압'이라는 역공 우려가
있다. 방송사 구성원 중심의 사장·이사장 퇴진 운동을 전개할 필
요가 있다.

2. 야당(한국당) 측 이사들에 대한 면밀한 검증을 통해 개인 비리
등 부정·비리를 부각시켜 이사직에서 퇴출시켜야 한다.

3. 지난 정부에서 자행된 언론 장악·언론인 탄압, 권언유착 사
례 등의 언론 적폐 실상을 국민에게 제대로 알리고 고발하는 홍
보·선전전을 전개해야 한다.

4. 방통위의 관리·감독 권한을 최대한 활용해 사장의 경영 비리
(공금 사적 유용) 등 부정·불법적 행위 실태를 엄중히 조사해야 한다.

5. 시민사회·학계·전문가들의 전국적·동시다발적 궐기대회,

서명 등을 통한 퇴진 운동이 필요하다.

6. 언론 적폐청산 촛불시민 연대회의(가칭)를 구성하고 촛불 집회를 개최하는 것을 논의한다.

7. 금년 11월경 방송사 재허가 심사 시 엄정한 심사를 통해 책임을 물어야 한다.

8. 이명박·박근혜 정부의 공영방송 운영을 비판한 영화 '공범자들'의 단체 관람도 추진해야 한다.

회사는 '방송장악 위한 파업 유도 실체 문건은 충격적이다'라는 제목의 성명서를 통해, "MBC의 파업이 집권 여당의 파업 사주와 파업 유도로 조직적으로 실행됐음이 민주당의 이번 문건으로 확인된 셈이다."라고 밝혔다.

그런 가운데 9월 11일 윤세영 SBS 미디어그룹 회장과 아들인 윤석민 SBS 이사회 의장이 나란히 경영 일선에서 물러나기로 했다. 윤 회장 부자의 사임은 그동안 윤 회장이 이명박·박근혜 정권 당시 보도본부에 '정권을 비판하지 말라'는 내용의 지침을 내렸다고 SBS 노조가 주장한데 뒤이은 것이었다.

9월 11일 국가정보원 개혁위원회는 원세훈 전 국정원장이 취임한

2009년 2월 이후 문화 연예계 특정 인물과 단체를 대상으로 한 퇴출 압박 활동이 있었다고 밝혔다. 문성근, 김구라, 김미화, 김제동, 윤도현, 고ᴴ신해철, 봉준호 감독, 이창동 감독 등 총 82명이 국정원에 의해 '주시'되고 '관리'되었다는 내용이었다. 김연국 언론노조 MBC본부장은 "직접 피해 대상이 된 연예인들과 함께 법적 대응을 준비한다. 이명박, 원세훈뿐 아니라 MBC 내부 부역자들에게도 민·형사상 책임 묻겠다."고 했다.

조선일보 기사 때문에 잠시 주춤하던 노조는 국정원 문건을 계기로 다시 공세를 강화했다. 9월 18일부터는 경영진에 대한 출근길 대면투쟁을 시작하였다. 차에서 내리는 경영진을 노조원들이 현관에서 막아서고 퇴진을 요구하였다. 여러 임원들이 매일 같이 출근길에 곤욕을 치렀다.

그 무렵 나는 사무실에 컵 라면 등 비상식량과 슬리핑백을 가져다 두었다. 파업 사태가 악화되면 출근 자체가 불가능해질 수 있겠다는 생각에서였다. 그런 사태가 온다면 예전에 YTN 구본홍 사장이 그랬던 것처럼 밤에 몰래 사무실에 가서 숙식을 해결할 생각이었다. 내가 회사에 출근하지 못하게 되면 파업 불참자들이 급격히 무너질 우려가 있기 때문이었다.

국장들도 정말 눈부신 투혼을 보여줬다. 방송 운행에 차질을 빚게 해서 방송통신위원회의 개입 명분을 제공하는 것이 언론노조의 목적이었기 때문에, 그 어느 때보다도 편성국의 역할이 중요했다. 주조에서 근무하는 일부 MD를 제외하고 편성국 부장들과 정규직 사원들까지 모두 파업에 내려가 버렸다. 이런 악조건 속에서도 김지은 편성국장은 계약직 직원 4~5명을 데리고 혼신의 힘을 다해 주었다.

파업 중에도 코리언 시리즈 야구경기 2회, 축구 국가대표 친선평가전 경기 1회, 아시아 프로야구 챔피언십 한·일전 경기, ING생명 챔피언스 트로피 2017 골프대회 등 주요 스포츠 경기를 중계했다. 백창범 스포츠제작부장의 헌신적인 노력 덕분이었다.

심지어 파업을 앞두고 7월 29일부로 개편도 했다. 밤 9시대의 편성 틀을 일일특별기획 드라마와 '리얼스토리 눈'으로 이어지는 띠 편성에서 요일별 편성으로 전환했다. 7월 21일부터 PD수첩 팀이 제작거부에 들어가면서 또 다시 파업의 그림자가 어른거리던 무렵이었다. 단순히 파업에 대비하는 측면에서는 기존의 띠 편성이 유리했다.

하지만 MBC의 미래를 위해 해야 할 일이라는 생각에 그냥 강행했다. 그러기 위해 수요일 밤 9시대에 '하하 랜드', 금요일에는 '미스터리 랭킹 쇼 1,2,3'을 새로 론칭시켰다. 또한 주말 밤 시간대의 경쟁력을 강화하기 위한 편성 조정도 했다. 당초 토, 일 밤 10시부터 밤 11시15분까지 방송 예정이었던 '돈꽃'을 토요 드라마로 2회 연속 편성함으로써 11월 11일 방송 첫 회부터 경쟁 프로그램인 SBS의 '브라보 마이 라이프'를 압도할 수 있었다.

2018년 2월까지 방송된 '돈꽃'은 평균 가구시청률 18.9%, 2049 시청률 6.1%로 2018년 MBC에서 방송된 프로그램 가운데 가장 높은 시청률을 기록하였다. 한편, 그동안 한자리수 시청률에 머물던 '밥상을 차리는 남자'도 10월 21일부터 연속 2회 편성으로 바뀌고 난 다음에는 줄곧 두 자리 시청률을 기록하면서 최고 시청률 19%까지 찍었다.

파업 불참자들 무차별 공격 받아

파업은 9월 4일 시작하여 11월 14일까지 72일간 계속되었다. 기본 근무자들까지 모조리 파업에 참가했지만 파업 불참자들이 기대 이상으로 잘 버텨주는 바람에 MBC가 파업 중인지 실감이 나지 않는다는 시청자들이 많았다. 시청률도 나쁘지 않았다. 9월 3주차 핵심시간대 시청률은 5.7%, 10월 2주차 핵심시간대 시청률은 5.5%, 파업이 종료되기 직전인 2017년 11월 2주차 핵심시간대 시청률은 5.5%였다. 2019년 현재 MBC의 핵심시간대 시청률이 4% 남짓이니 우리가 얼마나 선방했는지 알 수 있다. 그래서 방송통신위원회가 MBC 파업 사태에 개입할 명분을 찾기가 어려웠을 것이다.

최승호 사장이 들어선 다음 김지은 국장은 1년 동안 편성국에서 아무런 업무를 부여받지 못한 채 대기 상태로 지냈다. 그 이후 원하지도 않은 직종전환 교육을 받은 뒤 지금은 레코드실에서 주로 가요의 가사를 데이터 뱅크에 입력하는 일을 하고 있다. 강성구 사장 시절 뉴스데스크 앵커를 지냈고 기획국장, 문화사업국장을 거쳐 편성국장을 지낸 사람에게 그런 일을 시키고 있는 것이다.

김지은 편성국장 못지않게 맹활약을 한 사람이 홍상운 콘텐츠제작국장이었다. 목요일 밤 11시대에 방송되던 'MBC 스페셜'과 일요일 오전대의 '휴먼다큐 사람이 좋다', 수요일 방송되던 밤 9시대 '하하 랜드'를 혼자서 관리하다시피 했다. 홍 국장은 시사교양국 출신으로 예전에 PD수첩의 MC도 맡았다. 파업 주축 세력과 한솥밥을 먹던 사이였다. 그래서 더 노조원들로부터 미움을 많이 받았을 것이다.

라디오국 유경민 국장과 김호경 부국장이 라디오가 망가지는 것을 막기 위해 끝까지 최선을 다했다. 신동호 아나운서국장, 조창호 시사제작국장, 유정형 뉴미디어 포맷개발센터장까지 편성제작본부의 모든 국장들은 난파선인 줄 알면서도 끝까지 운명을 같이해 주었다.

신동호 국장은 유명세와 상징성 때문에 엄청난 마음고생을 했다. 배현진 아나운서와 함께 '배신남매'라는 인신공격을 받았고, 2017년 10월 부당노동행위와 업무방해 등의 혐의로 형사고소를 당했다. 신동호 국장이 "2012년 파업에 참여한 아나운서 11명의 부당 전보인사에 직접적으로 관여했고, 이들을 방송 제작 현장에서 철저히 배제해 해당 아나운서들에게 정신적 고통을 안겼다."는 것이 그를 고소한 아나운서들의 주장이었다.

그가 동료 아나운서들로부터 무차별 공격을 받는 모습을 보면서 너무나 안타까웠다. 억울한 부분이 많았을 텐데도 그는 상사 탓을 하지 않고 의연하게 버텼다. 파업이 끝난 뒤 신동호 국장은 2018년 5월과 8월에 각각 정직 6개월이라는 중징계를 받아 도합 1년의 정직이라는 MBC 역사상 유례가 없는 징계 기록을 남겼다.

나는 당시 펜앤드마이크와의 인터뷰에서 '해고보다 악랄한 징계'라며 징계조치를 비난하였다. 결국 진실은 밝혀져서 신동호 국장은 2018년 12월에 서울서부지검에서 무혐의 처분을 받았다. 2019년 5월에 정직 기간이 끝나서 다시 MBC에 출근하고 있다.

2

마침내 무너진
김장겸 사장 체제

2017년 9월 22일 방통위원회는 사상 처음으로 방문진에 대한 검사 · 감독에 착수했다. '법인의 사무는 주무 관청이 검사, 감독한다.'는 민법 제 37조를 준용한 것이었다. 방통위원회가 요구한 자료 항목을 보면 단순한 감독권 행사를 크게 뛰어넘는 수준이었다. 2012년 이후 방문진 이사회 회의록과 속기록, 예산집행 내역, MBC 사장 추천과 해임 관련자료 일체, 자체 감사자료 등을 9월 29일까지 제출하라고 요구했다. 검사 · 감독 결과를 가지고 부적격 이사들을 해임함으로써 방문진의 여야 구성비를 바꾸려는 시도로 보였다.

10월 18일 날벼락 같은 소식이 전해졌다. 목원대 교수이던 김원배 이사가 사퇴 의사를 밝힌 것이다. 김원배 이사는 유의선 이사가 자진 사퇴할 때 이미 다음번 자진 사퇴를 유도할 목표로 언론노조가 지목했던 인물이었다. 그동안 언론노조는 김원배 이사에 대해 집요한 퇴진 공세를 벌였다. 사퇴를 요구하는 현수막을 거리에 설치하고, 얼굴 사진이 포함된 전단지를 집 주변 반경 2~3km에 수백 장 붙이는가 하면, 일요일에는 김 이사가 다니는 교회 앞에서 집회를 열고 사퇴를 요구하기도 했다.

KBS에서도 비슷한 양상이 전개되었다. 10월 11일 언론노조 KBS 본부로부터 퇴진 압력을 받아 오던 옛 여권 추천 KBS 이사인 한양대 김경민 교수가 방통위원회에 사퇴서를 제출했다. 이로써 KBS 이사진 구성은 전체 11명 중 야당 추천이 7명에서 6명으로 줄었다. 김 이사는 동료 이사들에게 "끝까지 버티지 못해 미안하다. 협박과 압력을 도저히 견딜 수가 없었다."고 말한 것으로 전해졌다.

이튿날인 10월 12일 언론노조 KBS본부는 강규형 KBS 이사의 직장인 명지대를 찾아가 사퇴 농성을 벌였다. 학생회관 앞에 설치된 스크린에 강 이사를 비판하는 영상을 재생하며 규탄 시위를 벌인 언론노조는 강 이사를 '언론적폐 세력이 자리 잡을 수 있는 전초기지 역할을 해준 비호세력'이라고 비난한 뒤 "사퇴하지 않을 시 학교에 지속적으로 찾아올 것이고, 다음번에는 점잖게 말로 하지 않을 것"이라며 압박 수위를 높였다.

김원배 이사의 사퇴로 방문진 이사회의 여야 구성비가 역전될 것이 예상되자 여권 추천이사인 이완기, 유기철, 최강욱 이사는 10월 23일 '고영주 이사장 불신임 결의의 건'을 방문진 사무처에 요청했다.

홍위병식 노조 압박에 이사들 줄줄이 퇴진

10월 26일 방송통신위원회는 전체회의를 열고, 자진 사퇴한 유의선, 김원배 이사의 후임으로 김경환 상지대 교수와 이진순 민주언론시민연합 정책위원을 임명했다. 방문진 구성이 5:4로 역전된 것이다. 그 이후는 일사천리로 진행되었다.

11월 1일 김장겸 사장에 대한 해임 결의안이 방문진 사무처에 접수되었다. 해임 사유는 방송의 공정성·공익성 훼손, MBC를 정권 방송으로 만든 것, 노조 탄압과 인권 침해, 시대에 역행하는 리더십, 방문진 경영지침의 불이행, 신뢰와 품위의 추락, 무소신·무능력·무대책 등 7가지였다.

11월 2일에는 고영주 이사장에 대한 불신임과 해임결의안이 통과되었다. 방문진 사상 처음으로 동료 이사를 해임하는 결의안을 채택한 것이다. 2018년 1월 4일 방통위원회는 고영주 이사에 대한 해임을 의결하였다. 방통위원회는 브리핑 자료에서 "지난해 9월 15일부터 11월 1일까지 방문진 사무에 대한 검사·감독 실시 결과, 방문진이 문화방송의 공적 책임 실현과 경영에 대한 관리·감독의 책임을 다하지 못하였음을 확인했다."며 의결 사유를 밝혔다. 방문진 한균태 감사 해임에 관한 건은 부결됐다.

11월 8일 오전 김장겸 사장은 방문진 임시 이사회에 소명하기 위해 출석했다가 방문진 사무실 입구를 둘러싼 노조원들의 과격한 분위기에 발길을 돌렸다. 이후 방문진 이사회에 정상적으로 출석해 소명하는 것이 불가능하다며 서면으로 소명서를 제출했다. 김장겸 사장은 방문진이 제시한 해임 사유가 대부분 사장으로 선임되기 전에 관련된 것이거나, 지극히 감정적, 주관적 내용이라 해임 사유로 맞지 않는다고 주장하면서 다음과 같이 반박했다.

주요 내용은 다음과 같다.

1. 해임 사유에는 '뉴스데스크' 시청률이 2%대까지 곤두박질한 것을 들고 있다. 2016년 12월 8일(목요일) 수도권 시청률이 2.8%를 기록한 적이 있다. 시청률 조사는 특정된 단 하루로 평가하는 것이 아니라 누적된 경향성을 파악하기 위한 것이다. 2016년 9월부터 올해 8월까지의 뉴스데스크 평균 시청률은 5.5%로 SBS 8시 뉴스 6.4%와 0.9%p 차이다.

2. 시사IN과 시사저널의 조사결과만 가지고 MBC 뉴스가 추락했

다고 주장하는 것은 맞지 않다. 문화체육관광부가 조사한 2016년도 여론집중도 조사 결과를 보면 매체 합산 영향력은 KBS 계열 1위, 동아일보 계열 2위, 조선일보 계열 3위, MBC 계열이 4위였다. TV 부분 여론 영향력은 1위가 KBS, 2위가 MBC, 3위가 TV조선, 4위가 채널 A, 5위가 SBS였다.

3. 6월 항쟁 30주년 다큐의 제작중단 결정은 사장 취임식인 2월 28일 당시 담당 국장이 지시한 사안으로 나와 전혀 관계가 없다.

4. MBC 취재팀이 특정 정파 성향의 시위대로부터 협박을 당하였고, 특정 정파적 성향의 시위대를 피해 다녔다는 주장은 자신들에게 유리한 보도를 하지 않는다는 이유로 언론 자유를 침해하는 행위를 비호하는 잘못된 주장이다.

5. 165명을 비제작 부서에 강제 전보했다는 것은 전임 사장들의 임기 중에 일어난 일이며, 내가 사장으로 취임한 이후 예산 0원을 배정한 유배지로 7명의 기자와 PD를 보냈다는 주장은 사실과 완전히 배치된다.

6. 상암동 문화광장의 스케이트장 활용 사업은 2014년도 신사업개발센터가 제안한 사업 아이디어로서, 해당 부서원들은 스케이트장 활용 계획을 세우고 외주업체를 찾아 계약을 맺은 뒤 관리 업무

를 맡았을 뿐이다. 이들 부서원들에게 '눈을 치우게 했다'는 주장은 완전히 날조된 허위사실이다.

7. 카메라기자 성향 분석표와 관련된 의혹은 수사 중인 사안으로, 나는 문건을 본 사실도 없고 문건의 존재조차 모른다.

8. 2017년 4월 5일 제13차 교섭 이후 언론노조 문화방송본부에 단체교섭을 모두 5차례 요청하였으나 노조는 이를 모두 사실상 거절했다. 언론노조는 회사의 단체 교섭 요청에 대해 납득하기 어려운 선제 조건을 요구했는데, 사실 이는 언론노조가 올해 새로 선임된 사장은 물론 경영진 모두를 인정할 수 없다는 입장에서 기인했다는 것은 공공연한 사실이다.

9. 2016년 MBC경영평가보고서의 내용은 해임 사유의 근거가 될 수 없다. 특히 공정성을 소홀히 했다는 등 해임 사유에서 문제를 삼고 있는 경영평가 일부는 객관적 사실 평가가 아닌 유추적, 해석적 평가가 적지 않다.

10. 고소 고발을 남발했다는 것도 맞지 않다. 노사 문제와 관련한 소송은 언론노조가 제기한 소송에 대응하기 위한 것으로 언론노조는 그동안 회사를 상대로 34건의 소송을 제기했고, 회사가 언론노조를 상대로 제기한 소송은 1건에 불과하다.

방문진 이사회가 김장겸 사장 해임안 결의

11월 13일 방문진 이사회는 재적이사 9명 중 6명이 참석한 가운데 찬성 5명, 기권 1명으로 김장겸 사장에 대한 해임안을 결의했다. 바로 이어 열린 MBC 주주총회에서도 김장겸 사장의 해임안이 의결되었다.

그날 김장겸 사장은 성명서를 발표하고, "이제 노영방송으로 되돌아갈 MBC가 국민의 공영방송이 아닌 현 정권의 부역자 방송이 되지 않을까 걱정스럽습니다. 과거의 방송에서 보듯이 '김대업 병풍 보도', 'BBK 융단 폭격 보도', '광우병 보도'를 서슴지 않는 MBC 역사의 퇴행을 우려하게 됩니다."라고 밝혔다.

임기가 보장된 공영방송 이사들을 압박하여 자진 사퇴를 이끌어내고, 이사회에서의 여야 구성비를 바꿔 MBC, KBS 사장을 해임하는 과정은 우리나라 공영방송의 역사에서 두고두고 나쁜 선례로 남을 것이다.

11월 14일 언론노조 MBC본부는 파업지침을 내렸다.

첫째, 대전지부를 제외하고 11월 15일 09시부로 총파업을 잠정 중단한다. 둘째, 쟁의행위는 블랙리스트 노조 파괴, 공정방송 단체협약 체결 목적을 이룰 때까지 계속하며, 지명파업·태업 등 구체적인 내용은 비상대책위원회의 지침에 따른다. 또한 통상적인 필수 업무를 제외하고는 현 경영진의 경영권 행사 일체를 거부하고, 프로그램 편성, 조직 개편은 물론, 육아휴직 등 통상업무를 제외한 인사발령과 평가도 인정할 수 없다고 선언하였다.

MBC 기본운영과 관련된 최소한의 업무만 하고 인사나 새로운 계약행위 이런 활동들은 하지 않았으면 한다는 방문진의 요구도 있었기 때문에 경영진과 보직자들은 11월 15일부터 사실상 식물인간이 되어 버렸다.

라디오 '시선집중'은 11월 20일부터 변창립 아나운서가 진행한다는 통보를 받았고, 역시 신동호 아나운서가 진행하던 TV 프로그램 '시사토크 이슈를 말한다'의 진행자도 박경추 아나운서로 바뀌어서, 12월 3일 첫 방송으로 김미화씨를 게스트로 초대한다는 통보를 받았다. 연말 방송대상 시상식을 개최할 것인지, 누가 PD를 할 것인지도 예능본부, 드라마본부의 비대위가 결정하였다.

Chapter03

노영방송의
길로

1 사장으로 수직 신분상승한 최승호 PD

김장겸 사장 체제를 무너뜨리고 기세가 오른 언론노조 MBC 본부는 11월 14일자 '총파업 특보 21호'에서 신임 사장 선임과 관련하여 다음과 같이 요구했다.

첫째, 정치권은 MBC 사장 선임 과정에서 완전히 손을 떼라.

둘째, 시청자들에게 모든 절차를 투명하게 공개하라.

셋째, 절차를 신속하게 진행하라.

11월 16일에 열린 방문진 정기 이사회에서는 새 사장 선임을 위한 절차가 결정되었다. 자천·타천으로 지원자 공모를 11월 20일부터 27일까지 받은 다음, 11월 30일 임시 이사회에서 최종 후보자를 3명으로 압축하고, 12월 1일 후보자 3명이 참가하는 정책발표회를 인터넷 생방송으로 개최하고, 12월 7일 열리는 정기이사회에서 최종 인터뷰를 진행한 다음 선임하는 것으로 결정되었다. 후보자 3명이 참가하는 정책발표회를 인터넷 생방송으로 하는 것은 오랜 방송 경험이 있는 최승호 후보자에게 유리한 방식이었다.

11월 20일부터 27일까지 8일간 MBC 사장 후보자 공모를 진행한 결과 총 13명의 후보자가 응모서류를 접수했다. MBC 출신으로는 나중에 청와대 국민소통수석으로 발탁되는 윤도한 전 LA 특파원, 송일준 심의위원, 송기원 논설위원, 최승호 뉴스타파 PD, 최진용 전 제주 MBC 사장, 이우호 전 논설실장, 임흥식 전 논설위원 등이 응모했다.

11월 30일 열린 제10차 임시이사회에서 이사 1인당 3표씩 행사하는 방식으로 투표한 결과 이우호, 임흥식, 최승호 세 사람이 MBC 사장 최종 후보자로 선정되었다. 윤도한 전 논설위원이 탈락한 것이 눈길을 끌었다. 최승호씨가 사장이 되겠구나 짐작하였다.

12월 1일 오전 11시 상암동 MBC 공개홀에서 방문진 이사들과 언론노조 관계자 등이 참석한 가운데 공개 정책설명회가 열렸다. 다들 언론노조의 분위기를 많이 의식하고 있었다.

12월 7일 열린 제 11차 임시 이사회에서는 2차 투표까지 간 끝에 최승호씨가 MBC 사장으로 결정되었다. 최 내정자는 최종 후보 면접 과정에서 노사 공동재건위원회 구성, 국장 책임제 복원, 주요 인사 임명동의제 부활 등을 약속했다.

12월 8일 첫 출근한 최승호 사장이 가장 먼저 한 일은 MBC 노사 공동선언을 통해 자신을 포함한 해고자 6명을 전원 복직시키고, 해고 자들이 제기한 해고 무효 확인소송에 대한 대법원 상고를 취하하는 일이었다.

이에 앞서 언론노조 MBC본부는 MBC 최종 사장 후보자 3인에게 첫 출근길에 노사 합의로 해직자 복직 선언을 해줄 것을 제안했고, 후보자들은 전원 노조의 제안을 받아들인 바 있었다. 당시 나는 여전 히 MBC의 이사였기 때문에 이런 일이 어떻게 이사회의 결의도 없이 이루어지는지 의아하게 생각했다. 분명히 절차상의 하자가 있는 결 정이었다.

최승호 사장이 출근 첫날에 내린 또 하나의 결정은 뉴스데스크의 간판을 한시적으로 내리는 일이었다. 대신 일반 뉴스 타이틀인 'MBC 뉴스'로 방송하면서, 타이틀 변경에 따라 평일에는 김수지 아나운서 가, 주말에는 엄주원 아나운서가 임시로 진행한다고 밝혔다. 이에 따 라 이상현, 배현진 앵커는 시청자들에게 작별 인사를 고할 기회도 없 이 방송에서 하차하게 되었다.

배현진 앵커가 마음에 들지 않더라도 절차적 정당성은 지켜야 하는 것이 아니냐는 시청자들의 의견도 있었고, 언론사의 정치적 싸움에 배현진 아나운서의 인권이 무너지는 것 같다는 의견, 대놓고 블랙리스트를 적용하는 것이 아니냐는 시청자들의 항의 글이 쏟아졌다. 이후 배현진씨는 조명 UPS실을 개조한 사무실에서 아무런 업무도 부여되지 않는 발령대기 상태로 있다가 2018년 3월 퇴사하게 된다.

작별 인사도 못하고 쫓겨난 뉴스데스크 앵커들

이날 김장겸 사장 체제에서 보도국 주요 보직을 맡았던 사람들에 대한 인사도 이루어졌다. 오정환 보도본부장, 문호철 보도국장을 비롯한 보도국 국·부장단 전원이 보직 해임되고, 파업에 동참하지 않았던 약 80명의 기자들은 이날부터 뉴스 마이크를 잡지 못하게 된다.

12월 11일 방문진 임시이사회에서는 변창립, 조능희, 구자중, 김종규, 박태경, 정형일 등 6명을 신임 이사로 내정하였다. 보수정권 시절에는 핵심 보직에서 배제되어 보직국장을 해본 사람이 없다는 것이 특징이었다. 이날 기존의 8본부 31국 9센터 105부의 조직을 9본부 20국 5센터 100부로 변경하는 조직 개편안도 보고되었다. 조직 개편안의 가장 큰 특징은 내가 본부장을 맡고 있던 편성제작본부가 해체되고, 시사교양본부, 라디오본부, 예능본부, 드라마본부에 사원급

본부장을 두어 모두 사장 직속 부서가 되었다는 점이었다.

조직개편을 논의하기 위한 MBC 이사회가 열렸다. 서면회의로 대체하자는 제의를 거부했더니 어쩔 수 없이 같이 회의를 하게 된 것이었다. 신구 이사들이 함께 이사회에 참석하는 희한한 순간이었다. 이날 이사회에서 나는 최승호 사장이 직접 사원 본부장들을 직할하겠다는 조직개편안에 대해, '이러다 과로사 하겠다.'라고 꼬집었다.

그는 자신감이 넘친 탓인지, 관리 범위를 지나치게 넓게 잡고 있었다. 이후 콘텐츠 경쟁력의 하락에 대한 비난이 사장에게 직접 향하자 최승호 사장은 2018년 11월 콘텐츠 담당 부사장제를 신설해 직할체제를 포기했다.

2

사표를
강요당하다

조직이 개편되면서 과거 경영진들은 무보직 이사가 되고, 6명이 한방에 수용되었다. 새로 발급된 업무용 노트북은 황학동 중고시장에서 구입한 것 같은 고물이었다. 우리에게 모멸감을 주어 사표를 유도하려는 의도로 보였다.

12월 13일 오전 11시경 Y 경영지원국장이 이사들을 찾아왔다. 우리가 사임했으면 좋겠다는 뜻을 이완기 방문진 이사장이 최승호 사장에게 전달하였고, 본인은 최승호 사장의 명을 받아서 그 뜻을 전하기 위해 왔다고 했다. 잔여임기에 대한 보상에 대해서는 어떤 입장이냐고 물었더니 주주총회 결의사항이기 때문에 답할 수 없다고 했다. MBC 규정에는 '회사 사정으로 인하여 임기 만료 전에 퇴직하는 임원

에게는 주주총회의 의결을 거쳐 특별퇴직위로금을 지급할 수 있다.'
라고 하고 있다.

2005년 2월 최문순 사장이 취임했을 때도 개혁이라는 명분으로
본·계열사 임원들에게 사표를 강요한 적이 있었다. 본사 이사진 6명
가운데 뉴스데스크 앵커를 맡고 있던 엄기영 특임이사를 제외한 5명,
19개 지방계열사 중 원주MBC와 마산MBC 사장을 제외한 17개 계열
사 사장, 그리고 자회사 임원들 대다수가 대상이었다. 그때도 퇴직위
로금을 지불했다.

방문진 이완기 이사장이나 유기철 이사도 예전에 울산MBC 사장
과 대전MBC 사장의 임기를 다 채우지 못하고 해임되었을 때 퇴직위
로금을 수령했다. 우리와 비슷한 케이스가 이명박 정권 때 방문진이
개편된 후 임기 1년을 채 못 채우고 사퇴한 박성희, 송재종 본부장의
경우였다. 이들도 사표가 수리된 다음 몇 개월 뒤에 3억 2천여만 원
의 퇴직위로금을 수령해갔다. 김재철 사장 때의 일이었다.

그런데 우리는 적폐 이사들이기 때문에 퇴직위로금을 줄 수 없다
는 것이었다. 그래서 우리도 이 부분에 대한 약속 없이는 사표를 제
출할 수 없다고 말했다.

언론노조는 12월 20일 성명서를 통해 "위로금은 커녕 MBC 파괴에
대한 책임을 물어 해임하고 손해를 배상해야 할 인물들이다. 방문진
은 하는 일 없이 급여만 축내고 있는 서울의 무보직 적폐이사 6명에

대한 즉각 해임 절차에 착수하라."고 요구했다. 인터넷 매체인 PD저
널에서도 '퇴직 위로금 달라고 무보직으로 버티는 MBC 이사들'이라
는 기사를 통해 우리를 파렴치한처럼 몰아갔다. 퇴직 위로금을 주지
않겠다는 방침은 본사 임원뿐만 아니라 지방 MBC 사장과 자회사 사
장들에게까지 예외 없이 적용되었다. 억울하면 소송을 통해 받아가
라는 것이었다.

2017년 12월 27일 감사국에서 지난 5년간(필요시 소급) 법인카드
사용 내역과 그 적합성에 대한 일제 감사를 실시한다는 통보가 왔다.
누구와 어떤 업무 관계로 법인카드를 사용했는지 구체적으로 소명하
라는 것이었다. 마침 그날은 방통위원회에서 KBS 강규형 이사가 업
무 추진비 327만원을 유용하고 1,381만원을 사적으로 사용한 것이
의심된다는 이유로 대통령에게 해임 건의안을 의결한 날이었다.

본부장 시절뿐만 아니라 라디오국장, 편성국장 때 사용했던 내역
까지 69건, 2,300여만 원에 대해 업무 연관성을 입증하라는 것이었
다. 나는 대기업체에서 사람을 내보낼 때 법인카드 사용내역부터 뒤
진다는 얘기를 자주 들었다. 그래서 법인카드 사용 한도를 철저하게
지키고, 사용 내역을 상세히 적어낸 편이었다. 많은 사람들이 기억을
되살리지 못해 변상을 해야 했다. 하지만 나는 평소에 누구와 무슨
일로 법인카드를 사용했는지 상세히 기입하였기에, 다른 사람들에

비해서는 소명할 것이 적었다.

퇴직 위로금도 안 주고 쫓아내는데 그치지 않고 우리를 파렴치범으로 만들어 다시는 방송사 근처에 얼씬도 못하게 하겠다는 적의가 느껴졌다. 완벽하게 소명해야겠다는 생각에 보름 이상을 여기에 매달렸다.

적폐 이사로 몰아 해임 결의

라디오국장 시절 명절 때마다 정육식당에서 한우 세트를 구입하여 진행자 등에게 선물을 보냈는데 그 사이 식당이 폐업했다. 내가 선물을 보냈다는 증거가 없었다. 진행자들에게서 일일이 확인서를 받는 것도 창피한 노릇이었다. 감사하게도 식당 주인이 창고를 며칠간 뒤진 끝에 선물 배송 의뢰서를 모두 찾아주었다.

라디오국장 명의의 화환을 받은 출연자가 SNS에 올려놓은 사진을 증거로 제출하기도 하고, 식당 주소지를 일일이 찾아가 전표 상으로 다른 업종으로 표시되지만 실제로는 식당이라는 것을 입증했다. 그렇게 해 감사국에서 요구한 69건에 대해 업무 연관성을 모두 해명할 수 있었다.

12월 28일에 열린 방문진 제13차 임시 이사회에서는 MBC의 무보직 이사들을 해임하기로 결의하였다. 이주환 드라마본부장이 먼저 사표를 제출하여 5명이 남아 있었다. 각 이사들에게 해임사유를 전달하여 2018년 1월 4일 열리는 제1차 정기이사회 때 소명기회를 주고 해임 처리한다는 것이었다.

이사들의 공통 해임사유로 제시한 것은 다음의 5가지였다.

1. 방송의 공정성과 공익성 훼손
2. 부당 노동행위
3. MBC 신뢰도 추락 및 품의 유지 의무 위반
4. MBC 이사로서의 정상적 직무수행 불가능
5. 방송 파행에 대한 책임

첫째, 어떻게 방송의 공정성과 공익성 등을 위반하였다는 것인지 구체적인 언급도 없이 모호하게 '네 죄를 네가 알렸다'는 식으로 주장하고 있었다.

둘째, 뉴미디어 포맷개발센터로 PD들을 발령한 것을 부당노동행위라고 하는 모양인데, 실제로 프로그램 제작을 하라고 보낸 것이었다. 센터장이 누누이 그 취지를 설명했고 방송 시간대와 제작비도 결정해 주었다.

셋째, 신뢰도가 추락했다는 것도 구체적인 근거가 없는 지극히 주관적인 주장이었다.

넷째, MBC 이사로서 정상적인 직무수행이 불가능한 것은 조직개편을 통해 편성제작본부를 해산시키고 나를 무보직 이사로 발령 냈기 때문이다.

다섯째, 방송 파행의 책임은 파업을 일으킨 사람들에게 물어야 되는 일이지 방송을 정상화하려고 노력한 사람에게 물을 일은 아니었다.

이밖에도 나의 개별 해임사유로 다음의 네 가지가 제시되었다.

1. 회사법인 휴대전화 파쇄 등을 통해 부당노동행위 증거인멸

2. 위법행위, 국정원 방송장악 사건 연루 등으로 인한 회사 명예 실추

 - 국정원 문건에 따라 '블랙리스트' 연예인(김미화, 윤도현 등)을 방송에서 퇴출할 당시 라디오본부 보직 부장으로 퇴출을 주도한 혐의를 받고 있다.

3. 제작 허가받은 '6월 항쟁 30주년 기념 다큐' 불방 지시 및 제작인력 부당 전보

 - 다큐 제작을 사유 없이 중단시키고, 담당 PD를 타부서로 전보

시킨 후 징계 조치하였다.

4. 2017년 7월 경 PD수첩 제작진에게 "민노총 조합원이므로 민노총 관련 아이템을 못한다."며 프로그램 제작에 관여한(부당노동행위) 조창호 전 시사제작국장의 지휘 책임자

나의 해임사유로 제시된 내용은 언론노조에서 제공했을 것으로 추측되었으나 사실관계 확인도 제대로 안 되어 있었다. 나도 휴대폰을 파쇄했다는 미디어오늘의 기사는 사실이 아니라는 것을 방문진 사무처장이 보고한 적이 있었다. 그런데도 그냥 나열해놓고 있었다. 어차피 해임을 결정해놓고 요식행위로 소명기회를 준다는 것인데, 훗날을 위해서라도 기록으로 남길 필요가 있다고 생각했다. 증빙자료를 보강하다 보니 소명서 분량이 80페이지가 넘었다. 소명서를 작성하여 2018년 1월 4일 방문진에 제출했다.

검찰 조사의 압박

그 사이에 3명의 동료 이사들이 사표를 제출하여 나와 최기화 이사만 남아 있었다. 1월 4일에 열리는 2018년 제1차 정기이사회 때

소명을 하고 해임당할 각오를 하고 있었는데, 우리의 해임안 처리가 1월 15일로 연기되었다.

그 무렵 나는 형사 고소를 세 건 당하여 검찰의 조사를 앞두고 있었다. '6월 항쟁 30주년' 다큐 불방과 관련된 명예훼손 사건, 'PD수첩-한상균편' 불방과 관련된 부당노동행위와 명예훼손 사건, 그리고 라디오국장 시절 PD들 간의 치정 문제를 처리하는데 있어서, 한쪽 당사자 편을 들면서 다른 한쪽의 당사자에게 진정서를 취하하도록 강요와 협박을 했다는 사건 등이었다. 편성제작본부장에서 내려오라고 노조원들이 무차별적으로 제기한 고소들이었다.

사표를 제출하지 않으면 해임 처분을 정당화하기 위해 검찰에서 무리한 기소를 할 수도 있겠다는 생각이 들었다. 또한 해임 당한 후에 손해배상소송으로 가면 회사 측은 무조건 대법원까지 끌어서 우리를 괴롭힐 것인데, 사법부의 동향을 보니 낙관할 수가 없었다. 게다가 아내의 건강이 극도로 안 좋아져 있었다.

1월 12일 사표를 제출했다. 최기화 이사는 1월 15일 열린 임시 이사회에서 해임이 확정되었다.

전국 16개 지역 MBC의 경우도 마찬가지였다. 단 한명의 예외도 없이 모두 교체되었다. 잔여임기가 몇 개월 남지 않은 원주, 전주, 대전, 대구MBC 사장들은 사표를 제출했고, 나머지 12개 지역 MBC 사장들은 각 사별 주주총회에서 모두 해임 처분을 받았다.

해임 사유도 획일적이었다.

> 1. 장기간 방송파행에 대한 책임
>
> 2. 국민 신뢰 실추, 회사 이미지 훼손
>
> 3. 경영능력 부재, 조직 통할능력 부재

자회사의 경우도 마찬가지였다. 단 세 명이 살아남았다. 이주환 드라마본부장이 한 직급 강등되어 MBC C&I 이사로 가고, MBC 플러스의 정호식 부사장과 김영삼 이사는 각각 MBC 플러스 사장과 부사장으로 승진하였다. '어서와 한국은 처음이지?'라는 대박을 터뜨린 김정욱 MBC 플러스 제작이사는 그만둔 반면, 최승호 사장 체제의 핵심과 인연이 있는 사람들은 오히려 승진했다

3

무경험자들의
논공행상

2018년 1월 15일 방문진 이사회에서 지역사 사장 선임 방안이 보고되었다. 노사 동수로 6명의 추천위원회를 구성해서 2배수로 후보를 확정하면 사장이 적임자를 결정하는 방식이었다. 사장 지원 자격은 MBC 본사나 지방사에서 20년 이상 재직한 경력자이고, 사장으로 선임되면 2개월 이내에 해당 지역 MBC의 현안을 파악한 뒤 사원들에게 비전을 제시하는 설명회를 가지도록 했다. 과거 언론노조가 도입한 적이 있는 국장 추천제의 변형된 모습이었다.

이날 재미있는 일이 발생했다. 해임된 고영주 이사의 후임으로 1월 8일 새 이사로 선임된 지영선 이사가 처음 회의에 출석했다. 지영선 이사는 1949년 생으로 2012년 대선 당시 문재인 민주통합당 후보를 공개 지지한 원로 언론인 71명 명단에도 이름을 올린 대표적인 친문 인사였다. 이완기 이사장보다는 5살가량 연상이었다. 방문진 이사장은 이사 가운데 가장 연장자가 맡는 관례가 있었기 때문에 미묘한 느낌을 주었다. 지영선 이사의 임명은 이완기 이사장이 이사장직을 양보하라는 무언의 신호로 해석되었다.

1월 30일 오전 지영선 이사가 눈이 좋지 않다는 이유로 갑자기 사의를 표명했다. 이사장 자리를 둘러싼 갈등이 사퇴 배경이 아니냐는 의혹에 대해 본인은 부인했다. 하지만 비상근 이사직을 눈이 좋지 않아서 사임한다는 말은 여러모로 설득력이 없었다. 2월 14일 방송통신위원회는 지영선 이사의 후임에 김상균 전 광주MBC 사장을 선임했다. 역시 1949년생으로 이완기 이사보다 나이로 보나 MBC 경력으로 보나 연장자였다.

연속 두 번이나 현 이사장보다 연장자를 보냈다는 것은 방문진 이사장을 교체하겠다는 확실한 메시지였다. 이완기 이사장은 지방사와 자회사 인사까지 마친 다음 이사장직에서 물러나겠다는 의사를 밝혔다. 그는 3월 15일 이사회가 끝난 뒤 배포한 입장문을 통해, 방문진에 정치권의 외압이 있었다는 것을 암시하였다. 특히 방문진 이사장을 청와대에서 낙점하는 관행에 대해 강력하게 비판하였다.

3월 22일 방문진의 새 이사장으로 김상균 이사가 선출되었다. 지역사와 자회사 임원에 대한 인사는 이미 끝난 후였다. 최승호, 박영춘, 조능희 등 세 사람이 언론노조 MBC본부 위원장 출신이고, 김종 규는 언론노조 부위원장을 지냈다. 박영춘 감사와 김영희 부사장을 제외하면 보직 국장 경험자가 없었다. 지역사나 자회사 사장들도 최 근 4~5년간 주요 보직을 경험한 사람은 거의 없었다. 과거 경영진 시 절 탄압을 받으면서도 지조를 지킨데 대한 보은 인사의 성격이 강했 다. 적폐 시절에 쌓은 경험은 필요 없다는 뜻인지 국장들도 거의 이 런 식으로 교체되었다.

무능력 금방 드러낸 최승호 사장 체제

MBC에서 나온 다음 한동안 MBC를 잊고 싶었다. 2017년 파업이 라는 극한 상황 속에서 MBC 사람들의 민낯을 너무 많이 본 탓이었 다. TV도 애써 외면하고 라디오도 듣지 않았다. 평생 MBC를 중심으 로 살았고 MBC 사람들하고만 어울리면서 살아왔는데, 어느새 MBC 사람들에게 부담스러운 존재가 되어 있었다.

언젠가 형사고소 당한 일로 후배에게 확인할 것이 있어서 통화가 가능하냐고 문자를 보냈다. 낯선 번호가 떴다. 와이프 핸드폰으로 전 화를 한다고 했다. 핸드폰 통화내역을 회사 통신실에서 파악하는 것 이 아닌지 우려하고 있었다. 이후로는 회사에 남아 있는 후배들과 가 급적 연락하지 않는다.

마음의 상처를 씻어내고자 했지만 30년을 넘게 보낸 직장에서 온 갖 비난을 받고 하루아침에 쫓겨날 정도로 잘못 살았는지 혼란스러 웠다. 라디오에 있을 때 선후배들과 스킨십을 돈독하게 하지 못한 것 은 후회되는 부분이었다. 나는 선배들에게 고분고분한 후배는 아니 었다. 후배들에게는 딱딱하고 재미없는 꼰대로 보였을 것이다.

하지만 언론노조가 묘사했듯이 눈앞의 조그만 이익을 위하여 겉 다르고 속 다른 방식으로 살아오지는 않았다. 언론노조는 나를 '부역 자'이자 '적폐'라고 규정했다. 국정원 연예인 블랙리스트에 오른 진행 자를 퇴출시키는데 하수인 역할을 하는가 하면, 노조원들을 귀양지 로 보내려던 악덕 경영진이자 아이템의 부당 검열을 일삼은 B급의 찌 질한 인물로 만들어서 나를 쫓아냈다.

2018년 8월로 예정된 MBC, KBS, EBS 등 공영방송 이사진의 개편 을 앞두고 좌파 단체들은 정치권의 개입을 막아야 한다는 여론조성 에 나섰다. 언론노조 등 언론·시민운동 단체들은 방송독립시민행동 이란 연합체를 결성하고 공영방송 이사 시민 검증단을 방통위원회에 제안하였다.

방송통신위원회가 공영방송 이사 후보를 2배수로 압축하면 시민 검증단이 결격 사유가 있는 후보를 걸러낸 다음 1.5배수의 후보를 방 통위에 추천하는 방식이었다.

방송독립시민행동은 2017년 7월 당시 MBC, KBS 사장을 쫓아내기 위해 총 241개 단체가 모여서 결성했다고 주장하는 'KBS, MBC 정상화 시민행동'의 후신이었다. 이들은 공영방송 이사 선임과 관련한 긴급 토론회를 7월 16일에 개최하고, 시민을 상대로 제보센터를 운영해 제보가 들어오면 사실 여부를 확인해 공개할 방침이라고 밝혔다. 자신들이 적폐라고 간주하는 사람들에게 공영방송 이사에 응모하지 말라고 으름장을 놓는 것이었다.

7월 2일 방송통신위원회는 방송문화진흥회와 KBS 이사 선임을 위한 공개모집을 7월 13일까지 12일간 하기로 의결하였다. 방송독립시민행동이 주장한 시민 검증단은 채택하지 않는 대신, 국민 참여 확대와 절차적 투명성 확보를 위해 이사 후보 지원자들이 작성한 지원서를 홈페이지에 공개하고, 지원자들에 대한 국민 의견을 수렴해 후보자 선정 때 활용한다고 밝혔다.

나는 회사를 나오면서부터 방문진 이사에 응모하겠다는 생각을 가지고 있었다. 적폐로 낙인 찍혀 마땅히 재취업할 곳을 찾기도 어려웠지만, 과거 경영진을 따랐다는 이유로 박해받는 MBC 사람들에게 조금이나마 도움이 되어야겠다는 생각에서였다. 우리가 MBC에서 나간 다음 많은 일들이 벌어졌다.

최승호 사장은 과거에 "김재철 사장, 그 측근들, 하수인들처럼 후배들을 잘라내는 인간 백정 노릇을 하는 사람들이 다른 데서 날아 들어온 사람이 아니라 수십 년 동안 같이 MBC에서 일한 사람들이라는 거예요."라면서 과거 경영진을 인간 백정에 비유한 바가 있었다. 그런 말을 한 최승호 사장이 취임한 이후 MBC에서는 16명이 해직되고 6명이 정직 6개월의 중징계를 받았다.

해고당했다가 서울지방노동위원회에서 부당해고 판정을 받고 복직한 뒤 다시 해고당한 사람도 있었다. 신동호 전 아나운서국장은 정직 6개월을 연속 2회 받아서 도합 정직 1년이라는 MBC 역사상 최장 기간 정직 처분을 받았다.

김장겸 사장 시절 파견되었던 해외특파원 12명 전원에 대해 3월 5일자로 복귀 명령이 내려졌다. 파견된 지 불과 4개월밖에 안된 사람도 있었다. 특파원의 경우 자녀 학교 등 가족들까지 생활 근거지를 옮겨야하기 때문에 예고 없는 조기 소환은 청천벽력 같은 소식이었을 것이다.

또한 전임 보도본부장에게 아침 뉴스인 '뉴스 투데이'의 과거 영상물에 색인을 붙이는 업무를 부여하는 등 파업 불참자들에게 망신을 주기 위한 모욕적인 업무배치를 했다. '뉴스 투데이'의 경우 전날 '뉴스데스크'의 영상을 그대로 사용하는 경우가 많기 때문에 굳이 색인을 정리할 필요도 없다.

이런 문제점들이 방문진에서 제대로 짚어져야 하는데 여러 가지 아쉬움이 있었다. 여권 이사의 경우는 MBC 경영진이나 조직으로부터 상세한 정보를 제공받을 수 있지만 야권 이사는 그런 정보에서 차단된다. 파업에 참가하지 않았다는 이유로 탄압받는 직원들을 보호하기 위해서는 MBC의 사정을 잘 아는 MBC 출신이 방문진 이사가 되는 것이 바람직하다고 생각했다.

그래서 나는 방송독립시민행동이라는 단체가 방문진 이사에 지원하지 말라고 엄포를 놓는데도 지원했다. 마침 MBC 공정방송노조 이순임 위원장도 새로 선임될 방문진의 야권 이사는 "방송에 대한 전문 지식뿐 아니라 MBC 경영진을 제압할 수 있어야 하고, MBC 내부 구성원과의 연대도 가능해야 한다."며 지원사격을 해주었다.

4 반격 준비, 방송문화진흥회 이사로 선임되다

8월 10일 방통위가 방문진 이사 명단을 발표하였다. 김상균 이사 장과 유기철 이사, 김경환 이사가 연임되고, 2012년 MBC 파업과 관련해서 언론노조 측 변호인이었던 신인수 변호사, 그리고 최윤수 변호사와 문효은 이화여대 리더십개발원 지도교수가 여권 몫으로 새로 선임되었다. 야권 추천으로는 나와 최기화 이사 두 사람이 자유한국당 추천 몫, 강재원 동국대 교수가 바른미래당 몫으로 선임되었다. 감사로는 김형배 전 한겨레논설위원이 선임되었다.

나와 최기화 전 본부장이 방문진 이사로 선임되자 언론노조 MBC본부와 방송독립시민행동은 방통위원회가 자유한국당에 굴복했다며 강하게 반발했다. 언론노조 MBC본부는 "방통위는 자유한국당의 압력에 굴복해 후보 검증 의무와 독립적 이사 선임 권한을 내팽개쳤다."며 나와 최기화 이사의 선임 취소를 촉구했다. 방송독립시민행동도 성명을 통해 "자기 권한과 책무를 포기한 방통위원들은 위법한 선임을 당장 원천무효화하고 사퇴해야 한다."고 주장했다.

2018년 8월 16일 방송통신위원회에서 임명장을 받고 그날 오후 첫 방문진 이사회에 참석을 했다. 사무실이 위치해 있는 여의도 율촌빌딩 앞에서는 언론노조 MBC본부 조합원 수십 명이 "최기화는 사퇴하라! 김도인은 물러나라!"는 구호를 외치며 피켓시위를 벌이고 있었다. 자칭 '파업요정' 김민식 PD가 최기화 이사에게 얼굴을 들이밀고 "가라고~!"라고 고함을 지르며 도발했다. '저 친구 작년이랑 하나도 변한 게 없네.' 하고 저절로 눈살이 찌푸려졌다. 미디어오늘, 미디어스, PD저널 등 언론노조에 우호적인 매체 기자들이 지켜보는 가운데 우리가 흥분해서 실수하는 모습을 포착하고 싶었으리라. 엘리베이터에서 내렸더니 복도를 빼곡히 매운 노조원과 기자들이 질문 공세를 펼치며 길을 비켜주지 않았다.

그들은 분노하고 있다기보다는 몹시 낭패를 당한 얼굴을 하고 있었다. 72일 동안이나 파업해서 MBC 경영진을 적폐로 몰아 쫓아냈는데, 그중 두 사람이 불과 1년도 안되어 방송문화진흥회 이사로 복귀한 것이다. 방송독립시민행동이라는 단체까지 결성해서 우리가 방문진 이사로 되돌아오는 사태를 막으려 했는데 오늘 같은 결과를 맞았으니 흥분할 수밖에 없을 것이다.

언론노조원들, 방문진 앞에서 피켓시위

최기화 이사를 타깃으로 질문공세를 펼치던 김연국 언론노조 MBC 본부 위원장이 나에게도 할 얘기가 없느냐고 물었다. 옳거니 싶어서 "그동안 여러분들이 6~7개월 동안 하고 싶은 대로 다했죠? 결과는 어떻습니까?"라고 했더니 노조원들이 민망한지 과장된 웃음을 터뜨린다. 불과 며칠 전 뉴스데스크의 시청률이 1%대를 기록한 것이 떠올랐으리라.

"그렇게 잘하셔서 MBC 라디오가 그렇게 망가졌나요?"라고 공격이 들어왔다. 잘 만났다 싶어서 속사포처럼 퍼부었다. "내가 국장으로 있을 때 MBC 라디오가 항상 1등이었어요. 이번에 보니까 4등까지 내려갔던데요? 반성 좀 해요."

이날 나와 최기화 이사의 출근길 시위 동영상은 많은 화제를 모았다. 여러 유튜브 채널을 합쳐서 10만 건 정도 조회수를 기록했다. 미리 집회를 신고한 장소인 율촌빌딩 앞이 아니라 건물 안 복도에서 회의장 입장을 가로막는 것은 업무방해 현장을 스스로 채증작업 해준 것이나 다름없었다.

2018년 9월 7일과 10일 양일간 방송문화진흥회에서는 MBC 하반기 업무보고가 있었다. 방문진 이사가 되고 나서 처음으로 최승호 사장을 대면한 것이다. 9월 10일 업무보고를 마치고 방문진 이사들이 총평하는 순서에서 최대한 개인적인 감정을 배제하고 이렇게 당부하였다. 이날 총평에서 한 발언은 향후 3년 동안 방문진 이사로 활동하면서, 내가 중점적으로 살펴볼 과제들을 제시한 것이다.

제가 하반기 업무보고를 들어 보니 전임 경영진 탓을 너무 많이 한다는 생각이 듭니다. 경영실적은 작년 상반기보다 210억 원이나 줄어든 3,333억 원, 영업이익은 작년 상반기 27억 원 흑자에서 535억 원 적자로 곤두박질했습니다. 비상경영 대책이 필요한 시점이 아닐까 생각합니다.

두 번째로 시청률을 보겠습니다. TNMS에서 집계한 2018년도 상반기 시청률 순위를 보면 MBC는 2.8%로 지상파 채널 중 꼴찌고, 더 심각한 문제는 2017년 상반기 대비 시청률 하락 폭이 케이블, 종편 포함해서 두 번째로 높다는 것입니다. 최승호 사장 체제에 들어와서 뉴스데스크가 2% 시청률 기록한 것이 무려 31번, 8월 5일에는 1%대까지 하락했습니다. 기자협회보가 올해 8월에 조사한 매체 신뢰도 조사에서 바닥권을 기록했습니다.

그 다음에 부당징계는 어떻습니까? 최승호 사장이 취임한 이후 해고자만 벌써 14명입니다.(그 이후 2명이 추가로 해고되었음) 정직 6개월의 징계도 여러 명에게 내려졌습니다. 보도본부는 경쟁사인 SBS에 비해 일할 인력이 절대적으로 부족하다고 하면서도 80명 이상의 파업 불참자들을 방송에서 철저히 배제함으로써 경쟁력 약화를 초래하고 있습니다. 언론노조와 회사가 공동으로 구성한 정상화위원회는 편향된 진보적 시각에 따라 과거 방송내용을 재단하면서 마치 완장을 찬 것처럼 행동하고 있습니다. 감사국은 과거의 불법 사례를 조사한다며 직원들 이메일을 불법 열람했습니다.

지금처럼 여론몰이 식으로 마구잡이 징계의 칼날을 휘두르지 말고 적절한 절차를 지키면서 객관적인 징계 사유가 있는지 제대로 살펴보기 바랍니다. 하루 빨리 생각이 다른 구성원들도 공정하게 보듬으면서 중장기 미래 비전을 하루 빨리 제시함으로써 공영방송 사장으로서 역할을 충실히 해주실 것을 부탁드립니다.

불과 8개월 전에 적폐라는 낙인을 찍어 쫓아낸 나로부터 이런 수모를 받게 될 줄은 꿈에도 생각하지 못했을 것이다. 최승호 사장이 경영을 맡을 준비가 안 되어 있다는 것을 알게 되기까지 오랜 시간이 걸리지 않았다.

2018년 MBC는 매출 6,819억 원, 영업수지는 1,237억 원 적자, 당

기순손실 1,094억 원을 기록하였다. 2017년에도 파업의 여파로 매출 6,695억 원, 영업수지는 565억 원의 적자를 기록했다. 파업이 시작되기 전인 2017년 상반기의 영업수지는 27억 원 흑자를 기록하고 있었다. 2019년 MBC는 매출 7,440억 원, 영업비용 7,835억 원 등을 골자로 395억 원대의 적자예산을 편성했다. 하지만 2019년 9월말 현재 약 700억 원의 적자를 기록했다. 우리가 나올 때 MBC의 현금 보유액은 2,500억 원에 이르렀다. 자신들이 적폐라고 매도한 경영진이 쌓아둔 재산을 불과 2년 사이에 다 털어먹는 경영실적을 보여준 것이다.

2019년 11월 14일 열린 방문진 제18차 정기이사회에서 나는 최승호 사장의 해임 결의안을 제출하였다. 구체적인 해임 사유는 다음과 같았다. 첫째, 취임 이후 2,000억 원대의 영업적자를 기록하게 되었는데도 비상경영 방안이라고 내놓은 것이 미흡하다. 이는 국민을 대리하여 MBC를 관리하는 사람으로서 선량한 관리자로서의 주의의무를 다하지 않은 것이다. 둘째, 정파적 저널리즘에 빠져 사회통합 실현이라는 방송의 공적 책임을 소홀히 하였다. 셋째, 편 가르기 경영으로 방송사를 불공정하게 경영하였다. 소수이사로서의 한계 때문에 결의가 되지는 않았지만 김장겸 사장이 해임된 지 2년 만에 공수가 바뀐 셈이었다.

시청자 신뢰
걷어찬 편파 방송

1
정권의 방송으로
시청자의 외면을 받다

내 주변에 MBC 뉴스를 보지 않는다는 사람들이 부쩍 늘었다. 공정방송을 하겠다며 파업하던 사람들이 어쩌면 저렇게 편파방송을 하느냐고 혀를 찬다. 2019년 8월 15일 서울 도심에서 수만 명이 모여 문재인 정권 퇴진과 박근혜 전 대통령의 석방을 요구하는 광복절 범국민대회를 가졌는데, MBC와 SBS의 메인 뉴스에서는 단 한 줄도 보도하지 않았다. 'KBS 뉴스9'에서는 반일운동 집회를 길게 보도한 끝에 "현 정부에 반대하는 시민 3천여 명이 광화문에서 집회를 열면서 촛불 시민들과 대치하기도 했다."고 짧게 보도했다.

스마트폰이나 인터넷이 뉴스 소비의 주요 플랫폼이 된 지금 시청자들은 주요 뉴스의 목록을 대략 파악한 상태에서 방송사가 어떤 뉴스를 메인으로 설정하는지, 어떤 뉴스가 누락되는지 지켜본다. 자기가 직접 목격했거나 이미 스마트폰으로 접한 소식이 메인 뉴스에서 누락되는 일이 반복되면 뉴스의 신뢰도는 떨어질 수밖에 없다.

기자협회가 현역 기자들을 대상으로 실시한 매체신뢰도 조사에서 2018년 KBS는 7.5%로 2위, MBC는 1%로 8위를 차지했다. 2019년에는 KBS가 5.4%로 5위로 하락하고, MBC는 0.4%로 8위를 유지했다. 2018년 시사IN이 조사한 언론신뢰도 조사의 '가장 신뢰하는 방송 프로그램' 문항에서 뉴스데스크의 신뢰도는 0.6%로 2017년의 2.5%보다 더 떨어져 처음으로 상위 5개 프로그램에서 탈락하였다. 2019년 조사에서도 5위권 내에 들지 못하였다.

최승호 사장이 취임한 후인 2018년에 뉴스데스크는 내가 세어본 것만 해도 2%대 시청률을 30회 넘게 기록했다. 1%대까지도 몇 번 기록했다. 2018년 8월 5일 뉴스데스크의 수도권 시청률은 1.97%, 2019년 4월 27일 뉴스데스크의 수도권 시청률은 1.9%였다. 2019년 2월 24일에는 전국 기준 시청률이 1.0%를 기록했다.

최승호 사장이 취임한 2017년 12월 8일부터 뉴스데스크는 재정비 기간을 가진 뒤 12월 26일 다시 정상 방송을 재개했다. 박성호 앵커는 지난 5년간의 MBC 뉴스를 반성한 다음 "권력이 아닌 시민의 편에 서는 뉴스가 되도록 MBC 기자들 모두 여러분께 다짐합니다."라고 하면서 뉴스데스크를 시작했다.

최승호 사장 체제가 본격화되는 2017년 12월 26일 이후 뉴스데스크에서 첫날의 그 다짐이 실현되었는지 살펴보자. MBC노동조합(제3노조)이 발행하는 공감터(공정방송 감시센터)에서 문제 제기한 내용들을 중심으로 간추려 보았다.

MBC 뉴스데스크의 편파 등 문제 보도 사례

- 2018년 1월 1일 방송된 개헌 관련 리포트 '시민의 의견'을 인턴 기자와 기자의 지인 등으로 구성
- 2018년 2월 5일 국정원 '북한 정찰총국, 6000억 가상화폐 털었다' 무보도(KBS, SBS는 보도)
- 2018년 2월 17일 박영선 의원 윤성빈 '특혜 응원' 무보도(KBS, SBS는 보도)
- 김기식 전 금융감독원장 비리의혹 소극적 보도 논란
- 드루킹 관련 소극적 보도 논란
- 2018.9.28. 미국 고등훈련기 수주 실패 보도 무보도(KBS 2꼭지, SBS 1꼭지)
- 2018.10.29. 김경수 지사 첫 재판 무보도(KBS 9번째, SBS 12번째)

- 서울교통공사 등 공공기관 고용세습 축소 보도 논란
- 2018.12.3. 문재인 대통령의 국내문제 기자 질문 거부 관련 무보도(KBS 뉴스9은 12번째, SBS 8시뉴스는 8번째)
- 김태우 전 청와대 특감반 수사관의 우윤근 러시아 주재 대사의 비위 및 민간인 사찰 폭로 부실 보도 논란
- 2019.1.2. 유시민 팟캐스트 방송 '알릴레오' 과잉 홍보 논란
- 2019.1.10. 대통령 신년기자회견 10꼭지 과잉 보도 논란
- 청와대 행정관의 육군 참모총장 호출 파문 무보도
- 손혜원 의원 비리 관련 의혹 소극적 보도 논란
- 2월 1일 국회 잔디밭에서 여야 정치권을 비난하는 글을 남기고 분신을 시도한 60대 남성에 대해 민주당 의원의 비서관이 SNS에 화염에 휩싸인 차량 사진을 올리고 "통구이 됐어 ㅋㅋ"라고 조롱하는 댓글을 붙인 사건 무보도
- 손석희 폭행사건 늑장 보도 및 2.17. 경찰 출석 사실 무보도
- 2019.2.10. 청와대 전 특검반장이 드루킹 특검팀의 수사 내용을 파악하라고 지시했다는 김태우 전 수사관의 두 번째 기자회견 무보도(KBS 9시 뉴스 8번째 뉴스, SBS 8시 뉴스 9번째 뉴스로 소개)
- 자유한국당의 5.18 공청회를 2019년 2월 8일부터 18일까지

'뉴스데스크'에서 관련 리포트 26개로 과잉보도 논란

- 2019년 2월 27일 민노총의 한국당 전당대회 난입 사건 무보도

- 사상 최대 인파가 모인 2019년 3월 1일 태극기집회 무보도

- 3월 18일 희대의 방송 장사꾼 의혹을 받고 있는 윤지오씨 출연

- 3월 18일 KBS 9시뉴스와 SBS 뉴스8은 '윤 총경이 청와대에서 근무하던 시기에도 연예인들과 골프 치고 식사했다.'는 경찰의 수사 진행 상황을 보도했으나 뉴스데스크는 무보도

- 3월 27일 국회 앞에서 열린 민노총 집회에서 조합원 일부가 경찰의 차단벽을 뜯어내고 경찰관 폭행한 뉴스 무보도

- 창원 국회의원 보궐선거에서 황교안 자유한국당 대표의 경기장 유세 논란은 3월 31일에 1꼭지, 4월 1일에는 2꼭지, 4월 2일에 2꼭지를 연속 보도했으나, 여영국 정의당 후보가 농구경기장에서 유세하여 선거법을 어긴 것은 한 것은 4월 2일 다른 기사 말미에 한 문장만 보도

- 4월 3일 집회에서 민노총 조합원들이 국회 담장을 무너뜨리고 취재하던 MBN기자를 폭행한 것 무보도, 그날 영등포경찰서에서 조사받고 나오던 민노총 위원장을 인터뷰하려던 TV조선 기자를 조합원들이 넘어뜨리고 '죽여 버린다'고 위협한 것 무보도

- 2019.4.11. 민주당 금태섭 의원이 공수처 설치 반대의견을 SNS에 밝힌 것, 2019.5.1. 조응천 의원이 검경 수사권 조정에 반대 입장을 SNS에 밝힌 것 무보도

- 박영선 중소벤처기업부 장관 인사청문회에서 아들의 증여세 탈루 의혹, 주택 과다보유, 남편의 삼성전자 소송 수임 논란, 지역주민과 먹은 점심을 황교안 당시 법무장관과 먹었다고 허위 신고한 것 등을 보도하지 않고 김학의 전 법무차관 CD논란 위주로 보도하였다는 논란

- 5월 1일 문무일 검찰총장이 검경 수사권 조정과 공수처법에 반대하는 검찰총장의 항명사태 무보도(SBS는 톱뉴스와 2번째 뉴스로 2꼭지, KBS는 3번째 리포트)

- 5월 1일 한국당 장외집회 군중 규모 보도 축소 논란(KBS뉴스9 2번째 뉴스, SBS 8시뉴스 4번째 뉴스)

- 2019.6.9. 100만 명이 참가한 홍콩 민주화 시위 발생 사흘 뒤인 6월 12일에야 늑장 보도(SBS 8시 뉴스는 6월 9일, 10일, 12일 보도)

- 김제동 고액 강연료 사건 무보도

- 6월 20일부터 한 달간 방송된 뉴스데스크 '정치적 참견 시점'에서 야당 비판 21회, 정부여당 비판 1회로 정치적 편향 논란

- 조국 법무부장관 후보자 관련 늑장 및 축소보도 논란
- 조국 법무부장관 수사반대 집회 참가인원 부풀리기 논란
- 조국 장관 수호집회 보도의 MBC 제작가이드라인 위반 논란
- 서울 인헌고 학생들에게 정치이념을 강요한 전교조 교사들 축소 보도 논란
- 북한주민 강제북송 축소 보도 논란

정권에 유리하다 싶으면 키우고, 불리하면 줄이거나, 빼거나 늑장 보도하는 일이 수시로 발생했다. 특히 문제가 되는 것이 무보도無報道 이다. MBC 뉴스 시청자의 알 권리가 침해당하기 때문이었다. 공정방송을 부르짖으며 파업을 일삼던 언론노조원들이 이렇게 정파적인 방송을 하는 것에는 그들 특유의 저널리즘관이 작용하고 있는 것으로 보인다.

2017년 11월 22일 팟캐스팅 '새가 날아든다'에 출연한 최민희 전 의원은 최승호 사장 등 MBC 노조 핵심세력의 보도관에 대해 이렇게 얘기했다.

"지난번에 파업할 때 내부에서 토론한 내용을 보면 그중에 '이제 불편부당, 중립 이런 거 취하지 않겠다. 진실과 정의, 그리고 객관보

도의 늪에 빠져서 헤매지 말고 진짜 정론을 하겠다.' 이런 얘기들이 나온 걸 봤어요. 그래서 저는 그걸 지키기를 기대하는 거죠."

KBS 기자들도 비슷한 생각을 가지고 있는 것 같다. 2018년 4월 13일 열렸던 KBS 뉴스 앵커 기자간담회에서 '뉴스 라인'의 앵커로 발탁됐던 김철민 기자는 앞으로 KBS 뉴스의 지향점을 이렇게 밝혔다. "편파적일 수도 있다. 그동안 KBS 뉴스는 기계적 균형에 매몰돼 외면을 받았다고 생각한다. 시청자들의 갈증을 풀어주는 뉴스가 안 됐던 거 같다. 당분간 편파적이라는 이야기를 듣더라도 여러 가지 사건에 파묻혀 있는 이면을 파헤치는 뉴스가 필요하다. 사실 왜곡은 아니지만 시청자들이 알아야 하는 건 편파적이라는 비판을 감수해도 보도해야 한다고 생각한다."

언론노조 출신의 새로운 공영방송 핵심 세력들은 객관주의 저널리즘에 대한 강한 거부감을 가지고 있으며, 기계적 중립성 같은 가치에는 구애받지 않겠다는 생각을 가지고 있는 것으로 보인다. 문재인 정부 출범 이후 MBC와 KBS 등 지상파의 광고판매가 추락하고 막대한 영업적자를 기록하게 된 배경에는 시사 · 보도 프로그램의 불공정성에 불만을 품은 시청자들의 이탈이 한몫을 하고 있다고 본다.

2

외면당한
객관주의 저널리즘

객관주의 저널리즘은 사회현상에도 자연현상과 마찬가지로 객관적 사실이 존재하며 객관적 표상 또한 가능하다고 믿는다. 객관적 사실의 인식과 표상은 훈련된 전문 직업인이 주체가 될 때 가능하다는 전문직업주의를 신봉한다. 따라서 객관주의 저널리즘은 객관주의와 전문직업주의라는 두 가지 믿음에 기초하여 뉴스를 생산하고 유통하는 방식이라 볼 수 있다.

1848년 뉴욕의 6개 신문사가 공동출자하여 설립한 미국의 AP통신은 객관주의 저널리즘을 확립한 곳으로 평가받고 있다. 당시 미국의 신문은 정파 저널리즘에 빠져 있었다. 특정 정파의 주장을 해당 정파의 지지자들에게 전달하고, 그 정파로부터 재원을 충당했다. AP통신은 주관적인 의견을 배제하고 사회 현실을 6하 원칙에 따라 있는 그대로 보도해야 된다는 사실 보도의 원칙에 충실한 객관주의 저널리즘을 도입하였다. 많은 신문에 뉴스라는 상품을 판매하기 위해서는 최대한 정파성을 배제하는 것이 유리하기 때문이었다.

객관주의 언론은 또한 사실에 근거한 뉴스면news pages과 다양한 의견과 논쟁을 담는 논평면editorial pages을 철저하게 분리·운영하는 관행을 쌓아 왔다. 사람들에게 보다 포괄적인 정보를 제공하기 위해 이해갈등 관계에 있는 양자에게 동일한 발언권을 부여하는 균형 보도의 원칙도 객관주의 보도의 중요한 덕목으로 꼽혀 왔다.

미국에서는 1960년대 월남전과 민권운동 등을 계기로 객관주의 저널리즘에 대한 대안을 모색하는 뉴 저널리즘 움직임이 생겨났다. 1980년대와 90년대에 미국 언론은 정치권의 상대방 비방 전략과 술수를 속수무책으로 보도함으로써 진실된 정보를 유권자에게 알리는 데 실패했다는 자성이 일어났다. 워싱턴 포스트의 전설적인 정치부 기자 데이비드 브로더David S. Broder는 "오랫동안 유권자들은 '그는 이렇게 말했고, 그녀는 이렇게 말했다.'(he said, she said)라는 보도 이외에는 정치적 판단의 근거로 삼을 만한 아무런 결론이 없는 상태에 내던져졌다."라며 기자들의 형식적 객관주의 보도관행을 비판했다. 우리나라의 경우에도 형식적 객관주의 보도관행에 대한 비난 의견이 많았다. 주어를 생략한 수동태 문장을 통해 기자의 사견을 가리거나,

정보원의 말을 그대로 인용하는 '따옴표 저널리즘'을 통해 객관성을 가장한다는 비판이다.

그래서 언론이 정치 이슈를 적극적인 의도를 가지고 취사선택하고, 단순 전달자가 아닌 책임 있는 해설자가 되려는 일련의 주관주의 저널리즘 흐름이 일어났다. 이 흐름의 공통점은 사건 발생 자체를 기술하기보다는 원인을 파악하는 데 주력하는 것이었다.

언론이 사회 부패를 적극적으로 파헤치고 해결책까지 제시하는 탐사보도investigative reporting, 환경문제나 장애인 문제 등 특정 사안에 대해 드러내놓고 지지를 표방하는 옹호 저널리즘advocacy journalism, 언론의 일방적인 정보 제공에 만족하지 않고 시민의 참여를 적극 유도하는 공공 저널리즘public journalism, 화자話者의 뜻을 훼손하지 않고 정확하게 '받아쓰기' 했는가를 확인하는 것이 아니라, 화자가 한 말 자체의 진실성 여부를 가리는 팩트 체크 저널리즘fact checking journalism 등 다양한 이름으로 불린 흐름이 미국 언론계에 등장했다.

탐사보도 PD들의 약진

공교롭게도 문재인 정부가 들어선 이후 지상파 3사의 사장이 모두 탐사 저널리즘 PD 출신들이다. KBS의 양승동 사장은 '추적 60분', MBC의 최승호 사장은 'PD수첩', SBS의 박정훈 사장은 '그것이 알고 싶다'라는 프로그램을 제작했던 사람들이다. 이런 점도 최근 지상파 뉴스에서 객관주의 저널리즘이 약화된 이유 중 하나일 것이라고 생각한다.

하지만 이런 주관적 저널리즘에서 문제가 되는 부분은 바로 선택 편향selection bias이다. 특정 집단에서 집중적으로 샘플을 선택하는데 서 생길 수 있는 편향성을 말한다. 'KBS 뉴스9'의 '뉴스줌인' 코너가 사실상 야당 공격 코너라는 KBS 내부로부터의 지적이 있었고, MBC 뉴스데스크의 '정치적 참견시점'도 비슷한 논란에 휩싸였다. JTBC의 '팩트 체크' 코너에 대해서는 국회 과방위 소속 자유한국당 의원들이 "JTBC는 자유한국당 말살 체크가 아닌 중립적이고 진실에 기반한 팩트 체크를 하라."고 성명서를 발표하는 사태에까지 이르렀다.

PD수첩이나 '스트레이트' 같은 탐사보도 프로그램들도 선택 편향에서 자유롭지 못하다는 점에서는 마찬가지이다. 이명박, 박근혜 정권 시절의 비리에 대해서는 눈에 불을 켜고 파헤치면서도, 현 정권에서 벌어진 의혹에 대해서는 애써 고개를 돌리고 있다는 비난을 받고 있다. 윗선에서 막은 것인지, 아니면 제작진 차원에서 이심전심으로 문재인 정권에 타격을 줄 수 있는 아이템은 아예 다루려고 하지 않는 집단사고group think가 작동하는 것인지는 단언하기 힘들다.

현재의 MBC 구성원들이 정권과 같은 지향점을 가지고 있다는 것을 보여준 대표적인 사례가 조국 지키기 촛불집회 참가 인원을 둘러싼 MBC의 보도이다. 2019년 9월 28일 뉴스데스크에서는 친정부 성향의 촛불집회 참가자를 주최 측 추산을 인용하여 100만 명이라고 보도를 하더니, 다음날인 9월 29일에는 다시 "주최 측은 200만 명이 모인 것으로 집계했습니다."라고 보도했다. 하루 사이에 100만 명이 늘어난 것이다. 10월 5일 집회 때는 "집회 주최 측인 사법적폐청산 범국민 시민연대는 오늘 집회에는 지난주보다 1백만 명 더 많은 약 3백만 명이 참가했을 것으로 예상했습니다."라며 믿거나 말거나 식의 숫자를 제시했다. 시위 주최 측과 똑같은 잣대를 가지고 시위 참가인원을 평가한 것이다.

박성제 MBC 보도국장은 한술 더 떴다. 10월 1일 교통방송 '김어준의 뉴스공장'에 출연해서 이렇게 주장했다. 조국 수호 촛불집회의 인원 추산에 대해 "100만 정도 되는 숫자가 어느 정도인지 느낌 있죠. 그러니까 딱 보니까 '이건 그 정도 된다. 100만 짜리다.'라고 저는 생각한 거죠."라는 발언까지 했다. "면적 계산하고 그러는 건 별로 중요하지 않아요. 경험 많은 사람들은 감으로 압니다."라고도 했다.

어떤 언론학자는 한국의 저널리즘이 갈등을 유발하는 장치 중 하나가 '의견을 사실로 포장해 전달하는 보도자세'라고 지적한 바 있다.

보도의 공정성이란 상대적 개념으로서 주관적 가치에 따라 그 판단을 달리할 수 있겠지만, 크게 보면 사실성, 불편부당성, 균형성으로 요약된다고 할 것이다. 세 가지 모두 객관주의 저널리즘에서 강조하는 개념이다.

1982년 포클랜드 전쟁 당시 BBC가 영국군과 아르헨티나군 사이의 전쟁을 마치 제3국의 방송처럼 객관적이고 중립적으로 보도한 것은 유명하다. 당시 대처 총리가 제3자와 같은 냉정한 화법이 모욕적이라며 방송 인가 취소까지 검토했을 때, BBC는 이렇게 반박하였다. "공영방송이 사실을 객관적으로 보도할수록 국익에 도움이 된다." 형식적 객관주의가 아닌 제대로 된 객관적 저널리즘을 구현해 온 것이 BBC가 영국 국민들로부터 신뢰와 사랑을 받아온 비결이라고 할 수 있을 것이다.

그런 의미에서 볼 때 "객관보도의 늪에 빠져서 헤매지 말고 진짜 정론을 하겠다."는 발상은 우리 언론 현실에 대한 제대로 된 처방은 아니다. 내 귀에는 정권 친화적인 방송을 합리화하기 위해 객관주의 저널리즘을 폄하하는 것으로밖에는 들리지 않는다.

3
언론노조의 전유물이 된 공정성 논의

2018년 9월 3일 방송의 날을 맞아 언론노조 위원장과 각사 본부장, 그리고 지상파 4사 사장들이 지상파 방송 산별협약을 체결하였다. 2000년에 산별노조로 전환한 지 18년 만의 산별협약 체결이었다. 언론노조위원장을 중심으로 지상파 4사 사장들이 함께 한 사진은 지금은 언론노조 시대라는 것을 상징하는 듯했다. 산별협약의 내용 또한 이를 여실히 증명했다. 제1장 총칙, 제2장 공정방송, 제3장 제작환경 개선, 제4장 방송 공공성 강화와 진흥 등 4장 18조에 이르는 협약이었다. 내가 주목한 부분은 제2장 공정방송에 관한 조항들이었다.

산별협약 제6조 (공정방송 실현 의무) 2항은 '방송사와 조합은 방송사 구성원의 핵심적인 노동조건인 공정방송을 실현하기 위하여 최선을 다한다.'고 규정하고 있었다. MBC의 170일 파업 관련 판결 내용을 산별협약에 명문화한 것이다. 공정방송에 관한 부분은 단체협상 때 '의무적 교섭사항'이기 때문에, 여기에 관한 분쟁이 생기면 쟁의로 나아갈 수 있다는 판결 내용을 기정사실화한 것이다.

제6조 3항에서는 '사용자와 조합이 방송 강령과 프로그램 준칙, 방송편성규약을 제·개정하고 이를 준수한다.'라고 되어 있다. 방송법 제4조에서는 '취재 및 제작 종사자의 의견을 들어 방송편성규약을 제정하고 공표해야 한다.'고 되어 있다. 여기서 방송편성규약의 제정 주체는 방송사업자이다. 또한 방송사업자가 방송편성규약에 대해 논의하는 대상은 노동조합이 아니라 취재 및 제작 종사자였다. 기자협회나 PD협회인 것이다. 편성규약이나 편성위원회 제도를 운영하는 독일이나 오스트리아에서는 기자협회가 편성위원회에 참가한다.

그런데 산별조약에서는 은근슬쩍 노동조합을 편성규약 제정의 공동 주체로 만들어 버린 것이다. 산별협약의 후속조치로 2019년 2월 27일 체결된 MBC본부의 단체협약에서는 '조합이 근로자대표에 해당하는 경우, 공정방송위원회는 편성위원회를 대체할 수 있습니다.'라고 규정하고 있다. 산별협약에서는 편성규약의 제·개정에 대해서만 언급하고, 편성위원회에 대한 언급이 없기에 의아하게 생각했는데, MBC본부의 단체협약을 보니 궁금증이 풀렸다.

산별협약 제7조 (편성·보도·제작 책임자의 임명 및 평가) 2항에서는 '사용자와 조합은 보도, 편성, 제작 책임자에 대한 임명과 평가 등에 제작 종사자의 의견이 반드시 반영될 수 있는 절차와 방법을 정하여야 한다.'라고 규정하고 있다. 그 후속조치로 MBC본부의 단체협약에는 임명동의제, 중간평가제, 상향평가를 도입했다. 또한 MBC본부 위원장은 상향평가 결과를 열람할 수 있는 권한까지 가지게 되었다. 언론노조에 밉보인 사람들은 책임자가 되는 것을 일찌감치 포기해야 되며, 설사 되었더라도 중간에 노조와 대립하게 되면 바로 탈락하게 되는 2중 3중의 장치를 걸어둔 것이다.

노조에 밉보이면 제작 책임자 될 수 없어

산별협약 제8조(공정방송기구)에서 1항은 '사용자와 조합은 공정방송을 위해 노사 동수의 위원으로 구성된 공정방송기구를 설치하며, 구체적인 구성 방법은 각 사별 상황에 맞게 결정한다.'고 하였고, 3항은 '공정방송기구는 공정방송을 저해한 구성원에 대한 징계 심의를 요구할 수 있으며, 사용자는 이 요구를 수용해야 한다.'고 규정하고 있다.

방송의 공정성과 관련하여 또 한 가지 주목할 점은 시청자위원회의 구성에까지 언론노조의 입김이 작용하게 되었다는 것이다. 제7조 2항에 '시청자위원회의 공정한 구성을 위하여 노사 합의를 통해 시청자위원 선정위원회를 구성한다.'는 규정을 도입함으로써, 시청자위원회 구성에까지 노조의 입김이 절대적이게 되었다.

나는 그동안 방문진 회의에서 언론노조가 공정방송에 대한 역할을 수행하는 것은 바람직하지 않다고 몇 차례 밝혔다. "민주노총과 여러 민주 단체 및 진보정치 세력과 연대하여 노동자 민중의 정치세력화를 위하여 정치위원회를 둔다고 규정한 언론노조의 규약은 방송법 제6조 9항의 정신과 배치된다. 공정방송을 담보하기 위해서는 편성위원회를 활성화시켜야 한다. 그리고 편성위원회 구성에서 노조의 입김을 배제해야 한다." 이것이 대략의 내 주장이었다.

MBC에서는 언론노조가 공정방송위원회, 편성위원회, 그리고 시청자위원 선정위원회를 통하여 방송의 공정성에 관한 논의를 전유하다시피 하고 있다. 방송의 공정성 논의가 민주 대 반민주의 대립구조이었을 때는 방송사 노조의 공정성 투쟁이 국민적인 지지와 공감을 이끌어낼 수 있었다. 하지만 공정성 논의가 진보 대 보수의 대립구조로 전환된 지금에 와서는 노동자 민중의 정치세력화를 추구하는 정치위원회를 두고 있는 언론노조가 공정방송 논의를 독점하는 것은 결코 바람직하지 않다. 여기에 대한 개선책이 반드시 나와야 한다.

노조가 MBC를 장악하다

Chapter01

골리앗이 된
언론노조

1
MBC 언론노조의 역사는 파업의 역사

MBC 본사 노조가 창립된 것은 1987년 12월 9일이다. 내가 입사 2년차로 접어들던 무렵이었다. MBC 보도국기자들은 그해 7월 13일 '방송언론의 민주화를 위한 우리의 다짐'이라는 선언문을 발표하였다. PD, 아나운서, 기술인 등도 연이어 성명서를 발표하였다. 7월 16일에는 보도, 제작, 기술 등을 망라하여 방송민주화 추진위원회를 결성하고, 7월 18일에는 여의도 본사 3층 로비에서 300여 명의 사원이 참여한 가운데 방송민주화 실천 토론대회를 개최하였다.

하지만 방송민주화 추진위원회는 법적인 단체가 아닌 임의단체였기 때문에 한계가 있었다. 그해 10월 29일 한국일보사에서 노동조합을 결성하자 이에 자극 받은 방송민주화 추진위원회 추진 인사들이 주도해 12월 9일 MBC 노조를 설립하였다. 12월 16일로 예정된 제13대 대통령 선거를 불과 일주일 남겨놓고 일어난 일이었다.

이후 MBC 노조가 걸어온 길은 한마디로 파업의 역사라고 할 수 있다. 노조가 창립된 이래 모두 13번의 파업이 있었다. 여기에 제작 거부까지 더하면 그 숫자는 더 늘어난다. MBC 노조만큼 자주, 그리고 장기간에 걸쳐 파업을 한 노조는 없을 것이다. 1988년 7월 18일 단체협약 체결이 무산되자 노조는 '황선필 그는 누구인가?'라는 유인물을 수차례 배포하면서 황선필 사장의 퇴임을 요구했다. 또한 노조는 편집권 독립을 위한 국장 추천제를 확보해 권력의 방송개입을 차단하겠다고 했다.

MBC 노조는 그해 8월 10일 한국 방송 사상 처음으로 쟁의발생 신고를 하였고, 8월 25일 파업 찬반투표를 거쳐 8월 26일 06시부로 무기한 전면파업에 돌입하였다. 이것이 첫 번째 파업이었다. 파업 96시간만인 8월 30일에 회사 측에서 사장 퇴진과 국장 중간 평가제를 타협안으로 제시하면서 파업은 종료되었다.

10월 20일에 각 국·실별로 중간평가를 위한 신임투표를 한 결과 TV 제작국장을 제외한 편성국장, 보도국장, 라디오국장, 교양국장 등 4명이 불신임되었다. 이렇게 첫 파업부터 노조가 사장 퇴진과 주요 국장의 중간 평가제 쟁취라는 승리를 거둘 수 있었던 것은 서울올림픽의 개막을 한 달도 채 남기지 않은 시점인데다, 여소야대라는 정치 지형도 영향을 미쳤다.

그해 11월 2일 황선필 사장의 후임으로 김영수 연합광고 사장이 선임되자, 노조는 출근저지 시위를 벌이면서 출입자를 일일이 확인했다. MBC 출근이 막힌 김영수 사장은 11월 8일 아무런 예고 없이 잠입해 10층 사장실에 들어가는 데는 성공했으나 300여명의 노조원들에 의해 의자 채로 들려나가는 수모를 당했다. 그 결과 MBC는 경영공백 상태를 맞게 되었다.

MBC 노조는 1989년 9월에 시작한 두 번째 파업에서도 파업 12일 만에 편성, 보도, TV기술국장에 대한 3배수 추천제와 공정방송협의회를 통한 전 부문 국·실장의 징계 요구권을 쟁취하는 등 기세를 올렸다.

1990년 1월 3당 합당을 통해 민자당이 국회의석의 3분의 2가 넘는 거대 여당으로 등장한 후에는 상황이 급변하였다. 1990년 6월 14일 정부는 민방 부활 등 방송구조 개편을 위한 방송법 개정안을 확정·발표했다. 새 방송법은 '수도권을 방송 대상 지역으로 해서 1개의 TV 채널을 신규로 사용하고 라디오 중파방송도 함께 갖는 새로운 민영 TV의 설립을 허용할 것' 등을 골자로 하고 있었다.

1990년 7월 11일 관련 법안이 국회 문공위원회를 통과하자, KBS와 MBC, CBS, 지방 MBC 노조협의회는 방송관계법 개악저지 공동대책위원회를 구성해서 전면 제작거부 찬반투표에 들어갔다. 이어서

MBC가 7월 13일부터, KBS와 CBS는 7월 14일부터 제작거부에 들어가 7월 17일 제작에 복귀했다. 결국 1991년 12월 9일 SBS가 첫 전파를 발사하였다.

1992년은 방송사 노조들로서는 수난의 해였다. 1992년 3월 감사원의 감사 결과 KBS가 특근수당 회계를 부당하게 처리해, 34억 원의 수당을 직원들에게 부당하게 지급했다는 것이 밝혀지면서 서영훈 사장이 물러났다. 4월에는 후임인 서기원 사장의 출근을 저지하는 노조원들을 해산하기 위하여 공권력이 두 번이나 투입되는 사태가 발생하였다. MBC에서도 1989년 두 번째 파업의 결과로 공정방송협의회와 보도·편성·TV기술국장 등의 3배수 추천제를 단체협약에 명시했지만 사측은 조항 삭제를 요구했다. 노태우 정권이 최창봉 사장을 유임시키려고 하자 1992년 9월 2일 3차 파업이 일어났다.

회사 측은 9월 19일 조합간부 등 15명을 업무방해 및 노동쟁의조정법 위반으로 고소했다. 이들 15명이 검찰에 출두하지 않자 검찰은 강제구인에 나섰다. 10월 2일 오후 MBC 농성장에 전경 600여 명을 투입해 187명을 연행하고 노조 집행부 간부 7명을 구속하였다. KBS에서 연대파업 투표에 찬성했고, 언노련이 대규모 연대집회를 여는 등 노동자 연대가 확산될 기미가 보이자 노태우 정권도 한발 물러났다. 1992년 12월 18일로 예정된 제14대 대통령선거가 다가오고 있었기 때문이다.

결국 회사는 주요 국장의 3배수 추천제를 폐지하여 인사권은 회사 고유권한이라는 명분을 얻고, 노조는 그동안 유명무실했던 공정방송 협의회를 활성화시킬 수 있는 제도적 장치를 마련하는 선에서 타협했다. 연임을 노렸던 최창봉 사장은 대통령 선거가 끝나고 이듬해 3월 사퇴했다.

제4차 파업은 1996년 강성구 사장의 연임에 반대해 일어났다. 3월 13일 MBC 주주총회에서 강성구 사장의 연임이 확정되자 MBC 노조는 바로 이튿날인 3월 14일 오전 5시를 기해서 총파업에 들어갔다. 회사는 최문순 당시 노조위원장을 해고하는 등 강성기조를 이어나갔다. 그러나 1996년 6월14일 MBC 기자 187명이 집단 사표를 제출하자 결국 방문진이 나서서 강성구 사장의 자진 사퇴를 책임진다고 노조에 약속함으로써 파업 사태는 마무리되었다.

1997년에 있었던 제5차 파업은 신한국당의 노동법 개정안에 반대하는 민주노총과 한국노총의 총파업에 동참하는 차원에서 KBS, MBC, EBS, CBS 등 방송 4사가 동조파업에 들어간 것이었다. 1월 16일부터는 신문사와 통신사 노조까지 가세함으로써 언론노조연맹의 4분의 3이 파업에 참가하는 조직력을 보였다. 1월 21일 김영삼 대통령이 여야 영수회담을 열고 법 재개정과 파업 지도부에 대한 영장집행 보류 방침을 밝히면서 방송 4사는 총파업 잠정 중단과 업무복귀를 결정했다.

1998년 11월 16일 여당인 국민회의는 통합방송법의 법안 상정을 보류하겠다고 전격 발표했다. 여권의 목표가 KBS 2TV의 분리·매각과 MBC의 민영화를 포함하는 방송의 근본적 구조개혁과 조정이라는 소문이 돌았고, 방송사 노조는 거세게 반발했다. 그 결과 1998년 12월부터 3개월간 한시적으로 방개위방송개혁위원회가 대통령 자문기구로 운영되었다. 방개위는 2차에 걸친 공청회를 통해 국민여론을 수렴한 뒤 1999년 3월초에 대통령에게 최종 보고서를 제출했다.

MBC는 공익성을 중심으로 하는 채널로 유지를 하되 공적 기여금으로 총매출액 대비 7/100 이내의 금액을 사회에 환원하도록 하였다. 또한 단계적으로 민영화를 추진하되 방법과 시기는 방송위원회에서 결정하도록 하였다. 방개위의 단계적 민영화 방안이 발표되자 MBC 노조는 3월 4일 본사와 지방사 조합원 700여명이 모인 가운데 MBC 사영화 결사반대 대회를 열고 국민회의 당사 앞에서도 항의시위를 벌이는 등 강력 반발하였다.

1999년 7월 12일 방노련전국방송노조연합은 여의도 KBS 본사에서 개혁적 방송법 쟁취를 위한 연대 총파업 출정식을 가졌다. 이들이 당시 총파업을 결정하게 된 가장 큰 이유는 방송법의 연내 제정이 무산될 가능성이 크다는 판단 때문이었다. 이들은 방송위원 인사청문회 실시, 공영방송 사장 선임 시 인사청문회 실시, 노사동수 편성위원회 구성, 민영방송의 소유지분 20% 이하 제한, 재벌·신문·외국자본의

위성방송 진입금지 등 5개항이 명시된 방송법을 1999년 국회 회기 안에 반드시 통과시킬 것을 요구하였다. 이것이 제6차 파업이었다.

우여곡절 끝에 방노련은 정부·여당과의 노정합의를 명분으로 파업을 철회했다. 이후 1999년 11월 30일 국회 문화관광위원회는 야당인 한나라당 의원들이 불참한 가운데 여당 단독으로 통합 방송법안을 통과시켰다.

2000년 11월 24일 전국언론노동조합이 창립되었다. 전국의 신문, 방송, 출판, 인쇄 등 125개의 기업별 노조를 하나의 조직으로 통일한 산업별 노조가 탄생한 것이다. MBC 출신의 최문순 위원장이 언론노조의 산파역이자 초대 위원장이었다. 산별노조 체제에서 MBC 노동조합은 언론노조 MBC본부로 명칭이 바뀌게 된다.

제7차 파업은 서울에서 열리던 한미 FTA 2차 본 협상에 반대 의사를 표시하기 위해 언론노조 차원에서 2006년 7월 13일 하루 열렸다. 8차~10차 파업은 한나라당이 추진하던 7개 미디어 관련법안의 통과 저지를 목표로 2008년 12월 26일부터 이듬해 1월 7일까지, 그리고 2009년 2월 26일부터 3월 3일까지, 7월 21일부터 22일까지 세 차례에 걸쳐서 일어났다. 언론노조는 대기업의 방송진입 허용 반대, 신문의 방송 교차소유 반대, 외국인에 대한 방송 진입 허용 반대, 일간신문의 복수소유 제한조항 전면 삭제 반대, 한국언론진흥재단 신설 반대, 사이버모욕죄 반대 등을 내세웠다.

하지만 3차에 걸친 언론노조의 파업투쟁에도 불구하고 미디어 관련법은 2009년 7월 22일 국회를 통과했다. 2010년 12월 31일 종합편성채널 사업자로 조선일보, 중앙일보, 동아일보, 매일경제가 선정되었고, 보도전문채널로는 연합뉴스가 선정되었다. 이듬해인 2011년 12월 1일 종편이 일제히 개국함으로써, 지상파의 독과점 시대는 막을 내리게 된다.

11차 파업부터는 뒷부분에서 자세히 다루도록 하겠다. 그동안 MBC 파업의 특징을 살펴보자면 다음과 같다.

1. 대체로 파업은 보수정권이 임명한 경영진과 싸우기 위해 일어났다.

제8대 사장인 황선필, 제9대 김영수, 제10대 최창봉, 제11대 강성구, 제21대 김장겸 사장 등 모두 5명의 사장이 노조에 의해 쫓겨났다. 노조가 파업에 돌입했지만 쫓아내는데 실패한 사람은 제18대 김재철 사장뿐이었다. 김재철 사장은 두 차례에 걸쳐 200일이 넘는 파업에도 불구하고 자리를 지켰다.

진보 정권 10년 동안에도 두 번의 파업이 있기는 했다. 하지만 김대중 대통령 시절에 일어난 파업은 통합방송법을 제정할 때 노조의 요구사항을 반영해 달라는 공세적인 파업이었고, 노무현 대통령 시절의 파업은 한미 FTA 협상에 압력을 넣기 위해 단 하루 파업한 것이었다.

진보정권 시절에는 노조는 파업을 할 필요가 없었다. 막후에서 막강한 영향력을 행사했기 때문이다. 2001년 2월 노성대 사장이 전격 사퇴를 선언한 배경에는 언론노조의 퇴진 압력이 있었고, 2005년 이긍희 사장이 연임 포기 의사를 밝힌 것도 언론노조 최승호 위원장의 '연임 포기' 건의 영향이 컸다.

2. MBC 파업은 선거를 앞두고 일어나는 경우가 많았다.

선거를 앞두고 시작한 파업은 강도도 셌다. 제3차 파업은 1992년 제14대 대통령 선거 직전, 제4차 파업은 1996년 4월 11일 제15대 총선 직전에 일어났다. 제11차 파업은 그해 6월 2일 지방선거를 앞두고 있었고, 제12차 파업이 일어난 2012년은 총선과 대선이 한해에 몰린 해였다.

MBC 파업의 역사

	시기	사장/대통령	쟁점	결과
1차	1988.8.26. ~ 8.30.	황선필/노태우	• 노조 국장 추천제 • 민영화 주장	• 황선필 사장 사퇴 • 국장 중간 평가제
2차	1989.9.8. ~ 9.19.	최창봉/노태우	• 편성 · 보도국장 직선제 • 10개 국 · 실장 신임평가	• 노조가 편성,보도,TV기술 국장 후보자 3배수 추천
3차	1992.9.2. ~ 10.22. (50일 파업)	최창봉/노태우	• 회사측의 국장 추천제 폐지 • 공정방송 관련조항 삭제 • 노조 전임자 무급조항 • 해고자 복직	• 국장 추천제 폐지 • 공방협의 국장 보직변경 결의 조항

	시기	사장/대통령	쟁점	결과
4차	1996.3.14. ~ 4.4.	강성구/김영삼	• 사장 연임 반대	• 강성구 사장의 자진사퇴를 방문진이 책임진다는 권고안을 노조가 수용 • 96년 6월 강성구 사장 사퇴 • 전국문화방송노조 출범
5차	1997.1.7. ~ 1.21.	이득렬/김영삼	• 신한국당 노동법 개정안 반대	• 민주노총 지침에 따라 중단 • 97년 3월 여야합의로 노동법 재개정
6차	1999.7.13. ~ 7.26.	노성대/김대중	• 방송노조연합의 통합방송법 제정 촉구 연대파업 • 노사동수편성위원회 • 공영방송사 사장 선임시 인사청문회 개최 등	• 99년 12월 통합방송법 통과
7차	2006.7.13.	최문순/노무현	• 한미FTA저지 언론노조 총파업	
8차	2008.12.26. ~2009.1.7.			
9차	2009.2.26 ~3.3.	엄기영/이명박	• 신문방송 겸영 허용 등 미디어 관련법 개정 철회	• 2009.7.22. 국회 통과 • 2011년 12월 종편 개국
10차	2009.7.21. ~7.22.			
11차	2010.4.5. ~5.13. (39일)	김재철/이명박	• 이명박 정권의 MBC 장악 진상규명과 김재철 사장 퇴진	• 이근행 노조위원장 해고
12차	2012.1.30. ~ 7.17. (170일 파업)	김재철/이명박	• 김재철 사장 퇴진과 공영방송 정상화	• 박성호, 이용마, 정영하, 강지웅, 최승호, 박성제 해고
13차	2017.9.4. ~11.14. (72일)	김장겸/문재인	• 고영주 방문진 이사장, 김장겸 사장 퇴진	• 2017.11.13. 김장겸 사장 해임

2 MBC는 어떻게 노조 왕국이 되었나

"MBC에서 노조의 탄생은 공조직이 제 역할을 못했기 때문이다. 그래서 공조직이 행사해야 할 힘과 권위를 노조와 직능단체가 가져 갔다. 이제는 여러분이 이를 바로잡아 공조직을 다시 일으켜 세워 야 한다. 공조직과 노조·직능단체는 생산적인 길항拮抗 관계여야 한 다." 이 말을 한 사람은 MBC 노조위원장을 거쳐 언론노조 위원장을 지낸 최문순 사장이다.

그는 취임 후 첫 일성으로 '노조와의 대결'을 내세우기도 했다. 노 조의 역할도 바뀌어야 한다고 했다. 그는 사장 내정자 시절에 임금 삭감 10%, 단일호봉제 폐지, 조직 개편 등 여러 공약을 내세웠지만 노조의 반대 때문이었던지 이후 제대로 실현된 것은 없었다.

노조위원장 출신 사장이 노조와의 대결을 주장할 만큼 MBC 노조는 막강한 권력이 되어 버린 것이다. MBC 노조가 이렇게 강력한 존재가 된 배경은 몇 가지로 정리해 볼 수 있다.

1. 방송 파업이 사회적, 정치적으로 워낙 큰 파장을 일으킨다

일반 기업에서는 파업을 하더라도 국민들이 그 파업에 대해 제대로 알지 못한다. 방송사의 파업은 뉴스 시간이 단축되고 평소에 보던 앵커나 아나운서들이 방송에 나오지 않기 때문에 국민들의 관심을 많이 끌 수밖에 없다.

2. MBC가 대표적인 독과점 산업에 속해 있었기 때문이다

방송은 정부의 허가권에 의해 경쟁자의 진입이 제한된 대표적인 독과점 사업이었다. 그래서 파업 좀 한다고 설마 회사가 망하기야 하겠느냐는 안일한 생각이 구성원들 사이에 자리하고 있었다. 시청자들도 다른 대체 수단이 없다 보니 파업이 끝나면 '미워도 다시 한 번'이라며 기회를 주었다.

1995년 케이블 방송과 2009년 IPTV의 등장은 방송사의 독과점을 보장해 주던 '전파의 희소성'이라는 제한요인을 붕괴시켰다. 기술의 발전으로 가용 채널이 대폭 늘어난 만큼 지상파의 독과점 체제는 어차피 무너질 수밖에 없는 운명이었다. 2012년과 2017년의 파업은 시청자들로 하여금 다른 채널에 대한 시청 습관을 키워 주어 지상파의 독과점 체제를 허무는 시기를 앞당긴 측면도 있다.

3. MBC의 조직 특성이 노조의 힘을 키웠다

MBC의 정규 직원은 1,700명 정도밖에 안되지만 입사 때부터 드라마PD, 예능PD, 교양PD, 라디오PD, 스포츠PD, 편성PD, 기자, 경영, 기술, 미술 등으로 직군이 매우 세분화되어 있다. 회사가 본인 동의 없이 다른 직군으로 발령을 냈다가는 부당전보 소송을 당한다. 지역 MBC들은 상법상 별개 법인이어서 지역사 사장으로 가는 경우를 제외하면 본사와 지역사간 인사순환이 이루어지지 않는다. 전국 단일 법인인 KBS와 다른 점이다.

라디오PD로 입사하면 정년퇴직 때까지 50여명 정도 되는 라디오PD들하고만 얼굴을 맞대고 살 가능성이 매우 높다는 얘기다. 따라서 나 혼자 파업 대열에서 이탈할 경우 조직 내에서 극심한 따돌림을 각오해야 한다. 2012년 5월 11일 배현진 뉴스데스크 앵커가 파업 대열에서 이탈했을 때 아나운서 동료들이 보인 반응을 보면 알 수 있을 것이다.

'양치대첩'이니 '피구대첩'이니 하는 일화에는 파업 대열에서 이탈한 배신자에 대한 노조원들의 응징 심리가 깔려 있다고 볼 수 있다. ('양치대첩'은 MBC 기자가 물을 틀어놓고 양치질하는 배현진에게 물을 잠

그고 양치질하라고 지적했다가 다음날 경위서를 썼다고 주장했다는 일화이다. '피구대첩'은 신동진 MBC 아나운서가 피구 경기 중 배현진의 다리를 맞췄다가 인사상 불이익을 받았다고 주장한 일화를 가리킨다.)

4. 공채기수 중심의 순혈주의가 한몫했다

초창기 MBC에는 외부에서 스카우트된 사람이 많았다. 연극판에서 온 사람도 있고, 권력기관에서 낙하산으로 내려온 사람도 있었다. 그러나 노조의 발언권이 커지면서 공채 출신들은 경력직 출신들로부터 회사의 주도권을 빼앗아 오게 되었다.

공채를 통해 채용하는 구조가 강화되면서 구성원들 사이에는 직종을 뛰어넘는 동질감이 강하게 형성되기 시작했다. 이는 여러 직종을 아우르는 단일 노조의 형성을 가능하게 만들어 주었다. 해외 방송사의 경우 기자 노조나 제작자들 노조와 같이 직종에 따라 별도의 산별 노조에 가입한 반면, 언론노조는 여러 직종이 하나의 노조 산하에 있기 때문에 영향력은 더 커질 수밖에 없다.

5. 노조의 인적, 물적 기반이 강화되었다

원래 MBC에는 대졸 사원 위주의 일반직 사원과 고졸, 전문대 졸업자가 다수인 기능직 사원들 간에 호봉 테이블이 달랐다. 그런데 1988년 11월 노조가 일반직 사원과 기능직 사원을 통합하는 단일 호봉제를 제안했는데 회사가 이를 덜컥 받아 버렸다. 그 결과 기능직 사원 출신에게도 매년 똑같은 호봉 승급을 보장해 줌으로써 이들 사이에 동지적 연대가 크게 강화되었다.

단일호봉제가 채택된 것에 대해 기자나 PD 등 핵심 직종에서는 불만이 많았다. 노조위원장 출신인 최문순 사장이 경쟁력 강화를 이유로 단일호봉제 폐지를 추진하려고 했던 것도 같은 맥락에서였다. 단일호봉제는 이처럼 회사의 경쟁력에는 부정적인 영향을 미쳤지만 조합원 수를 늘리는 데는 큰 도움이 되었다.

전국 단일 노조는 1996년 10월 10일 출범하였다. 지역 MBC는 서울과 상법상으로 독립된 별개의 회사인데다 본사와 이해관계가 상충되는 경우가 가끔 발생하였다. 단일 노조가 추진된 것은 노조의 세를 불리려는 의도가 있었기 때문이다. 단일 노조가 되면서 많은 지역사의 임금 수준이 큰 폭으로 올라 지역사의 지속적인 성장에 부정적인 측면이 컸다. 하지만 노조 입장에서는 파업 때 지역 MBC 조합원들의 동원으로 집회 참가자들이 늘어나는 효과가 있었다.

6. 막강한 자금력

언론노조 MBC 본부 소속 조합원은 전체 1,700여 명의 직원 중 70%가 넘는 1,200명가량에 이른다. 조합비 규모도 2018년도를 기준으로 15억 8천만 원에 달할 정도로 크다. 이런 막강한 자금력은 조합

활동에 심리적 안정감을 제공한다. 조합 활동과 관련하여 신체상, 신분상, 재산상의 손실을 입은 조합원을 위해 신분보장기금을 두고 있는데, 이는 조합 활동과 관련하여 사망, 부상, 구속, 수배, 해고, 구류, 구금, 벌금, 감봉, 가압류 등 신체상, 신분상, 재산상의 손실을 입은 조합원을 지원하기 위해 마련된 비용이다.

170일 파업 이후 언론노조는 임금의 1.5%인 노동조합비를 한시적으로 급여의 3%, 상여의 2.7%로 인상하여 해고, 정직, 감봉 등 징계와 대기발령을 받은 조합원들의 임금 보전용 재원을 마련하겠다고 밝힌 바 있다.

7. 탄탄한 법률지원 시스템

조합의 결정 또는 지시에 따른 파업으로 발생하는 제 소송비용은 노조의 투쟁기금으로 집행한다. 반면에 경영진의 변호사 비용, 소송비용을 회사 경비로 집행할 경우 업무상 배임죄나 횡령죄가 성립할 경우가 상당하므로 경영진은 위축될 수밖에 없다. MBC 문제에 정통한 민주노총 법률원이 관련된 소송을 저렴하게 수임하기 때문에 노조는 회사를 상대로 끊임없는 소송전을 펼칠 수 있다.

8. 노조 간부나 전임자 경력이 출세 코스라는 인식

노조위원장 경력을 배경으로 부장 대우에서 사장으로 수직 신분

상승을 한 최문순 사장이 많은 사람들에게 롤 모델이 되었을 것이라고 본다. 또 한 명의 노조위원장 출신 최승호 MBC 사장까지 배출되었으니 더 할 것이다. 그 외에도 손석희 JTBC사장(교육문화국장), 신경민 더불어민주당 의원(보도 민실위 간사), 제19대 김종국 사장(노조위원장), 권영만 전 EBS 사장(노조 정책기획국장), 정찬형 YTN 사장(노조위원장), 안성일 YTN 감사(노조위원장), 노웅래 더불어민주당 의원(노조위원장), 이완기 전 방문진 이사장(노조위원장), 최명길 전 의원(노조 사무국장) 등이 노조 출신들이다. 노조 집행부에 그만큼 우수한 인재들이 몰렸다고 할 수도 있을 것이고, 노조 출신이어서 이들이 승승장구한 측면도 있을 것이다.

SBS와 달리 MBC의 사주는 사실상 정권이기 때문에 계속 바뀐다. 보수정권이 들어서는 경우 노조원들은 노조의 우산 아래 참호전을 전개하면서 현상유지를 할 수 있다. 최악의 경우 해고되더라도 생활비나 소송비용을 언론노조에서 지원한다. 그러다가 진보 정권이 들어서면 노조가 얻을 수 있는 반대급부는 엄청나게 많다.

MBC 사장은 사실상 MBC그룹의 회장이나 마찬가지이다. 본사 사장이 임명권을 행사할 수 있는 자리는 본사 임원, 지방사 사장, 자회사 사장 등 임원 자리만 30개가 넘는다. 여기에 국장, 부장 보직까지 합치면 인사권을 행사할 수 있는 자리가 굉장히 많다.

Chapter02

김미화 퇴출과
언론노조

1 김미화의 퇴근길 시사프로

내가 이렇게 막강한 언론노조와 등지게 된 계기는 김미화씨 관련 사건들 때문이었다. 나는 2004년 10월 '김미화의 세계는 그리고 우리는'의 두 번째 PD를 맡으면서 김미화씨와 처음 인연을 맺게 되었다. 본부장으로 영전한 정찬형 PD 후임으로 오게 되었다고 인사를 했는데 김미화씨가 별로 반가워하는 표정이 아니었다. 초대 PD인 정찬형씨를 믿고 MBC 라디오로 왔는데 갑자기 담당 PD가 바뀌니 그럴 것이라고 생각했다.

내가 프로그램 PD로 올 무렵, '김미화의 세계는 그리고 우리는'은 한나라당 심재철 의원으로부터 '라디오 편파방송의 홍위병'이라고 비난을 받는 등 편향성 논란이 있었다. 진보 인터넷 신문이 제기한 아젠다를 아이템으로 다루는 빈도가 높고, 오프닝 멘트나 용어 사용에 있어서도 편향적으로 비칠 소지가 많았다. 그래서 오프닝 원고도 내가 직접 쓰는 등 편향성 논란을 극복하기 위해 노력했다.

프로그램을 같이하면서 느낀 김미화씨의 장점은 많았다. 우선 목소리의 개성, 즉 성문聲紋이 특별했다. KBS '쓰리랑 부부'에서 순악질 여사로 워낙 유명했기 때문에, 사람들이 그녀의 목소리를 바로 알아들었다. 게다가 발음이 또렷하고 복식 발성이라 전달력이 아주 좋았다. 당시만 해도 사람들이 퇴근길 버스에서 라디오를 많이 들었기 때문에 이것은 큰 장점이었다.

또 하나는 겸손하고 따뜻한 캐릭터였다. 라디오 프로그램에서는 진행자가 청취자들과 감성적 유대감을 갖는 것이 중요하다. 매일 저녁 생방송으로 진행되기 때문에 진행자는 TV 프로그램이나 다른 행사를 병행할 수가 없었다. 그런데도 출연료를 올려달라는 요구도 하지 않아 내 입장에서는 매우 고마웠다. 프로그램을 같이할 당시 나와 김미화씨의 사이는 나쁘지 않았다. 방송 끝나면 작가들까지 어울려 회식도 가끔 했다.

2008년 2월 28일 이명박 대통령이 취임하면서 MBC는 정권과 미묘한 긴장관계에 돌입하게 되었다. 대통령이 취임한 며칠 뒤인 3월 3일 MBC에는 엄기영 사장이 취임하였다. 엄기영 사장을 선임한 이옥경 이사장 체제의 제7기 방송문화진흥회는 노무현 대통령 재임 중이던 2006년 8월에 구성되었다. 새 대통령이 취임한 며칠 뒤 전임 대통령 체제에서 임명한 사장이 취임하는 상황이 발생한 것이다.

엄기영 사장이 취임하면서 라디오에는 김정수 본부장이 새로 부임하였다. 정찬형 본부장 시절인 2007년 3월 라디오 2부장으로 발탁된 나는 라디오 편성기획부장으로 자리를 옮기게 되었다. 라디오 편성기획부는 청취 성향 분석을 통해 프로그램을 평가하고 개편을 책임지는 부서였다.

2008년 8월에는 감사원의 해임처분 요구로 KBS 정연주 사장이 임기를 채우지 못하고 해임되었다. 12월에는 방송문화진흥회 창립 20주년 기념식에 참석한 최시중 방송통신위원장이 "MBC의 정명正名이 무엇인지 돌아봐야 한다."고 말하는 등 정권과의 갈등이 본격화되기 시작했다. 그러던 중 2009년 2월말 지방사 사장단 인사에서 김정수 라디오본부장이 갑자기 원주MBC 사장으로 발령 났다. 본부장을 맡은 지 불과 1년 만에 교체되는 셈이어서, 라디오본부장을 가장 가까이에서 보좌하는 라디오편성기획부장인 나로서는 왠지 보필을 잘못해서 본부장이 교체된 것은 아닌지 찜찜했다.

우선 머리에 떠오른 것이 2008년 10월에 있었던 이명박 대통령의 주례 라디오방송을 정규 편성하지 않은 일이었다. 본부장에게 보고한 다음, 주례방송을 정규 편성하는 것은 곤란하니 뉴스 가치가 있다고 판단되면 아침 8시 뉴스 시간 중에 소화하라고 보도국 라디오뉴스부에 공을 넘겼다. 그래서 대통령 주례연설은 아침 뉴스인 '뉴스의 광장' 중간에 한번 방송된 다음 그 후로는 방송되지 않았다. 혹시 그것 때문에 본부장이 괘씸죄에 걸린 것은 아닌지 꺼림칙했다.

또 하나 마음에 걸리는 일은 김미화를 교체하라는 경영진의 요구를 받아들이지 않아서 그렇게 된 것은 아닌가 하는 점이었다. 당시 김미화의 교체를 요구하는 목소리는 두 갈래에서 나왔다.

첫째는 정권 차원에서 나왔다. 김미화씨를 MB 정권에서 싫어한다는 것은 새삼스러운 일도 아니었다. 심재철 의원이 '세계는 그리고 우리는'을 '라디오 편파방송의 홍위병'이라고 비난한 적도 있었기 때문이다. 공정언론시민연대라는 뉴 라이트 계열 언론시민단체에서는 방송 내용을 거의 매일 모니터하다시피 했다.

둘째는 김미화씨의 전문성 부족을 지적하는 보도국에서 주로 나왔다. '세계는 그리고 우리는'에는 야당 정치인이나 시민·사회단체의 출연 빈도가 높았는데, 전문 앵커처럼 공세적 질문을 펼치지 못하고 상대방 주장에 끌려가는 경우가 많았다. 그러다 보니 엄기영 사장 때 설치된 리뷰 보드Review Board에서도 자주 지적이 나왔다. 나와 입사 동기인 보도국 기자가 진행자 자리를 노리고 있다는 얘기도 들려왔다. 혹시 본부장이 이 문제로 압력을 받고 있었던 것은 아닌가 하는 생각도 들었다.

2 이명박 정부 출범과 김미화 1차 퇴출 시도

2009년 3월 6일 주요 보직국장에 대한 인사가 있었다. 라디오본부장으로는 서경주 선배가 임명되었다. 4월로 예정된 개편 날짜는 다가오는데 '세계는 그리고 우리는' 진행자 문제에 대한 본부장의 의중을 알 수 없었다. 나중에 서경주 본부장은 나와 둘만 있는 자리에서 봄철 프로그램 개편 때 김미화씨를 교체해야 되겠다는 의사를 밝혔다.

나는 PD들 사이의 분위기가 심상찮다는 얘기를 하면서 말렸지만 본부장의 뜻이 확고했다. 나는 김미화씨를 교체한다면 후임 진행자가 중요한데, 김주하 앵커 말고는 대안이 없는 것 같다고 조언하였다. 당시 김주하 앵커는 마감 뉴스인 '뉴스 24'를 단독으로 진행하고 있었다. 시사 프로그램을 진행할 만한 역량이 있는데다, '닮고 싶은 국내여성'에 5년 연속 1위, 그리고 '대학생이 뽑은 대표 앵커 1위'로 선정될 만큼 이미지도 좋았다.

4월 7일 라디오 부장단 회의에서 서경주 본부장은 4월 13일로 예정된 개편에서 김미화씨를 교체하겠다는 의사를 공식화했다. 하지만 김주하 앵커는 '세계는 그리고 우리는'의 진행을 고사했다. 라디오의 노조원들이 김주하 앵커를 찾아가 진행을 맡지 말라고 설득했다는 후문이 들렸다. 보도국에서도 그날 전영배 보도국장이 '뉴스데스크' 신경민 앵커의 교체를 부장단회의에서 공식화했다. 클로징 멘트의 편향성 논란과 이로 인한 시청률 부진이 명분이었다.

그날 저녁 1990년대 이후 입사자들이 제작거부에 들어간다는 소식이 전해졌다. 집단 연가를 내는 방식으로 한다는 것이었다. 당시 회사에서 김미화씨의 교체 이유로 경영악화에 따른 제작비 축소를 명분으로 들고 나온 것이 라디오PD들의 자존심을 건드린 측면이 컸다.

실제로 그 무렵 MBC의 경영은 급속도로 악화되었다. 2009년 1/4분기 광고 판매가 전년 동기 대비 915억 원이나 급감했고(41% 감소), 그 여파로 250억 원의 영업적자를 기록했다.

하지만 라디오의 사정은 전혀 달랐다. MBC 라디오가 갤럽에 의뢰해 실시한 2009년 상반기 청취율 조사에서 표준FM은 무려 41.2%라는 사상 최고의 점유율을 기록하여 2위 채널인 SBS-파워FM의 15.4%

를 압도했다. FM4U도 10.9%의 점유율을 기록하여 MBC 라디오는 전체 라디오 청취율의 52%를 차지하는 전성기를 구가하고 있었다.

그 무렵 MBC 라디오의 광고 판매액은 서울의 경우 700억 원대였고, 직접제작비는 100억 원을 조금 넘는 수준이었다. 한 마디로 황금알을 낳는 거위였던 셈이다. 그럼에도 라디오에 대한 사내 인식은 박한 편이었다. 회사는 TV 중심으로 돌아갔고, 라디오는 그 속의 작은 섬 같은 존재였다. 그런 와중에 TV의 경쟁력 부진으로 인한 경영악화 때문에 라디오 진행자를 내부 인물로 바꾸겠다는 회사의 주장은 라디오 PD들의 자존심에 불을 지른 꼴이 되어 버린 것이었다.

나는 당시 이 사태 해결에 열쇠를 쥐고 있는 인물이 라디오본부를 관장하는 부사장이라고 생각했다. 4월 10일 그에게 내 생각을 담은 이메일을 보냈다.

비슷한 내용의 이메일을 당시 기획조정실장(이사)에게도 보냈다. 기획조정실장은 방송문화진흥회를 담당하는 본부장이었기 때문에 그가 얼마나 방문진 이사들을 설득하느냐가 중요하다고 생각했기 때문이었다.

그날 라디오본부 PD 총회가 열렸다. 내 기억으로는 역사상 첫 총회였던 것 같다. 하긴 라디오본부 차원의 제작거부도 초유의 일이었다. PD들의 선명성 경쟁이 치열했다. 어느 선배 PD는 제작거부 투쟁에 대해 미온적인 발언을 했다가 면박을 당하기도 했다.

부사장님께 부탁드립니다.

1. 김미화씨와 신경민 앵커는 본질적으로 다른 상황입니다.

신 앵커의 클로징 멘트는 회사의 공식 입장과 다른 경우가 많고, 회사에서 그 내용에 대해 통제하지 못한다고 들었습니다. 김미화씨는 PD에 의해 철저히 통제됩니다. 김미화씨의 진행방식에 대해 논란이 있다면 이는 PD나 작가의 몫이라고 생각합니다.

2. 교체방식이나 타이밍이 정말 좋지 않습니다.

최근 '뉴스데스크'가 시청률이나 광고 판매에서 부진한데 반해 '세계는 그리고 우리는'은 이번 청취율 조사에서 역대 최고의 청취율을 기록했습니다. 시사 문제를 가지고 이런 청취율을 올린 적은 없습니다. 라디오부장들은 회사 내에 김미화씨를 대체할 만한 기자나 아나운서가 있다고 생각하지 않습니다.

3. 김미화에 대해 호의적이지 않던 라디오PD들도 함께 흥분하고 있습니다.

모든 라디오 종사자들이 함께 흥분하는 이유는 단순히 김미화라는 진행자가 이 프로그램에 꼭 필요하다는 차원이 아니라, '라디오 PD로서의 자존심'이 걸린 문제라고 인식하기 때문입니다. 이들까지 연차투쟁에 합류할 경우 파업 때보다 훨씬 더 큰 타격을 받을 것 같습니다.

4. 이번 사태를 방치하게 되면 라디오본부장의 리더십이 훼손될 것 같습니다.

이번 사태에는 그동안 라디오본부가 광고판매나 수익성 면에서 높은 성과를 보였음에도 불구하고 고강도의 제작비 절감방안을 밀어붙여온 본부장과 보직 간부에 대한 불만도 포함되어 있습니다. 라디오는 한번 청취 패턴이 무너지면 회복하기가 쉽지 않습니다. 부사장님께서 현명한 결정을 도출해 주실 것을 부탁드립니다.

2009.4.10

다행히 부사장으로부터 주말에 라디오 보직 부장들과 식사를 하자는 답변이 왔다. 해결의 실마리가 보이기 시작한 것이다. 회사 경영진 입장에서 먼저 내린 결정을 번복하려면 명분이 필요할 것이니 우리가 그 명분을 제공할 필요가 있다고 생각했다. 부사장과의 점심 자리에서 나는 '세계는 그리고 우리는'의 PD를 한 경험을 바탕으로 부사장에게 이런 얘기를 전달했다.

"김미화씨의 경우 PD나 작가가 정해준 범위 내에서 방송을 한다. 따라서 김미화씨의 역할은 물과 같다. 네모 병에 담으면 네모가 되고, 동그란 병에 담으면 동그란 모양이 되는… 방송 내용에 문제가 있다면 PD나 작가를 교체하면 된다." 4월 13일 월요일 오전에 열린 임원회의에서 뉴스데스크 신경민 앵커는 교체하되 김미화씨는 교체하지 않기로 결정이 내려졌다. 나중에 임원회의에서 김미화씨 하차 얘기가 한 번 더 나왔지만, 그 사실은 일선 PD들에게 알려지지 않았고 다행히 잘 넘어갔다.

2008년 2월에 이명박 대통령이 취임했지만 한동안 MBC에서는 정권 교체를 실감할 수 없었다. 노무현 대통령 시절에 구성된 제7기 방문진 이사회가 회사 경영진을 보호하고 있었기 때문이다. 2009년 8월 10일 정권 교체의 여파가 드디어 MBC에도 몰려왔다. 제8기 방문진이 출범한 것이다. 이명박 대통령이 취임한 것이 2008년 2월이었으니, 정권 입장에서는 굉장히 인내한 셈이다. 이사장으로 김우룡 한양대 석좌교수가 호선되었다. MBC 노조는 뉴 라이트가 방문진을 점령했다며 반발했다.

새로 구성된 방문진은 세 차례에 걸쳐 진행된 MBC 업무보고에서 MBC 경영진에 대해 강한 불신과 불만을 드러냈다. 'PD수첩'과 '뉴스데스크'에 대해서는 편파·왜곡보도라며 질타하고, 법원에 제출된 'PD수첩' 원본 테이프를 이사들에게 제출해서 함께 진상조사를 하자고 요구하였다. '100분 토론' 생방송 중 인터넷 게시판에 올라온 시청자 의견을 취지와 다르게 인용하거나 첨삭한 것을 두고도 강하게 경영진을 질책했다.

　엄기영 사장은 8월 31일 확대간부회의를 열어서 뉴 MBC 혁신 플랜을 발표하고, 11월까지 이를 마무리하겠다고 밝혔다. 주요 내용은 이러했다. 사장이 중심이 된 리뷰 보드Review Board를 상설 운영하고, 외부 인사들이 포함된 공정성위원회를 설치한다. 그리고 노사협의체인 미래위원회를 통해 책임경영을 제약하는 단체협약 조항을 재검토한다. 이어서 9월 9일 방문진 이사회에 출석해서 단체협약 개정을 위해 노사추진협의회를 구성하고, 11월 말까지 미래전략 및 중장기 인력계획을 수립하겠다는 액션 플랜을 보고했다. 방문진은 엄 사장이 보고한 뉴 MBC 혁신 플랜을 지켜보자며 조건부 유임 쪽으로 방향을 선회했다.

　그로부터 3개월 후인 11월 30일 열린 방문진 이사회에서 엄기영 사장은 공정성위원회의 구성·운영과 미술센터 일부 인력의 구조조정 등 그동안 진행됐던 뉴 MBC 플랜의 이행 사항을 보고했다. 이날 방문진에서는 "엄 사장이 11월 말까지 단체협약의 일부 조항을 개정하겠다고 했으나 아직 구체적인 성과가 없다. PD수첩의 광우병 보도와 '100분 토론'의 시청자 의견 조작에 대해서도 사측의 실체 규명 노력이 미흡하다. 구체적인 성과는 미흡하다."고 총평했다. 김우룡 이사장도 엄 사장의 MBC 개혁 작업과 관련해, "가시적 성과가 없다면 스스로 책임을 지겠다고 공언한 바 있다."며 "엄 사장도 스스로 검토하는 계기가 되기 바란다."고 말했다.

12월 7일 엄기영 사장은 자신과 임원 전원의 사표를 모아서 방문진 이사회에 제출했다. 12월 10일에 열린 방문진 이사회에서 엄기영 사장에 대해서는 재신임을 하고 김세영 부사장, 이재갑 TV본부장, 송재종 보도본부장, 박성희 경영본부장의 사표는 선별 수리했다. 엄 사장의 사표가 반려된 것은 재신임보다는 '경고성 반려'에 가깝다는 해석이 많았다.

3

김재철 사장 취임과 총파업

2010년 2월 8일 방문진은 보도본부장에 황희만 울산MBC 사장, 제작본부장에 윤혁 시사교양국 부국장, 편성본부장에 안광한 편성국장을 선임했다. 안광한 편성본부장만 엄기영 사장이 추천한 인물이고, 보도본부장과 제작본부장은 방문진이 직접 낙점한 인사들이었다. 사장의 의사에 반하여 이사를 선임했다는 것은 엄기영 사장에 대한 명백한 불신임 의사였다. 엄기영 사장은 즉시 사표를 제출했다.

언론노조 MBC본부는 두 본부장에 대한 출근 저지 투쟁을 벌였다. 엄기영 사장의 사표 제출로 공석이 된 MBC 사장에 김재철 전 청주MBC 사장이 2월 26일 선임되었다. 김재철 사장은 울산MBC 사장 재직 시절 모친상을 당했을 때 이명박 대선후보가 바쁜 스케줄을 쪼개서 직접 조문을 올 정도로 MB와 가장 가까운 MBC 인사라는 평을 듣고 있었다.

김재철 사장은 노조와 악연도 있었다. 2008년 최문순 사장의 후임 사장을 공모할 당시 언론노조는 김재철 당시 울산MBC 사장에 대해 사장 부적격자라며 "공모신청을 철회하고 정치권에 봉사할 것을 재차 요구한다."고 후보 사퇴를 촉구한 바 있었다. 그는 최종 후보자 면접에서 PD수첩 진상조사위원회 구성과 단체협약 개정을 향후 계획으로 밝힌 것으로 알려졌다. 언론노조는 즉각 MB정권의 낙하산 인사라며 출근 저지 투쟁을 벌였다.

3월 2일 출근에 나선 김재철 사장은 노조의 출근 저지에 막혀 회사 건물 내에 진입을 못하자 "천막이라도 치고 업무를 보겠다."고 밝혔다. 다음날인 3월 3일 회사 앞 주차장에 대형 천막을 설치하고 천막 안에서 보직 간부들로부터 업무보고를 들었다. 노조의 입장에선 허를 찔린 셈이었다.

회사 현관 앞에 천막을 치고 업무를 시작한 김재철 사장의 대응방식은 어느 정도 효과를 보았다. 천막에서 일을 함으로써 노조가 업무 방해를 하고 있다는 사실을 국민들에게 생생하게 보여주었기 때문이다. 천막 근무를 계속했더라면 입장이 곤란한 쪽은 오히려 노조였을 것이다. 그런데 불과 하루만인 3월 4일 김재철 사장은 이근행 언론노조 MBC본부장과의 독대에서 방문진이 임명한 황희만 보도이사와 윤혁 제작이사를 퇴진시키는 안을 노조에 제시하였다. 이날 오후 김재철 사장은 방문진 이사회에 출석해 황희만 보도본부장을 특임이사, 윤혁 제작본부장을 특임이사 겸 MBC 프로덕션 사장으로 보직 변경을 하겠다는 의사를 밝혔다. 김우룡 이사장을 비롯한 여권 추천 이사들은 "이사 선임 권한은 방문진에 있다."며 격렬하게 항의했지만 김재철 사장의 고집을 꺾을 수는 없었다.

2010년 3월 17일 회사 입장에서는 자살골을 먹는 일이 터졌다. "김재철 사장이 '큰 집'에 불려가 조인트 맞고 깨진 뒤 MBC내 좌파를 정리했다." 김우룡 방문진 이사장이 신동아 4월호와의 인터뷰에서 이런 내용을 말한 게 공개된 것이다. 회사는 발칵 뒤집혔다. 김재철 사장이 자신을 무시하는 데 대한 불쾌한 마음도 상당히 작용했을 것이다.

김재철 사장은 김우룡 이사장의 인터뷰 내용이 100% 거짓말이라며 신동아 기자를 상대로 법적 조치를 취하겠다는 선에서 사태를 봉합하려 했다. 하지만 노조의 거센 반발에 부딪히자 3월 19일 김우룡 이사장을 명예훼손 혐의로 형사 고소하겠다고 밝혔다. 결국 김우룡 이사장이 3월 19일 방문진 이사장에서 사퇴했지만, 노조는 김재철 사장까지 자진 사퇴하라며 사장실 앞 복도에서 연좌농성을 벌였다.

2010년 3월 26일 천안함 피격 사건이 발생했다. 지상파 3사의 예능 프로그램이 결방되는 등 애도 분위기 속에서 4월 2일 김재철 사장은 황희만 특임이사를 부사장, 전영배 전 보도국장을 기획조정실장에 임명했다. 노조는 바로 다음날 김재철 사장과 황희만 부사장의 동반퇴진을 요구하는 파업을 결의하고 4월 5일부터 총파업에 돌입했다. 노동부는 "MBC 파업의 이유인 부사장 임명 건은 근로조건과 관계없는 인사 · 경영권 침해 사안이고, 불법 파업으로 인해 민형사상 불이익 및 징계 등이 부과될 수 있다."고 노조에 경고했다.

천안함 정국 때문에 국민의 주목을 받지 못한데다 노동부의 강경한 방침도 겹쳐서 4월 5일 시작된 11차 파업은 5월 13일 현장투쟁을 결의하며 중단되었다. '파업중단과 현장복귀'라는 집행부의 결정을 두고 특히 2000년대에 입사한 젊은 노조원들이 재투표를 요구하는 등 강하게 반발했다.

4 생방송 스튜디오에 나타난 정보과 형사

그 무렵 현직 경찰서장이 직속상관인 서울경찰청장의 동반사퇴를 요구하는 희귀한 항명사태가 발생했다. 2010년 4월 서울 양천경찰서 경찰관들이 피의자를 조사할 때 고문을 했다는 사실이 알려졌다. 그런데 채수창 강북경찰서장이 그해 6월 28일 기자회견을 열고 '양천서 고문사건'은 담당 경찰의 잘못뿐만 아니라 실적경쟁에 매달리도록 분위기를 조장한 조현오 서울경찰청장의 '과도한 성과주의' 때문이라면서 동반사퇴를 주장한 것이었다. 조현오 서울경찰청장은 '꼴찌'서장의 일방적인 주장일 뿐이라며 사퇴 요구를 일축하였다.

그 기사를 읽은 나는 '시선집중' PD에게 전화를 걸어 채수창 서장을 인터뷰하면 재미있을 것 같다고 했다. 당시 나는 라디오편성기획부장에서 라디오 1부장으로 자리를 옮긴 상태였다. 라디오 1부는 '시선집중', '세계는 그리고 우리는', '손에 잡히는 경제' 등의 시사 프로그램과 낮 시간대 가요 프로그램을 관장하는 부서였다. 내가 그런 전화를 한 것은 혹시 '세계는 그리고 우리는' 팀에서 먼저 섭외하면 어쩌나 하는 우려에서였다.

그런데 일이 꼬이려고 그랬는지 '세계는 그리고 우리는'에서 먼저 섭외를 해버렸다. 오후 6시 되어갈 무렵 '세계는 그리고 우리는'의 K 피디가 서울경찰청 형사가 전화를 걸어와 '오늘 채수창 서장이 출연하느냐', '언제 나오느냐'고 꼬치꼬치 물어본다고 했다. 나는 속으로는 약간 찜찜했지만 그런 전화 때문에 방송이 안 나가면 더 큰 문제 아니겠느냐고 답해 주었다.

막 오프닝이 시작되려는 순간 K피디가 전화를 걸어와 다급한 목소리로 창가 스튜디오로 와달라고 하는 것이었다.

내 자리가 있는 라디오정보센터와 생방송 스튜디오까지의 거리는 30미터도 채 안되기 때문에 바로 뛰어 갔다. 낯선 남자가 멋쩍어하면서 명함을 건넸다. MBC를 출입하는 서울경찰청 정보2분실 소속의 박모 경위라고 했다. 서울경찰청장을 비난하는 기자회견을 연 채수창 서장과 전화 인터뷰를 한다는 얘기를 들었는데, 진짜 출연하는지, 어떤 내용으로 인터뷰가 진행되는지 궁금해서 왔다는 것이었다.

나이도 꽤 되어 보이는 사람이 뭐 이런 어리석은 판단을 했는지 어이가 없었다. "당신이 지금 여기 와 있다는 사실이 그 인터뷰보다 당신 상사를 더 곤란하게 만들 수 있다. 그러니 당장 스튜디오에서 나가 내 사무실에 가서 기다려라."고 목소리를 높였다. 제작진들이 모두 여성들이어서 많이 놀랐을 것이기 때문에 단호한 모습을 보여야겠다고 생각했다. 자신이 실수했다는 사실을 뒤늦게 깨닫고 허둥지둥 나가는 박 경위의 모습을 보니 측은한 느낌도 들었다.

"괜히 이 아이템을 다뤘나 봐요."라고 불안해하는 PD에게 "괜찮아. 이건 특종이야!"라며 걱정 말라고 격려해 주었다. 사무실에 돌아와서 박 경위와 얘기하려는 순간 인터뷰가 시작되었고, 박 경위는 차에 가서 방송을 모니터하겠다며 황급히 자리를 떴다.

퇴근 버스에서 이날 벌어진 일을 복기해 보았다. 내가 스튜디오로 가서 정보과 형사를 즉각 쫓아낸 데다, 제작진들에게도 격려를 해줬기 때문에 나의 대응에는 큰 문제가 없어 보였다. 물론 정보과 형사가 스튜디오 시설에까지 들어온 것은 잘못이지만 청경대장이 인솔을 하고 왔으니 문제 삼기도 좀 애매했다. 다음날 비상계획부장에게 전화를 해서 어떻게 정보 경찰을 스튜디오로 안내할 생각을 하였느냐고 항의했다. 비상계획부장은 자기는 출장 중이었는데 청경대장이 자기 재량으로 스튜디오에 데려갔다고 했다.

내가 이것을 계속 문제 삼으면 신분 보장이 확실하지 않은 청경대장이 희생양이 될 수도 있겠다는 생각이 들었다. 청경대장은 내가 신

입사원 때부터 봐오던 분이었다. 라디오 주조정실 입구에는 청경이 배치되어 출입자를 통제하기 때문에 라디오PD들은 회사 다른 부서 사람들에 비해 청경들과 잘 아는 편이었다.

그 무렵 일부 인터넷 언론이 김미화씨의 방송 진행을 문제 삼는 민원을 방송문화진흥회에 제기하고 있었고, 나는 그 문제에 대응하느라 골머리를 앓고 있었다. 하지만 나는 김미화씨와 관련된 내용을 본부장에게 세세히 보고하지는 않고 있었다. 내가 전임 PD였다는 인연으로 김미화씨를 감싸는 것이 혹시 본부장에게 부담이 될 수도 있겠다고 생각했기 때문이었다. 그런 차원에서 이날 있었던 일도 서경주 본부장에게 보고하지 않았다. 잘 지나가나 보다 하고 있던 순간 뜻밖의 일로 사건이 다시 시끄러워졌다.

2010년 7월 6일 김미화씨가 자신의 트위터 계정에 다음과 같은 글을 올린 것이다.

저는 코미디언으로 27년을 살아 왔습니다. 어제 KBS에서 들려온 이야기가 충격적이라 참담한 마음을 금치 못하고 있습니다. KBS 내부에 출연금지 문건이 존재하고 돌고 있기 때문에 내가 출연이 안 된다는 것입니다. 제가 많이 실망한 것은 KBS 안에 있는 피디들은 저와 함께 20년 넘게 동고동락했던 사람들이고 친구들입니다. 확인되지 않은 편향된 이야기를 듣고 윗사람 한마디에, 제가 보기에는 누군가의 과잉충성이라 생각됩니다만, 저와 20년 넘게 생활을 함께 했던, 저에 대해 너무나도 잘 아는 동료들이 저에게 상처를 주고 있다는 사실입니다. KBS에 근무하시는 분이 이 글을 보신다면 블랙리스트라는 것이 실제로 존재하고 돌아다니고 있는 것인지? 밝혀주십시오. 참… 슬픕니다.

KBS는 김미화씨가 근거 없는 추측성 발언을 해 KBS의 명예를 훼손했다며 영등포경찰서에 고소장을 제출하는 한편, KBS '뉴스 9'을 통해 김미화씨를 맹비난했다.

김미화씨가 방송하러 오기 전에 라디오에서 '생활법률'을 진행하던 금태섭 변호사에게 상담을 받았더니 명예훼손은 허위사실에 의한 경우도 있지만, 사실 적시에 의한 명예훼손도 성립할 수 있다고 했다.

나는 김미화씨를 불러서 왜 이런 글을 썼느냐고 물어보았다. 재혼한 남편이 음반 쇼 케이스를 해서 평소 잘 알던 '연예가중계' H 작가에게 취재를 요청했는데 거절당했다고 했다. 자신이 블랙리스트에 오른데 이어 남편마저 자기 때문에 방송 출연을 못한다는 사실에 욱

해서 썼다는 것이었다. 기가 찰 노릇이었다. 무슨 근거로 블랙리스트 때문에 출연을 못한다고 생각하는지 황당했다. 그렇잖아도 김미화씨에 대한 자질 논란이 제기되고 있는 상황에서 이런 일까지 터졌으니 나로서는 난감한 노릇이었다.

그래서 김미화씨를 방음시설이 된 라디오 스튜디오로 데리고 가서 두 가지를 얘기했다.

"첫째, KBS측에 섣불리 사과하지 마라. 경솔하게 행동한 것으로 알려지면 위에서 방송 진행을 못하게 할 수 있다. 앞으로 KBS와의 연락은 내가 하겠다.

둘째, 근거 없이 블랙리스트에 올랐다고 주장한 것은 명예훼손이 될 수 있다. 그러니 2010년 4월 6일 오마이 뉴스 등에 보도된 바 있는 '임원회의 결정사항' 문건을 입수해놓는 것이 향후 이 사건 대응에 필요할 것 같다."

KBS에 블랙리스트가 존재한다고 믿을 만한 상당한 이유가 있었다는 것을 입증할 필요가 있다고 생각했기 때문이었다. 나중에 김미화씨는 이 문건을 입수해 기자회견을 통해 공개하였다.

이튿날인 7월 7일 '세계는 그리고 우리는'의 K 피디가 "부장님~ 내일 민실위_{민주화방송실천위원회} 간사가 부장님을 찾아올 거예요." 이러는 것이었다. 이유를 물었더니, 지난번 스튜디오에 경찰이 찾아온 일을 우연히 만난 기자에게 얘기했는데, 그 기자가 노조에 문의하는 과정에서 노조가 그 사실을 인지하게 되었다는 것이었다. 내가 그날 뭐 잘못한 게 있었느냐고 했더니 경찰에 항의하는 등 후속 조치를 취하지 않은 것이 문제였다는 답변이었다.

후속 조치가 없다는 점이 불만이었다면 부장에게 항의하든지 해야지, 기자에게 먼저 이야기를 하는 것이 옳은 일이냐고 질책했다. 그 기자가 누구냐고 물었더니 대답할 수 없다고 했다. 김미화씨가 트위터에 KBS 블랙리스트 의혹을 터뜨리기 이전이냐 이후냐고 물어도 역시 대답할 수 없다고 했다. PD는 부장이 후속조치를 제대로 취하지 않았다고 기자에게 고자질을 했는데, 부장은 그 PD로부터 아무런 답변을 얻지 못하는 일이 벌어진 것이다. 그래서 그 기자가 실존하는 인물이긴 하냐고 언성을 높였다.

KBS 블랙리스트 파동으로 김미화씨가 코너에 몰리니까, 가공의 기자를 핑계 대고 노조가 맞불을 놓으려고 하는 것이 아니냐는 생각도 들었다. PD는 그 물음에도 역시 대답할 수 없다고 했다.

7월 8일 언론노조의 편성제작 부문 민실위 간사가 찾아왔다. 그런데 뜻밖에도 찾아온 용건은 정보과 형사의 스튜디오 방문이 아니라 김미화씨의 트위터 글 관련이었다. 회사 경영진의 압력을 받아서 KBS에 사과하라고 내가 김미화씨에게 요구하고 있는 것은 아닌지 질문했다. 김미화씨와 내가 녹음 스튜디오에서 의논하는 모습을 보고, 내가 김미화씨에게 압력을 넣고 있다고 누가 제보한 모양이었다. 그래서 "정반대로 알고 있는 것이다. 사과를 하면 잘못을 인정하는 셈이 되고, 그러면 경영진이 책임을 물어 프로그램 진행을 못하게 할 수 있으니 결백을 주장하라고 얘기했다."라고 대답했다. 그랬더니 알았다고 그냥 돌아가는 것이었다.

민실위 간사는 이튿날인 7월 9일에 다시 찾아왔다. "K 피디로부터 뒤늦게 이 사건에 대해 전해들은 어떤 기자가 이 사건에 대한 내용을 노조로 탐문해 왔다. 언론에 두들겨 맞기 전에 노조에서 먼저 문제 삼는 것이 나을 것 같다."면서, 이 사건의 성격을 '정보과 형사의 무단침입과 사찰'로 보는 것이었다.

나는 "박 경위가 혼자 온 것이 아니라, 청경대장이 안내해서 왔기 때문에 무단침입이라는 말은 어울리지 않는다. 그리고 사찰이라는 것은 은밀하게 감시한다는 뜻인데, 명함까지 주면서 부탁하는 게 무슨 사찰이냐? MBC를 담당하는 정보과 형사로서, 서울경찰청장을 비난하는 인터뷰가 나가는데 질문 내용을 파악하지 못했다는 질책이 두려운 나머지 저지른 우발적인 실수로 본다."라고 답했다.

그날 노조는 경찰이 라디오 스튜디오에 찾아와 인터뷰 질문지를 사전에 요구했다며 서울지방경찰청장의 공개 사과를 요구했다. 바로 그날 서울지방경찰청 정보관리부장이 박 경위를 대동하고 서경주 라디오본부장을 사과 방문하였다. 7월 9일부터 관련 기사들이 그야말로 봇물 터지듯 쏟아져 나왔다.

'경찰, MBC 생방송 스튜디오 무단 난입 "질문지 보여달라"'

(2010.7.9. 프레시안)

'경찰, 방송대본까지 사찰하나' (2010.7.9. 오마이뉴스)

'경찰 '김미화 프로' 무단 침입 "채수창 인터뷰 대본 내놔라"'

(2010.7.9. 한겨레)

'MBC 라디오 스튜디오 무단 침입한 경찰, 대본 사전 검열 요구 파문'

(2010.7.9. 미디어스)

'경찰, MBC 김미화 프로그램 찾아가 "질문지 달라" 파장'

(2010.7.10. 노컷뉴스)

'김미화 생방송 사찰, MB정부 막장 도발'

(2010.7.10. 미디어오늘)

'김미화 생방송에 경찰 무단 침입, 사찰 공화국인가?'

(한겨레)

'경찰 '김미화 방송' 사찰, 5대 의문점은?'

(2010.7.11. 미디어오늘)

사건 초반에는 나와 관련된 부분이 사실관계 왜곡 없이 비교적 정확하게 보도되었다.

"담당 부장이 박 경위에게 '생방송 스튜디오는 외부인 출입 금지 구역'임을 밝히고 밖으로 내보냈다고 한다." (2010.7.9. 프레시안)

"박 경위는 생방송 스튜디오는 외부인 출입금지라는 MBC 담당 부장의 말을 듣고 스튜디오에서 쫓겨났다."(2010.7.9. 노컷뉴스)

"담당 부장이 스튜디오에 도착, 박 경위를 향해 '생방송 스튜디오는 외부인 출입 금지 구역'이라며 나갈 것을 요구했고, 결국 그는 나갔다."(2010.7.9. 미디어스)

"당시 담당 부장은 스튜디오 현장에서 형사에게 엄중하게 항의를 했고, 이후 프로그램과 관련된 논란의 발생을 우려해 보고를 하지 않은 것으로 전해졌다. 이에 따라 이번 사태가 뒤늦게 공론화 됐다." (2010.7.11. 미디어오늘)

나는 기자들과 인터뷰한 적이 없었기 때문에 기사는 언론노조 MBC본부를 취재한 내용을 바탕으로 했을 것이다. 나중에 청경대장으로부터 들은 얘기지만 청경대장은 민실위 간사로부터 꽤 철저한 경위 조사를 받았다고 한다. 차장급 라디오PD 몇 명이 후속조치를 취하지 않은 나를 인사조치하라고 서경주 본부장에게 요구했다.

나는 서경주 본부장에게 경위서와 함께 보직사퇴 의사를 표시했다. 그러면서 이렇게 요청했다. "내가 사후 보고를 소홀히 하여 회사의 명예를 훼손한 부분에 대해서는 책임을 지겠다. 하지만 K 피디가 언제, 어떤 기자에게 그 사건에 대해 말했다는 것인지 너무나 궁금하다. 담당 부장에게는 답변을 거부하는 데 인사위원회에서도 답변을 거부할 수는 없을 것이다. 그러니 나와 K 피디를 꼭 인사위원회에 회부해 달라." 하지만 보직 사퇴와 인사위원회 회부 모두 그냥 유야무야되었다.

2012년 1월 총파업에 들어간 다음, 3월 28일 발간된 총파업 특보에는 '1등 라디오를 추락시킨 주역'이라고 나를 비난하는 기사가 떴다. 기사는 2010년 6월 28일에 발생한 사건에 대해 이렇게 묘사했다.

편성기획부장과 1,2,3 부장 등 라디오 본부의 모든 보직을 5년 넘게 독차지했지만, 그는 공영방송의 프로그램 책임자로서 그 자격을 의심케 하는 행동을 반복해 왔다. 대표적인 게 2010년 '생방 스튜디오 경찰 난입 사건'이다. 당시 '세계는 그리고 우리는' 프로그램에서 경찰 수뇌부를 비판하며 사퇴한 채수창 전 강북경찰서장과의 전화 인터뷰가 예정되어 있었는데, 그 생방 스튜디오에 서울 경찰청 소속 경찰이 인터뷰 질문지를 보자며 불쑥 들어왔다.

당시 담당 CP이면서 현장에 있었던 김 부장은 그 경찰과 몇 차례 대화를 나누더니 난데없이 '질문지를 한번 보자'며 오히려 제작진을 몰아세웠다. 그리고 방송사 스튜디오에 경찰이 난입한 이 엄중한 사건을 회사에 보고조차 하지 않고 슬쩍 넘어가 버렸다. 사후 일선 PD들의 문제제기로 사태가 커지자 그는 '그 경찰을 안내한 청경을 보호하려고 그랬다'는 황당한 변명으로 책임회피에 급급했다.

내가 박 경위에게 즉각 스튜디오에서 나가달라고 했다는 사실은 슬그머니 빼고, 내가 경찰 편을 들면서 제작진을 몰아세운 이상한 부장으로 묘사했다. 그래서 나는 2012년 3월 29일 MBC 인트라넷 '자유 게시판'에 이 사건의 경과에 대해 설명하는 글을 게재하였다. 이 글에서 나는 이렇게 얘기했다.

"질문지를 일별한 다음, 별 문제가 없다고 제작진에게 분명히 얘기했다. '제작진을 몰아붙였다'는 표현은 적절치 않다. 그날 스튜디오에는 PD 1명, 엔지니어 1명, 작가 3명이 있었다. 이분들 중에서 내가 '몰아세웠다'는 표현이 나올 만큼 행동했다고 생각하는 분이 있다면 지적해 달라."

물론 그날 내가 제작진을 몰아붙였다고 지적한 사람은 없었다. 하지만 MBC 파업특보에 게재된 그 기사는 아직도 나의 연관 검색어에 꾸준히 오르고 있다. 내가 편성제작본부장으로 취임한 2017년 2월 28일 발행된 MBC 노조특보는 '김재철·안광한 체제 부역자들의 끝없는 돌려막기'라는 기사를 통해 그날 일을 이렇게 다시 우려먹었다.

> 2010년 당시 인기 프로그램이었던 '세계는 그리고 우리는'이 경찰 수뇌부를 비판하며 사퇴한 채수창 전 강북경찰서장을 인터뷰하기로 한 어느 날이다. 서울경찰청 소속 경찰관이 '질문지를 보자'며 생방송 스튜디오에 난입하는 초유의 일이 벌어졌을 때 김도인 당시 부장은 오히려 경찰관 편에서 제작진을 몰아세웠다. 이 엄중한 사건을 회사에 보고조차 하지 않고 버티다가 논란이 되자 그는 "경찰관을 안내한 청경을 보호하려고 그랬다"는 궤변을 늘어놓았다.

이때쯤은 나도 기사 내용을 해명하는데 지쳐서 내버려두었다. 이런 식의 기사가 몇 차례 반복되면서 정보과 형사가 왔을 때 그의 편을 들었다는 '부역자' 이미지가 나에게 덧씌워지게 되었다.

서울지방경찰청 소속 정보과 형사로는 음모론을 충족시키기에 약해서였을까? 2017년 9월경 '문화방송 정상화 전략 및 추진방안'이라는 국정원 문건이 발견된 다음, 2017년 9월 28일 방송된 JTBC '이규연의 스포트라이트'에서는 전 국정원 심리전단 요원의 인터뷰를 빌어서 스튜디오에 온 사람이 기무사 요원이라는 주장까지 나왔다.

> **김미화** | 그래서 나중에 물어보니까 정확하게는 이야기 안하는데 '정보과에서 왔다고 그러나?' 하여튼 이제 거슬러서 올라가서 제가 생각을 해보니까 '그럼 그때 왜 그런 사람들이 왔었지?'
>
> **나레이션** | 그런데 저희가 만난 국정원 전 심리전단 관계자는 그들의 정체를 알 것 같다고 증언합니다.
>
> **전 국정원 심리전단 관계자** | 제가 알기로는 김미화씨를 만나러 간 사람들은 기무사 사람들이에요.
>
> **기자** | 아 그래요? 경찰서 그 정보과 신분증을 들고 있었다고 그러던데요?
>
> **전 전국정원 심리전단 관계자** | 원래 정보원 사람들은 그런 신분증을 들고 다녀요.

이렇게 해서 2010년 6월 28일에 발생한 사건은 정보과 형사가 자신의 상사를 비난하는 전화 인터뷰의 내용이 궁금해서 저지른 우발적인 실수가 아니라 '기관원에 의한 방송 사찰'로 둔갑하게 된다. 또 기관원의 편에 서서 제작진을 몰아세운 나는 국정원의 사주에 의해 김미화, 윤도현을 퇴출시킨 주연이 되기에 적합한 캐릭터를 갖추게 되는 셈이었다.

스튜디오를 방문한 사람이 국정원 직원이었을 수 있다는 주장도 나왔다. 2017년 10월 23일자 경향신문과의 인터뷰에서 김미화씨는 그날 왔던 사람이 국정원 요원이었을 수도 있다고 얘기한다.

서의동 기자 | 라디오를 진행하는데 괴한이 스튜디오에 난입한 적도 있다고 들었다.

김미화 | MBC라디오 '김미화의 세계는 그리고 우리는' 생방송 도중 스튜디오 부스에 외부인이 갑자기 들어와 PD에게 대본을 보자고 요구하더라. PD가 '당신 뭐야!' 하고 소리 지르고 난리가 났다. 정보기관 쪽 사람이었다고 들었다. 최근에 뉴스를 보니 MBC에 상주하는 국정원 직원이 연예인 퇴출계획 등을 작성해서 MBC간부에게 전달했다고 하니 그 직원이었을 수도 있겠다.

KBS 블랙리스트 논란

김미화씨의 'KBS 블랙리스트' 논란에 대한 얘기로 돌아가자면, KBS가 김미화씨를 명예훼손으로 고소한 사건은 무려 5개월을 끌었다. 'KBS 블랙리스트' 논란과 관련된 수사는 KBS에 유무형의 블랙리스트가 실제로 존재하느냐 여부가 아니라, 김미화씨가 누구로부터 블랙리스트에 대한 얘기를 들었는가를 밝히는 쪽으로 전개되고 있었다. 행위자가 그것을 진실이라고 믿을 상당한 이유가 있을 경우 명예훼손죄의 '위법성 조각사유' 중 하나가 되기 때문에 그 경우에 해당하는지 파악하려는 것 같았다.

김미화씨가 블랙리스트 관련 내용을 자신에게 귀띔해 준 KBS 직원이 누구인지 밝히지 않자 경찰은 통화 내역 조회를 했고, 결국 KBS 연예가중계 H 작가가 지목되었다. 김미화씨는 영등포경찰서에 출두하기 전에 가진 기자회견에서 이렇게 밝혔다.

"교수이자 프리랜서 재즈음악 프로듀서로 일하고 있는 남편이 지난 6월 음반을 냈고, 친구가 작가로 있는 '연예가중계'에 음반 쇼 케이스 취재 의사를 타진했다. 친구는 PD와 회의해 보니 김미화는 출연 금지 문건이 있어서 출연이 어렵다고 하더라. 윗사람들과 오해를 풀어야겠다고 하더라."

반면에 H 작가는 "김미화씨가 자기 남편과 가수 적우의 쇼 케이스를 취재해달라고 6월부터 부탁을 해왔다. 하지만 일반인과 무명가수를 취재할 명분이 없어서 2010년 7월 5일 전화상으로 거절했다."고 밝혔다. 또 "김미화가 왜 이렇게 방송 잡기가 힘드냐고 물어, 네 말대로 나레이션 사건 때문이면 만나서 오해를 풀어라."고 조언했다며, "본인이 아닌 남편의 취재요청에 대한 거절이었고, 친구 입장에서 오해가 있다면 풀라 했을 뿐 '출연금지 문건'은 입에 담지도 않았다."고 주장했다.

더 얄궂은 일은 녹취록을 둘러싼 공방이었다. H 작가는 또 2010년 10월 27일 기자들과 만난 자리에서, 김미화씨가 증거확보를 위해 자신과의 대화를 불법 녹취하고, 필요한 부분을 편집해 경찰에 제출했다고 주장했다. 경찰 3차 조사를 앞둔 2010년 9월 29일에 함께 만나서 얘기를 나눴는데, "김미화가 계속 'PD가 블랙리스트 문건에 대해 말한 적 있지?' 하고 물어서 아니라고 대답했는데, 이를 몰래 녹음했더라."고 말하면서 "내가 경찰에서 녹음파일 원본을 요구하자 원본은 실수로 지웠다면서, 짜깁기한 사본만 내놓았다."고 주장했다.

이 사건은 2010년 11월 9일에 일단락되었다. 먼저 KBS가 오전에 김미화씨에 대한 고소를 취하하고, 이어서 김미화씨가 자신의 트위터에 "오늘(9일) 아침 뉴스를 통해 소식 들으셨겠지만, 고소 127일 만에 '다행스럽게도' KBS가 먼저 고소를 취하했다."며 "우선 내 트위터에 'KBS에 블랙리스트라는 것이 실제로 존재하고 돌아다니고 있는 것인지 밝혀 주십시오.'라는 언급을 함으로써 본의와 다르게 사회적 파장이 일어난데 대해 유감스럽게 생각한다."고 유감을 표명했다.

KBS와의 분쟁은 끝났지만 H 작가와의 싸움은 더 시간을 끌었다. H 작가는 2 차례에 걸쳐 김미화씨에게 사과를 요구하는 내용 증명을 보냈다. 그는 내용 증명을 보낸 이유를 묻는 기자에게 말했다. "권력 기관인 KBS에는 미안하다는 뜻을 전하면서도 힘없는 작가인 나에게 는 전혀 사과를 하고 있지 않다. 속상하다. 오랜 기간 친구로 지냈다. 미안하다는 말 한 마디면 해결될 문제다."

2010년 12월 28일 법적 대응을 불사하겠다던 H 작가도 지난 10년 간 우정을 감안해 고소를 하지 않겠다고 결정함에 따라 'KBS 블랙리스트' 사건은 최종 종결되었다. 하지만 이 사건이 진행되는 과정에서, 특히 10년 지기 작가와 벌인 공방은 김미화씨의 신뢰도에 큰 상처를 남겼다.

5

김미화씨,
임자를 만나다

김재철 사장이 취임한 지 1년 만인 2011년 2월 25일 정기 인사가 있었다. 서경주 라디오본부장이 광주MBC 사장으로 가고, 후임 라디오본부장에 이우용 창사50주년 기념사업단장이 임명되었다. 그는 김재철 사장과 아주 막역한 사이여서 원래는 2010년 2월 김재철 사장의 취임과 동시에 라디오본부장이 될 것이란 소문이 파다했다. 서울대 항공공학과 출신으로 1981년도에 라디오 피디로 입사하여, '임국희의 여성싸롱', '서세원·최유라의 100분 쇼' 등 주요 프로그램을 연출한 역량 있는 선배였다. 하지만 DJ-노무현 정권 시절 새벽 시간대 프로그램이나 DMB 라디오 프로그램의 PD를 전전하고 있었다. MBC에서는 보기 드물게 우파 성향이었다는 점도 작용했는지 모른다. 오랫동안 음지를 전전하다 보니 그를 무능력한 사람으로 아는 후배들이 많았다.

2010년 김재철 사장이 취임할 무렵, 라디오본부는 이우용 본부장 내정설 때문에 분위기가 아주 흉흉했다. 본부장 인사가 나기 전에 당시 사장 특보로 있던 정호식 국장을 통해 김재철 사장에게 면담을 요청했다. 일개 부장이 새로 부임한 사장에게, 더군다나 인사 문제로 면담을 신청한다는 것은 지금 돌이켜봐도 당돌한 일이었다. 하지만 당시 라디오본부의 분위기가 워낙 뒤숭숭해서 앞뒤 재지 않고 나선 것이었다.

나는 단도직입적으로 "이우용 본부장 내정설 때문에 지금 라디오본부의 분위기가 너무 좋지 않다. 임명을 강행한다면 라디오가 시끄러워질 것 같다. 서경주 현 본부장이 라디오본부장으로 취임한 지 1년밖에 되지 않았으니 그냥 유임시켜 달라."고 진언했다. 그래서인지 몰라도 이우용 선배는 라디오본부장이 아니라 창사 50주년 기념사업단장으로 발령이 나서 라디오본부를 1년간 떠나 있었다.

나 때문에 라디오를 떠나야 했던 사람이 본부장으로 돌아온다니 이번에는 내가 떠날 차례라고 생각했다. 라디오본부장으로 부임한 이우용 본부장의 표정도 싸늘했다. 이왕이면 새로운 업무를 배워볼까 싶어서 감사국으로 가볼까 알아보는 도중에 이우용 본부장으로부터 라디오편성기획부장 자리에 그냥 있으라는 통보를 받았다. 김재철 사장의 뜻인 것 같았다. 1년 전 라디오본부장 인선 문제로 김재철 사장에게 마음의 빚을 졌으니 못하겠다고 할 수도 없었다.

라디오본부의 분위기는 걱정했던 대로 벌집을 쑤셔놓은 듯했다. 언론노조 소속 라디오 PD들은 '시대착오적인 라디오본부장 인선을 규탄한다'는 성명서에서 다음과 같은 이유를 들어 이우용 본부장의 인선에 반발했다.

첫째, 신임 본부장은 1981년도 입사자로 사장을 제외하고는 회사의 모든 간부들 중에서 가장 고참이다. 그동안 1982년도, 1983년도 입사자가 라디오본부장을 맡아왔는데 세대교체는 고사하고 거꾸로 역행하는 이유는 무엇인가?

둘째, 신임 본부장은 공정방송노조 출신으로 사석에서 공공연히 시사 프로그램 진행자 문제를 거론하거나 보수 신문의 종편 진출에 찬성하는 등 그간 지극히 보수적인 발언을 해온 인물이다.

셋째, 본부장 선임과정에 사장과의 개인적인 인연이 결정적으로 작용했다는 평가가 무성하다. 최근에는 사장 가족과 관련된 소문마저 온 사내에 나돌고 있다. 잘못된 정실인사는 반드시 몇 배의 부메랑으로 돌아오는 법이다.

동기가 총장이 되면 옷을 벗는다는 검찰조직도 아닌데, 입사가 빨라서 본부장이 되면 안 된다느니, 보수적인 시각을 가지고 있기 때문에 안 된다느니, 김재철 사장과 영국 연수 시절 인연이 있어서 안 된다느니 내가 보기엔 말도 안 되는 논리였다. 본질적인 반대 이유는 이우용 본부장이 김미화씨를 교체할 것이라는 두려움 때문이었다.

이우용 본부장에 대한 라디오 PD들의 반발이 워낙 강하다 보니 보직 부장을 맡는 것도 겁을 먹고 사양하는 사람들이 있을 정도였다. 라디오제작1부장에서 라디오편성기획부장으로 자리를 옮긴 나를 제외하면 부국장 등 보직자 진용이 완전히 바뀌었다. 이우용 본부장은 라디오로 돌아간다면 무엇을 할 것인지 연구를 많이 해둔 것 같았다. 이우용 본부장은 『PD 이우용의 우리 대중음악 읽기』라는 책을 냈을 정도로 나름 이론가였다.

그동안 MBC 라디오가 현상유지에만 급급하다 보니 프로그램의 노후화가 심각한 지경이어서 리노베이션renovation이 필요하다며 각 프로그램과 DJ들의 문제점을 쉴 새 없이 지적했다. 발성이 좋지 않은데도 TV에서의 지명도만 감안해서 DJ로 기용한 사람은 다 교체해야 된다는 식의 얘기도 했다.

당시 MBC 표준FM의 점유율은 2010년 하반기 청취율조사 때 39.4%에서 2011년 상반기에는 33.3%로 급감한 다음 정체상태에 있었다. 음악방송인 FM4U는 2011년 상반기 조사에서 2010년 하반기 조사 대비 무려 3.1%p 떨어진 8.8%로 추락했다. 이런 상황에서 본부장으로서는 당연히 할 수 있는 문제 제기였다. 하지만 봄철 개편을 두 달도 채 남기지 않은 시점에서 문제 있는 DJ들을 다 교체한다면 교체 대상이 10명이 넘을 것 같았다. 참다못한 내가 그렇게 많은 DJ를 교체하느니 차라리 본부장이 새로운 라디오 방송국을 차리는 게 낫겠다고 쏘아붙인 적도 있을 정도였다.

라디오 진행자들도 이런 소문을 듣고서 많이 술렁거렸다. 특히 전임 본부장들과 친하게 지낸 사람들이 더 불안했을 것이다. 그 중의 한 명이 강석씨였다. '싱글벙글 쇼'는 오랫동안 라디오 가요 프로그램의 핵심이었기 때문에 국장이나 부장이 신임하는 사람들만 연출을 맡았다. 오랜 세월 음지에서 지낸 이우용 본부장과 강석씨는 서로 소원할 수밖에 없었다.

공교롭게도 이우용 본부장이 부임한 이후 우선 교체 대상의 한 명으로 꼽은 사람이 '싱글벙글 쇼'의 강석씨였다. 이제는 강석씨가 하는 성대모사가 진부하다면서 '싱글벙글 쇼'를 전면 혁신해야 한다고 주장했다. 그러면서 대안으로 배칠수씨는 어떠냐고 떠보기도 했다.

그와 동시에 지난번 KBS 블랙리스트 논란 때 진행자로서의 신뢰도가 떨어졌을 텐데도 김미화씨의 거취 문제에 대해 토론이 없었다는 점을 지적했다. 당시 담당 부장이던 나로서는 아픈 대목이었다. 며칠이 지나자 김미화씨가 KBS 블랙리스트 사건 수사 때 '연예가중계' 작가와의 사적 대화를 몰래 녹음해서 이를 편집한 다음 경찰에 제출한 것은 시사 프로그램 진행자로서의 공신력을 크게 훼손한 것이다. 이번 개편에서 교체해야겠다고 말했다. 이우용 본부장은 예전에 '서세원 · 최유라의 100분 쇼'를 연출할 때 H 작가와 함께 일하던 사이였다. 김미화씨가 이번에는 제대로 임자를 만난 것이었다.

봄철 개편을 목전에 두고서 부장단회의에서는 본부장이 현실적인 이유를 들어서 대규모 쇄신을 꺼리는 부장들에게 호통을 치는 분위기가 매일 반복되다시피 했다. 기존의 DJ를 교체하려면 후임 DJ를 섭외해야 하는데 그렇게 쉬운 작업이 아니었다. 그래서 부장들은 하루하루 버티고 있었는데 3월 중순쯤 경악할 만한 일이 벌어졌다.

FM4U '오늘 아침'의 DJ 이문세씨가 소극장 콘서트와 월드 투어를 해야 되니 몇 달간 휴가를 달라고 했다. 그런데 본부장은 차라리 '오늘 아침' DJ 자리를 내려놓고, 투어 끝난 다음 MBC 라디오로 돌아오라며 거절하는 것이었다. 내 생각으로 이문세씨는 FM4U에서 가장 붙잡아야 할 DJ였다. 예전에 '별이 빛나는 밤에'를 듣던 청소년들이 이제는 주부가 되어 '오늘 아침'을 찾아 듣고 있었던 것이다. 그가 빠진다면 FM4U의 오전 시간대는 초토화될 위험성이 높았다.

하지만 이우용 본부장의 생각은 확고했고, 결국 이문세씨는 3월 말로 라디오 DJ를 그만두었다. 공연 준비를 위해 6개월 정도 쉬겠다며 나중에 다시 MBC 라디오로 복귀할 것처럼 발표했지만 그것으로 MBC 라디오와는 마지막이었다. 어쨌든 이문세씨까지 단호하게 내보내는 것을 보고 이우용 본부장이 개편과 관련해서 하는 말이 빈말이 아닐 수 있다는 생각이 들었다.

3월 25일에는 프로그램별로 피디를 다시 배정했는데, '시선집중'과 '세계는 그리고 우리는'에는 1983년에 입사한 최고참 피디들이 배정되었다. 다들 언론노조원이 아니고, 시사 프로그램은 거의 해보지 않은 사람이었다. 당연히 라디오본부의 분위기는 험악해져 갔다. 라디오본부 내 언론노조원들은 라디오본부 평PD협의회를 구성하고 3월 29일 '이우용 본부장은 대답하라!!'는 제목으로 성명서를 발표하였다. 첫째는 밀실개편을 중단하고 담당 PD 중심으로 새롭게 개편작업을 시작하라는 것이고, 둘째는 시사 프로그램 개편에 대한 명확한 입장을 밝히라는 것이었다.

청취율 조사 결과에 따라 담당 PD는 책임져야 할 경우가 많기 때문에, 담당 PD들 중심으로 개편을 하라는 소리는 자기네 희망사항에 불과한 주장이었고, 요점은 비밀리에 진행 중인 시사 프로그램 진행자 교체작업을 중단하란 얘기였다.

라디오본부 평PD협의회 명의의 성명서가 발표된 다음날인 3월 30일, 평PD협의회의 중심인물로 추정되던 A 피디가 이우용 본부장에게 점심 식사를 같이 하자고 요청했고, 내가 이 자리에 배석을 했다. A 피디는 "이번 개편 때는 김미화씨를 (교체하지 않고) 그냥 가면 안 되나요?"라고 물었다. 그러자 이우용 본부장은 이번 개편 때 반드시 교체한다며 다음의 세 가지 이유를 들었다.

첫째, 김미화씨가 'KBS 블랙리스트' 사건과 관련해 유감 표명을 한 것. 둘째, KBS 연예가중계 작가와의 대화 내용을 몰래 녹음하여 이를 편집한 뒤 경찰에 제출함으로써 시사 프로그램 진행자로서의 품위를 손상시킨 것. 셋째, 민주노총 주도의 촛불집회에서 연설해 중립성을 상실한 것.

옆에서 이 얘기를 듣던 나는 이제 김미화씨를 구하는 것은 물 건너 갔다고 판단했다. 2009년 4월 엄기영 사장 시절 김미화씨 교체 문제가 나왔을 때는 내부 인력을 기용하여 제작비를 절감하겠다는 명분이어서 광고 판매액 등 객관적인 팩트로 반박이 가능했다. 하지만 이번에 이우용 본부장이 내세운 교체 명분은 김미화씨나 언론노조 입장에서는 숨기고 싶은 내용이었다.

특히 두 번째 이유는 마치 사냥꾼이 쳐놓은 올가미와 같은 역할을 할 것 같았다. 이우용 본부장이 제시한 교체 이유를 반박한다면, 그런 논란이 있었는지 모르던 대중들까지 그 논란에 대해 알게 되면서 부정적인 이미지를 확산시킬 위험이 있었던 것이다. 사실 나도 이 부분에 대해서는 긴가민가했기 때문에 H 작가를 따로 만나보기도 하였다.

3월 31일에 2011년 상반기 청취율조사의 간이 결과가 나왔다. 상세한 청취 성향에 관한 조사 결과가 책자로 나오기 전에 상위 20권 내에 드는 프로그램의 순위와 청취율이 먼저 온 것이었다. '김미화의 세계는 그리고 우리는'의 청취율은 2010년 하반기 때의 7.8%에서 6.8%로 1%P 떨어진 수치였다. 나중에 자세한 청취 성향 분석편을 보니 청취율보다 더 심각한 것은 진행자 선호도였다. 2009년 상반기에 40%에 육박했던 동시간대 청취자들의 김미화씨 선호도는 2010년 하반기에 31.3%로 떨어졌는데, 2011년 상반기 조사에서는 22.5%까지 떨어졌다. 동시간대 SBS-파워FM의 박소현씨가 반사이익을 챙기고 있었다. KBS 블랙리스트 파동의 후유증이라고밖에 볼 수가 없었다.

그날이었는지 그 다음날이었는지 확실하지는 않지만 라디오제작2부장이던 J 부장과 함께 퇴근하는 길이었다. 차안에서 개편을 앞둔 여러 가지 걱정을 나누다가 갑자기 김미화씨를 '싱글벙글 쇼'로 보내면 어떨까 하는 생각이 떠올랐다. 본부장이 '싱글벙글 쇼' 강석씨 대신에 배칠수씨를 염두에 두고 있는 것 같은데, 차라리 김혜영씨까지 교체하여 김미화씨와 배칠수씨가 같이 진행한다면 호흡도 잘 맞고, 진행자 교체에 따른 리스크도 줄일 수 있을 것 같았다. J 부장도 좋은 생각이라고 맞장구 쳐주었다.

이우용 본부장이 단기 연수차 중국 항저우를 방문하고 4월 4일에 귀국했다. 나는 그날 본부장에게 마지막으로 호소했다. 김미화씨가 시사 프로그램의 진행자로서 처신을 잘못한 것은 사실이지만, 7개월이나 지난 일을 이제 와서 다시 문제 삼는다면 앞으로 어떤 사람이 MBC 라디오에 와서 일하겠냐며 선처를 호소했다. 하지만 본부장의 입장은 요지부동이었다. 김미화씨는 지명도나 호감도가 높아서 그냥 내보내긴 너무 아까운 진행자이다. 원래 개그맨이니 오락 프로그램으로 보내서 충격을 완화시키는 것은 어떠냐고 했더니, 그건 좋다고 했다. 그래서 다음날인 4월 5일 오후 5시경 김미화씨를 여의도 사옥 7층 복도 휴게실에서 만나 이렇게 얘기했다.

"이번에는 종전과 다른 것 같다. 어려울 것 같다. 이우용 본부장이 H 작가와 친한 사이이다. 지난번 식사 때 평PD협의회 대표에게 얘기하기를 김미화씨가 H 작가와의 대화내용을 녹음하고 편집하여 경찰에 제출했던 것은 시사 프로그램 진행자로서 결격사유에 해당한다고 하며 반드시 진행자 교체를 하겠다고 한다. 혹시 '싱글벙글 쇼'로 이동할 생각이 있느냐? 본부장이 이번 개편 때 '싱글벙글 쇼' MC도 반드시 교체하겠다고 난리다. 만약 '두시 만세' 같은 프로그램이면 너무 튀겠지만, 시사 콩트 프로그램으로의 변신은 생각해볼 수 있는 것 아니냐? 김미화씨가 어떻게 생각할지 몰라서 의사타진을 하는 것이다. 나중에 나 혼자 추진하다가 김미화씨가 거부하면 나만 바보가 될 수 있으니…"

사실 '세계는 그리고 우리는'의 진행자 교체 문제는 라디오편성기획부장이 아닌 라디오제작1부장의 소관 업무였다. 하지만 담당 부장은 이 문제에 대해 침묵을 지키고 있고 개편 일자는 다가오니 개편 업무를 담당하는 내가 못 참고 나선 것이었다.

이튿날인 4월 6일은 내가 중국으로 단기 연수를 떠나는 날이었다. 인천공항에 있는데 오전 10시경 김미화씨에게서 이런 문자가 왔다.

"선생님 말씀 깊이 고민해봤는데요, 선생님 마음은 감사하지만 다른 프로그램으로 가는 건 어렵겠습니다." 그래서 나는 "알겠습니다. 더 고민해 보죠."라고 답변을 보냈다.

그런데 중국에 가 있는 동안 회사에 전화해 보니 난리가 났다는 것이었다. 라디오본부 언론노조원들이 내가 김미화씨에게 그런 제안을 한 것에 대해 이우용 본부장에게 항의했고, 이우용 본부장이 '사적인 대화일 뿐'이라며 문제가 있으면 공적으로 문제 제기하면 될 것 아니냐는 입장을 내놓았다는 것이었다.

그러자 언론노조원들은 4월 7일 밤에 긴급 총회를 열어서 5월 2일로 예정된 시사 프로그램 개편안을 공개하지 않으면, '즉각 행동에 돌입할 것'이라고 의견을 모았다. 또 교체가 결정되지 않았는데도 이 사실을 언급한 김도인 라디오편성기획부장은 월권행위를 한 것이니 이 사태를 책임져야한다고 요구했다. 이미 3월 30일 평PD협의회 대표가 이우용 본부장의 최후통첩을 받아놓고도 마치 아무 것도 모르는 것처럼 시치미를 떼고 있었다.

나중에 알려진 얘기지만, 4월 8일 엘리베이터에서 우연히 김미화씨를 만난 김재철 사장이 "라디오가 시끄럽던데, 다른 프로로 옮겨보세요."라고 얘기한 모양이었다. 아마 이우용 본부장이 내가 제안한

'싱글벙글 쇼'로의 이동 문제를 사전에 보고했을 수도 있고, 전날 밤 라디오 피디들이 총회를 열어서 개편안을 공개하지 않으면 제작거부에 돌입할 것이라고 보고했기 때문에 그랬을 수도 있다. 김미화씨는 5월 3일 노조 관계자들에게 이 사실을 폭로하면서, "내가 말을 잘못 들었는지 별별 생각을 다했다. 시끄러우면 본부장을 말려야지 어떻게 나를 다른 프로로 가라고 하나. 내가 잘못 들었나 했다."라고 말한 것으로 전해졌다.

4월 9일(토) 새벽 1시 13분에 김미화씨에게서 문자가 왔다.

"선생님 주말에 오신다 하여 지금 문자드립니다. 죄송하게도 절 위해 말해주신 고마운 마음이 제 불찰로 젊은 피디들에게 이야기한 순간 언론에 이슈가 되고 일이 커져 버렸습니다. 선생님께서 편성부장인 줄도 모르고 이야기하다 알게 되었습니다. 누를 끼쳐 죄송합니다."

단기연수를 다녀와 4월 11일 월요일에 출근하는데 현관에서 라디오본부 소속 언론노조원들이 피케팅을 하고 있었다. 쓱 보고 지나가는데, 그 중 하나가 '김도인 부장은 물러나라'는 구호였다. 순간 아찔했다. 일개 부장이 피케팅의 대상이 될 줄은 미처 상상하지 못했기 때문이다.

그날 발행된 언론노조 비대위특보에서는 "일단 문제의 발언을 한 라디오 편성기획부장이 출근하는 대로 김미화씨에게 다른 프로그램을 맡도록 요구한 발언의 근거를 밝힐 것을 요구하고, 그에 따른 다

각적 투쟁에 돌입할 계획이다."라고 적혀 있었다. 4월 7일 라디오본부 PD총회에서도 그렇게 결의했다고 들었다. 그런데 내가 왜 김미화 씨에게 '싱글벙글 쇼'로의 이동 의사를 타진했는지 묻거나 따지는 사람은 아무도 없었다. 3월 30일에 이우용 본부장이 김미화씨의 교체 이유로 든 세 가지를 거론할까 봐 그랬을 것이다.

김미화, 큰 파문 남기고 결국 하차

그날 한겨레신문 최성진 기자로부터 전화가 왔다. 이런 상황에서 기자와의 접촉은 피하는 것이 상책이었는데 최 기자와는 개인적인 인연이 있어서 방심했다. 내가 '손석희의 시선집중' PD를 할 무렵, 주간경향 기자 출신의 그를 작가로 기용해서 몇 달간 같이 일한 적이 있었다. 그러다가 다시 한겨레신문 기자로 간 것이었다. 그의 첫마디가 "부장님 왜 그러셨어요?"였던 것으로 기억한다. 왜 '싱글벙글 쇼' 진행을 제안해서 벌집을 쑤셨냐는 얘기였다. 그래서 나는 오프 더 레코드를 전제로 설명했다. MBC 라디오 작가를 몇 달간 지냈으니, 나의 억울한 사정을 이해해 주리라는 순진한 생각을 했던 것 같다.

"KBS 블랙리스트 사건 당시 김미화씨가 '연예가 중계'작가와의 대화 내용을 몰래 녹음한 다음 편집해서 경찰에 증거자료로 제출하려 했는데, 이우용 본부장은 이런 행동이 시사 프로그램 진행자로서의 신뢰도 하락을 가져왔다고 문제 삼고 있다. 얼마 전 평PD협의회 대표와의 식사 자리에서 이번 개편 때 반드시 교체하겠다고 공언하기에 이제는 진행자 교체가 불가피하다고 생각해서 차선책으로 그런 제안을 한 것이다."

꽤 긴 시간에 걸쳐 이런 설명을 해주었다. 한때 작가로 일했던 친구한테까지 오해를 받고 싶지는 않다는 생각이었을 것이다.

그런데 그 다음날인 4월 12일 저녁 고등학교 동기들과 술자리를 하고 있는데 최 기자로부터 전화가 왔다. 데스크에 보고했더니 기사화하라고 해서 어쩔 수 없이 인터넷에 기사를 올렸다는 것이었다. 술이 확 깼다. 급히 집으로 돌아와 기사를 읽어보았다. 이우용 본부장이 이렇게 주장하더라고 내가 전언(傳言)한 것을 마치 나의 의견인 것처럼 써놓고 있었다. 그 기사를 읽은 사람들은 이우용 본부장보다도 오히려 내가 더 강경하게 김미화씨 퇴출에 앞장서는 것처럼 생각했을 것이다.

이래서 기자들을 가까이하면 안 된다는 것이었구나 하는 후회가 밀려왔다. 급한 마음에 한겨레신문 온라인 회원으로 가입하여 댓글로 항의를 하는 수준에서 만족하는 수밖에 없었다.

최 기자와의 인간적인 관계가 끊어졌음은 물론이다. 그 무렵 뉴스데스크 앵커를 지낸 백지연씨가 '세계는 그리고 우리는'의 새 진행자로 거론되고 있다는 얘기가 들렸다. 나는 속으로 백지연씨의 이미지나 목소리가 서민적이지 않아서 '세계는 그리고 우리는'의 진행자로 적합할 것 같지는 않다고 생각했다. 게다가 당시 tvN에서 '백지연의 피플 inside'나 '백지연의 끝장토론 시즌2'를 나름 성공적으로 진행하고 있는 사람이 이렇게 시끄러운 와중에 '세계는 그리고 우리는'의 진행을 맡으려고 할까 하는 의구심이 들기도 했다.

그런데 4월 25일 언론노조 비대위 특보가 나왔는데, 제목이 '백지연, 그가 다시 돌아온다?!?'였다. 백지연씨가 TV의 '100분 토론'과 라디오의 '세계는 그리고 우리는'의 진행자로 거론되고 있으며, 그 배경으로는 김재철 사장이 좋아하기 때문이라는 분석이었다.

그날 오후 2시 김미화씨는 자신의 트위터를 통해 "이젠 제 스스로 결단을 내려야 할 상황이라 판단했다."며 "오늘부로 문화방송 시사 진행을 접으려 한다."고 밝혔다. 2003년 10월 첫 방송을 시작한 지 8년 만에, 그리고 MB정권이 들어선 지 3년 만에, 2009년 4월 엄기영 사장 시절 최초의 교체 시도 이후 2년 만에 '세계는 그리고 우리는'의 진행을 그만 두게 된 것이다.

그런데 백지연씨는 그날 오후 3시10분경 트위터를 통해 "MBC로부터 일해 달라는 제안을 받은 것은 사실이나, 이미 40여일 전에 트위터를 통해 '세계는 그리고 우리는'의 진행을 맡을 의사가 없음을 밝혔기 때문에, 조용히 침묵하고 있어도 알 사람은 다 아신다 생각했습니다."라며 비대위 특보의 내용이 사실이 아니라고 밝혔다. 그 말이 사실이라면 언론노조의 오보에 속아서 김미화씨가 청취자에게 작별 인사도 하지 않고 도중하차한 셈이다. '세계는 그리고 우리는'의 후임 진행자로는 MBC 정치2부장을 지낸 최명길 기자가 선임되었다.

김미화씨가 교체되는 과정에서 MBC 라디오는 엄청난 이미지 타격을 받았다. 내가 김미화씨의 퇴출을 어떻게든 막아보려고 했던 것도 채널 이미지 추락에 대한 염려 때문이었다. 이 과정에서 개인적으로도 많은 것을 잃었다. 가장 속상했던 것은 '싱글벙글 쇼' DJ들과의 관계가 서먹서먹해진 것이었다.

김미화씨의 남편이 자신의 블로그에 올린 '김미화의 눈물'이란 글에서 "명분 없는 하차 요구가 미안하긴 했는지 낮에 음악 틀고 깔깔 대는 무슨 쇼를 맡아 달라 요청했고, 감사하긴 하지만 정중히 거절했었습니다."라고 말한 것이 알려지면서, '싱글벙글 쇼'의 DJ들, 특히 김혜영씨가 마음고생을 많이 했을 것이다.

내가 자신들을 하차시키고 김미화씨를 DJ로 기용하려했다는 것을 알게 되었고, 또한 20년이 넘게 애정을 가지고 진행해 온 프로그램이 졸지에 '음악 틀고 깔깔대는 무슨 쇼'로 비하되었기 때문이다. 예전에 내가 '싱글벙글 쇼' 피디를 할 무렵, 지방출장도 같이 다니고 해서 정이 들었던 사이였기 때문에 배신감이 더 컸을 것이다.

또 한 가지 속상했던 것은 마치 내가 이우용 본부장의 지시를 받아 김미화씨에게 '싱글벙글 쇼'로의 이동을 제안했다는 식으로 매도를 당한 것이다. 심지어 2017년 9월 28일 방송된 '이규연의 스포트라이트'에서는 마치 내가 국정원과 '사적 네트워크'가 있어서 김미화씨를 축출하는 데 앞장 선 것처럼 몰아갔다.

전 국정원 심리전단 관계자 | 이 사람(국정원 I.O.)이 갑자기 발령 날 거라고 이제 승진할 거라고 얘기해놓고 '한번 얼굴 보자. 밥이나 한 번 먹자.' 이러면서 불러내서 얘기하는 거예요. 제안을 밀어 넣고 '이렇게 해라!' 이거 거부하면 승진 안 되고 계속 물 먹는 거죠.

진행자 나레이션 | 김씨(김미화씨)도 사적 네트워크 공작을 의심합니다.

김미화 | 부장님이 그 전에 저희 프로그램 PD였어요. 승진하신 거죠. 본부장님이 새로 오면서 승진하셨는데, 본부장은 '잘해봅시다. 미화씨 파이팅' 하고 올라갔는데 이 분이 내려오셔서 본부장의 뜻으로 미화씨 내려가래요. 황당하죠.

내가 부장에서 부국장으로 승진한 것은 라디오를 떠나 글로벌사업

본부에 있을 때였다. 또한 "본부장의 뜻으로 미화씨 내려가래요."라는 말을 전달할 정도로 부장 지리에 목매달았던 사람도 아니다. 내가 만약 그런 식으로 얘기했더라면 그 무렵 언론노보에서 대서특필을 했을 것이다.

더 어이가 없는 것은 그날 '이규연의 스포트라이트'에 출연한 H 피디가 김미화씨 퇴출 당시에 '세계는 그리고 우리는'의 담당 PD였다고 소개된 것이다. H 피디는 2011년 2월부터 2013년 2월까지 노조 편성 제작부문 민실위 간사로 일했고, 반‡전임이었기 때문에 1시간짜리 심야 음악프로그램 PD도 병행하고 있었다. 그가 '세계는 그리고 우리는'의 담당 PD를 한 것은 2004년 8월부터 11월까지 3~4개월 남짓이며 그것도 메인 피디가 아니었다.

'이규연의 스포트라이트'가 반론권 보장 차원에서 나에게 사실관계를 확인했더라면 이런 오류는 예방할 수 있었을 것이다. 해명에 대한 반대증거를 찾는 과정에서 진실에 한걸음 더 다가설 수 있기 때문에 탐사보도나 심층취재에서 반론권의 보장은 매우 중요하다. 공격 대상이 '적폐'일 것이라는 확신에 사로잡힌 나머지 탐사보도의 기본인 크로스 체크를 하지 않은 것은 큰 실책이었다.

당시 나는 파업을 수습하느라 경황이 없었기 때문에 언론중재위원회 제소를 통해 반론보도를 얻어내는 데 만족했다.

내가 그동안 김미화씨에 대한 퇴출 압력을 막아 왔다는 것을 모르는 사람들이라면, 또 3월 30일 이우용 본부장이 평PD협의회 대표에게 '이번 개편 때 무조건 김미화씨를 교체하겠다.'고 통보한 사실을 모르는 사람들이라면, 내가 김미화씨에게 '싱글벙글 쇼'로 이동할 의사가 있는지 타진한 것을 뭔가 음모를 꾸미는 것으로 해석할 수도 있을 것이다.

하지만 그런 사실을 아는 사람들이 왜 시치미를 뚝 떼면서 내가 이상한 사람으로 몰리는 것을 보고만 있었을까? '큰 정의를 위해서는 작은 정의를 희생할 수 있다.'는 것인가? 지금도 궁금한 대목이다. 국정원이 2010년 3월에 작성했다는 '문화방송 정상화 전략 및 추진방안'이라는 문건이 2017년 9월에 폭로되자 언론노조에서는 마치 내가 국정원의 사주를 받아 김미화씨 퇴출에 동원되었다는 식으로 의혹을 제기했다. 그래서 서울중앙지검에 불려가 참고인 조사까지 받았다. 이 문제와 관련해서는 뒤에서 상세하게 얘기하겠다.

김미화씨는 2011년 4월 MBC 라디오를 그만 둔 다음, 그해 11월부터 CBS 라디오에서 '김미화의 여러분'이라는 오후 2시대 프로그램을 하다가 논문 표절 의혹으로 2013년 3월 하차하였다. 그 뒤 교통방송 라디오에서 오후 4시대 오락 프로그램 '김미화·나선홍의 유쾌한 만남'을 한동안 진행했다. 어찌 보면 그 프로그램도 '낮에 음악 틀고 깔깔거리는 쇼'라고 볼 수 있을 텐데 왜 생각이 바뀌었는지 모를 일이다. 게다가 당시 교통방송 사장은 김미화씨를 '세계는 그리고 우리는'

의 진행자로 영입했던 정찬형 전 MBC 피디였다.

'김미화의 세계는 그리고 우리는'의 진행자 교체만큼 온 대한민국을 떠들썩하게 했던 경우를 나는 본 적이 없다. 언론노조와 좌파 성향의 매체들은 자기네 진영 인사들이 하차하면 음모가 있다고 색안경을 끼고 본다.

보수 성향 진행자 퇴출에는 침묵

하지만 자기네 성향이 아닌 진행자들에 대해서는 아주 냉정했다. MBC 라디오의 전설 이종환 선배가 2002년 '지금은 라디오시대'에서 쫓겨날 때는 너무나 초라했다. 당시 '지금은 라디오시대'의 청취율이 하늘을 찔렀을 때였는데도 말이다. 최유라씨가 2017년 1월에 '지금은 라디오시대'에서 하차할 때도 비슷했다.

'국민 아나운서'로 불리는 김동건 아나운서는 2003년 KBS 정연주 사장 체제가 들어서고 첫 개편 때, '가요무대' 제작진으로부터 "다음 주부터 나오지 말라."는 통보를 받았다고 한다. 하지만 그는 "누군가로부터 우리 입장을 좀 생각해 주셨으면 좋겠다는 간곡한 요청이 있었고, 후배들을 편하게 해주기 위해 아무 내색하지 않고 KBS 사장이 주는 감사패를 받아왔다."고 밝히고 있다. 그것도 7년 만에 '가요무대'에 복귀한 뒤에야 한 말이다.

탤런트 노주현씨도 최근에 "문재인 정부 이후 작품 섭외가 없다."
는 말을 해서 논란이 되기도 했다. 'MBC 뉴스데스크'를 7년 동안이나
진행했던 배현진 앵커도 최승호 사장의 취임 후 시청자에게 작별인
사도 하지 못하고 하차했다. 종편에 출연하는 시사평론가 중에서도
반#공개적으로 퇴출되는 경우가 있었다. 2017년 3월 종편의 두 번째
재승인을 앞두고 언론단체 비상시국회의라는 단체에서 '퇴출이 필요
한 출연자' 11명을 선정했는데, 실제로 종편에서 대부분 퇴출되었다.

Chapter03

윤도현 하치의 진실

1

경력직 PD 충원 놓고 노조와의 갈등 폭발

2011년 8월경이었다. 이우용 본부장이 경력직 라디오 PD를 충원하겠다고 밝혔다. 라디오의 언론노조원들은 결사반대하는 분위기였다. 특히 신입사원들이 들어오기를 기다리던 AD 연차의 노조원들 사이에서 반대가 심했다. 나는 경력직 사원 충원에 대해 찬성하는 입장이었다. 경력사원은 파업에 들어가지 않을 것이라는 기대가 있었던 것도 사실이다. 더 근본적으로는 MBC 라디오에서 공채로 뽑은 PD들이 점점 다양성을 잃고 획일화되어 간다는 문제의식 때문이었다.

당시 MBC 라디오 PD는 해마다 1~2명밖에 충원하지 않았다. 높은 경쟁률을 뚫고 공채 시험을 통과한 친구들이니 대부분 우수했다. 하지만 입사 초창기에는 일을 집중적으로 배워야하는데, 입사하면 바로 언론노조에 가입해 회사에 대해 비판하는 법부터 배우는 경우가 많았다. 열악한 제작환경에서 고군분투하던 군소 라디오방송 출신을 충원하면 조직 문화에 새 바람을 불러일으킬 수 있겠다고 기대했다.

경력직 PD 선발을 앞두고 라디오본부의 분위기는 최악으로 치달았다. 어느 날 라디오편성기획부 부회의 도중에 차장급 PD가 갑자기 "부장님, 보직 사퇴하시죠!"라고 하는 것이었다. 보직 부장들이 다 사퇴하면 이우용 본부장 혼자 남아서 항복할 수밖에 없을 것이라는 논리였다. 이튿날 출근했더니 유리창에 '보직간부들은 사퇴하라.'는 문구가 붙어 있었다. PD들은 사무실에서 신분증 대신 '이우용 사퇴'라고 적힌 팻말을 목에 걸고 다녔다.

며칠 뒤부터는 노란색, 빨간색 유인물이 사무실 책상을 점령했다. 노란색 유인물에는 '우리는 라디오 보직간부 전원을 더 이상 선배로 인정하지 않으며, 라디오 보직간부들과 업무를 제외한 모든 사적 관계를 단절한다.'라고 적혀 있었다. 빨간색 유인물에는 '부역자들에게 최후의 심판이 다가오고 있다.'라고 적혀 있었다. 부역자라는 단어를 처음 봤을 때의 충격은 지금도 생생하다. 이것이 2012년 170일 파업이 일어나기 4달 전 MBC의 상황이었다.

노조의 반대편에 있는 사람들에게 부역자라는 프레임을 씌움으로써 상대를 사회적으로 매장해야 할 대상으로 고립시키고, 노조원들끼리는 피해자라는 의식을 공유함으로써 유대감을 강화하는 아주 교묘한 '낙인찍기' 수법이었다.

출근해서 유인물을 철거하면 밤새 노조원들이 다시 붙여놓는 신경전이 계속되었다. 적대적인 분위기는 한동안 계속되었다. 복도에서 마주치면 고개를 확 돌려 외면함으로써 모멸감을 주기도 했다. 그러면서 "내년에 정권이 바뀌면 어쩌려고 그러시나?" 이런 식으로 빈정대는 말을 자기네들끼리 주고받았다. 다수인 언론노조원들이 소수의 보직자들을 대상으로 왕따를 놓고 있었다. 2012년은 총선(4월 11일)과 대선(12월19일)이 같은 해에 있었다. 정권 심판론이 우세하기 때문에 언론노조원들은 조금만 참으면 정권 교체가 이루어져서 부역자들에게 최후의 심판을 내릴 수 있다는 희망에 부풀어 있었다.

2011년 봄철 라디오 개편은 이렇게 보직자와 PD들이 서로를 불신하는 최악의 분위기 속에서 예년보다 다소 늦은 5월 9일부터 시행되었다. 라디오편성기획부장으로 주도한 마지막 개편작업이었다. 표준 FM의 경우는 변화의 폭이 꽤 컸다. 밤 9시 35분부터 10시까지 방송되던 '아이 러브 스포츠'를 폐지하고, '김어준의 색다른 상담소'를 신설했다. 일요일 오전에 방송되던 '최상일의 민요기행' 대신 '세상을 바꾸는 생각'이라는 20분 분량의 강연 프로그램을 신설했다. 당시 화제를 모으던 TED를 벤치마킹한 것으로 그 무렵 활성화되기 시작한 팟캐스팅을 염두에 둔 기획이었다.

언론노조는 5월 3일자 비대위 특보를 통해 '최악의 막장 개편, MBC 라디오 붕괴 위기'라는 제목으로 봄철 개편 작업을 격렬히 비난했다. '김어준의 색다른 상담소'에 대해서도 스포츠 시즌에 스포츠 정보 프로그램을 폐지하고 갑자기 상담 프로그램을 왜 신설하느냐며 문제제기를 했다. 당시 노조원들은 김어준씨의 기용이 김미화 퇴출을 희석하기 위한 것이라고 음모론을 제기했다.

김어준씨를 발탁하자고 주장한 사람은 나였다. 김어준씨가 MBC 라디오 '손에 잡히는 경제'의 토요일 상담 코너에 출연한 것을 듣고 그의 독특한 논리 전개에 반했다. 당시 나의 고민은 노쇠화 기미를 보이던 '지금은 라디오시대' 조영남씨의 후임 문제였다. 정치 이슈와 무관한 상담 프로그램을 통해 '지금은 라디오시대'의 대체 MC로서의 가능성을 검토한다는 것이 나의 복안이었다. 당시 PD가 스포츠 프로그램을 계속하면 안 되냐며 신설 프로그램 제목을 제출하지 않기에 내가 '색다른 상담소'라고 프로그램 제목까지 정해주었다.

나중에 언론노조는 나를 '제3차 언론 부역자' 명단에 올린 사유 중의 하나로 내가 김어준씨를 앞장서서 하차시킨 것을 꼽았다. 하지만 이는 사실관계를 잘못 파악한 것이다. 김어준씨가 하차할 무렵에 나는 FM4U 담당 부장으로 있었다.

언론노조원들의 비아냥거림과 흠집 내기 공세에도 불구하고 당시 개편안은 타성에 빠져 있던 표준FM에 새바람을 불어넣었으며, 그 결과는 2011년 하반기 청취율 조사에서도 반영이 된다. 2011년 8월에 조사가 이루어진 하반기 청취율 조사에서 MBC표준FM은 상반기 대비 1.6%P 상승한 35.3%의 청취점유율을 기록해, 20.9%의 점유율을 기록한 SBS-파워FM을 큰 폭으로 눌렀다.

또 한 가지 이우용 본부장이 자신감을 갖게 된 계기가 있었다. 일선 PD들의 반대에도 불구하고 FM4U 밤 10시대 '옹달샘의 꿈꾸는 라디오'를 6개월 만에 폐지하고 '성시경의 음악도시'를 신설했는데, 청취율이 1.1%에서 2.2%로 두 배 상승하였고, DJ 호감도는 11.6%에서 27.6%로 대폭 상승한 것이었다.

하지만 FM4U 전체로는 7.3%의 점유율을 기록하여, 8.8%의 점유율을 보였던 2011년 상반기에서 더 떨어진 부진한 성적을 올렸다. 쇼킹했던 것은 9.2%의 점유율을 기록한 CBS-음악FM에게 처음으로 청취율이 역전되었다는 사실이다. 그래서 2011년 가을 개편에는 FM4U에 큰 폭의 변화를 줄 수밖에 없는 상황이었다.

2

DJ 교체 논란으로 윤도현과 주병진씨 모두에게 피해 돌아가

2011년 6월 경 라디오 부장단회의에서 주병진씨가 화제에 올랐다. MBC 예능 프로그램 '무릎팍 도사' 녹화를 했는데, 14년 만의 방송 출연이 무색하게 천하제일의 입담을 자랑했다고 담당 PD가 칭찬했다는 이야기가 들려왔기 때문이다. 이우용 본부장이 주병진씨를 DJ로 데려와 40대 이상 청취층을 강화하면 어떠냐는 의견을 제시했다. 다들 섭외가 될까 반신반의하면서 동의했다. 주병진씨와 오래 호흡을 맞췄던 C 국장이 섭외창구로 지목되었다.

주병진씨가 섭외된다면 윤도현씨는 어떻게 할 것인가에 대해서도 당연히 문제 제기가 있었다. 윤도현씨를 '두시의 데이트'에 섭외했던 J 라디오2부장이 "윤도현씨는 처음에 밤 12시 시간대를 원했기 때문에 밤 12시대를 더 선호할 것 같다."고 얘기했다. 당시 표준FM 밤 12시대 프로그램 '심심타파'를 진행하던 신동이 곧 군대 갈 것이라는 소문도 있었기 때문에, 주병진씨가 '두시의 데이트' DJ로 섭외되면 윤도현씨에게 밤 12시대를 제안하는 것에 부국장 이하 모든 보직 부장들이 동의했다.

2011년 9월 15일에 나는 FM4U를 담당하던 3부장으로 발령이 났다. 그리고 2011년도 하반기 청취율조사 결과가 나왔는데, '두시의 데이트'는 상반기에 비해 1.4%P가 빠진 4.5%의 청취 점유율을 기록했다. FM4U에서는 가장 높은 청취율이지만 전체 청취율 순위는 30위에 불과했다. 반면에 '컬투쇼'는 1.8%P 오른 25.4%로 전체 청취율 1위를 차지했다.

9월 17일 토요일 저녁에 '두시의 데이트'를 담당하던 A 피디로부터 전화가 왔다. 김미화 사태 당시 평PD협의회 회장이었던 그 PD였다. 주병진씨가 '두시의 데이트' DJ로 결정이 났다는 소문이 있는데 사실이냐고 물었다. "주병진씨를 후임 DJ로 알아보고 있는 것은 사실이다. 하지만 C 피디가 섭외 관련 사항을 본부장에게 직보하고 있어서 C 피디에게 물어보겠다."고 대답했다. C 피디는 국장급으로 나보다 4년 입사 선배였다. 그에게 물어보니 주병진씨가 하고 싶어는 하는데 당시 개국을 준비 중이던 종편 채널로부터 매일 방송되는 프로그램을 제안 받고 있어서 확실치 않다는 답변이었다.

A 피디에게는 주병진씨 섭외가 확실해지면 지체 없이 윤도현씨에게 양해를 구하겠다고 약속했다. 1990년대 말 내가 표준FM '김창완의 내일로 가는 밤'과 '이휘재의 별이 빛나는 밤에' PD를 할 때 윤도현씨가 내 프로그램에 자주 출연했다. 내가 유일하게 연예인 결혼식에 참석한 것이 윤도현씨가 결혼할 때였다. 2002년 월드컵 때 '오 필승 코리아'로 대박을 쳤음에도 여전히 겸손한 태도를 유지하는 그의 모습에 좋은 인상을 받았기 때문이다.

9월 22일 주병진씨의 도장을 받아 출연 계약서에 대한 결재를 마쳤다. 바로 다음날인 9월 23일 금요일 오후에 윤도현씨를 스튜디오에서 단 둘이 만났다.

청취율 분석 자료와 편성표를 함께 가지고 가서 2011년 하반기 청취율조사 결과에 대해 설명했더니 잘 모르고 있었다. 청취율 조사결과를 보여주며 이렇게 얘기했다.

"FM4U가 '컬투쇼' 때문에 여러 가지로 힘든 상황에 놓여 있으며 개선책을 마련할 수밖에 없는 상황이다. 하지만 윤도현씨를 결코 놓치고 싶지 않다. 윤도현씨가 원래는 밤 12시대를 희망했던 것으로 알고 있다. 윤도현씨가 '컬투쇼'와 청취층이 겹쳐서 성적이 안 나오고 있지만, 다른 시간대로 간다면 윤도현씨는 여전히 매력적이다. (편성표를 보여주며) 오전 9시대, 낮 12시대, 오후 8시대, 밤 12시대 중에서 고르면 최우선적으로 배정하겠다."

윤도현씨도 FM4U에 대한 애정을 표시하면서 "다른 시간대는 콘서트 일정 때문에 힘들고 밤 12시대는 할 수는 있지만 기존의 DJ에게 폐를 끼치고 싶지 않다."고 했다. 그래서 다른 개편 때와 달리 이번에는 FM4U에 DJ 빈자리가 많이 생길 것이니 조정하기가 쉽다고 했다. 그러면서 "윤도현씨를 좋아하는 20대 청취층의 상처를 어루만져주는 방송을 할 수 있다면 얼마나 좋겠냐? 프로그램의 타이틀과 콘셉트도 바꿀 수 있다."고 했다.

그런데 주말을 보내고 9월 26일 월요일 오후 1시경에 윤도현씨가 다급한 목소리로 전화를 걸어왔다. 밤 12시대 프로그램으로 이동할 수 없을 것 같다는 것이었다. 왜 그러느냐고 물어봐도 대답하지 않은 채 황급히 전화를 끊어 버렸다. 그날 오후 6시경 한 인터넷 매체에 '윤도현 두데 1년 만에 돌연 하차설… 후임 주병진 유력 물망'이라는 기사가 떴다. 이 기사가 모든 것을 엉망으로 만들어 버렸다. 담당 기자가 윤도현씨의 소속사에 확인하는 과정에서 기사 내용이 알려지게 된 것이 아닐까 생각되었다.

이튿날인 9월 27일 윤도현씨의 소속사인 다음기획은 '자존감에 큰 상처를 받았다'는 성명서를 내면서 MBC 라디오를 '달면 삼키고 쓰면 뱉는' 방송사로 맹비난했다.

김미화씨 하차 파동 때와 다른 점은 다음기획 스스로 성명서에서 "우리는 이번 일이 흔히 말하는 정치적인 고려가 결부된 외부의 압력에 의한 것이 아니라, 방송국 고위 관계자들의 독자적인 판단에 의해 진행되었음을 저간의 상황들을 통해 확인하였다."라고 밝힌 것이다.

9월 26일 '두시의 데이트' 후임 DJ로 주병진씨가 유력하다는 기사도 떴고 윤도현씨 소속사에서 성명서를 발표하였기 때문에 주병진씨가 새 DJ로 결정되었다는 발표를 더 미룰 수는 없었다. 그런데 이 부분에서 내가 실수한 것이 있었다. 주병진씨가 이왕 방송에 복귀하는 김에 '컬투 쇼'를 꺾고 싶다는 의지를 보였다고 얘기했는데, 마치 주병진씨가 후배를 밀어내고 '두시의 데이트'를 노린 것처럼 기사화되면서 주병진씨에게 여론의 화살이 돌아가게 된 것이다.

9월 29일 주병진씨는 보도자료를 내고, "이 상태로는 행복한 방송을 하기 어렵다고 판단해 '두시의 데이트' 진행에 욕심이 없음을 방송사 쪽에 명확히 전달했다."고 밝혔다. 윤도현씨 소속사도 주병진씨가 진행을 맡지 않는 것과 상관없이 "윤도현이 '두시의 데이트'를 진행하는 일은 없을 것"이라고 밝혔다.

결과적으로 MBC 라디오의 이미지만 망치고 주병진씨의 TV 복귀에 차질을 빚고 윤도현씨에게도 상처를 준 결과가 되고 말았다.

3 '문화방송 정상화 전략 및 추진방안'이라는 문건

2017년 9월 국정원의 '문화방송 정상화 전략 및 추진방안'이라는 문건이 폭로되면서 김미화씨의 퇴출 과정이 다시 주목을 받기 시작했다. 9월 4일부터 총파업에 돌입한 언론노조로서는 당시 편성제작본부장이던 나에게 조합원들의 분노를 결집시킬 좋은 소재를 찾은 셈이었다. 2017년 9월 25일에 열린 파업 집회에서 라디오국의 Y 피디가 이런 발언을 하였다.

"김장겸 사장이 정치부장, 보도국장, 보도본부장을 거치면서 MBC 파괴 주역이었듯이 이분도 라디오 파괴 주역이신 분입니다. 일단은 김미화 축출하는 데 아주 행동대장으로 나섰죠. 이와 관련해 오늘 라디오PD 1명이 검찰에 참고인 조사로 소환 됐는데요. 이분은 처음에 참고인으로 갈 수 있겠지만 피의자로 소환되지 않을까 생각하고 있습니다. 주역이니까. 그 다음에 또 블랙리스트에 이름 올리신 분이죠. 윤도현씨 축출할 때도 주범이셨습니다. (중략) 이 분은 블랙리스트 실행 행동대장이었습니다. 이 분이 여러 핑계를 대고 있지만 결국 검찰에 소환될 인사라고 말씀드릴 수 있겠습니다."

Y 피디의 예상대로 나는 2017년 10월 15일 토요일 오후 2시에 서울중앙지검 '국정원 방송 장악 수사팀'에 소환되었다. 난생 처음 검찰 조사를 받으려니 떨리기도 했지만 한편으로는 언론노조의 지긋지긋한 의혹 제기에 종지부를 찍을 수 있는 좋은 기회라고 생각했다. 주말이어서 배석 수사관 없이 검사로부터 10시간 넘게 조사를 받았다. 검사는 예의바르고 분위기도 강압적이지 않았다.

검사가 가장 궁금해 한 것은 내가 김미화씨에게 '싱글벙글 쇼'로 이동을 권유한 것이 이우용 본부장의 지시에 따른 것이었느냐는 부분이었다. 내가 국정원 I.O.와 접촉한 적이 없다는 것은 이미 파악하고 있는 듯했다. 나중에 들은 얘기지만 소위 '문화방송 정상화 전략 및 추진 방안'이라는 문건을 2010년 3월에 작성한 국정원 I.O. 권모씨는 자신이 MBC 내의 누구를 만났는지, 누구와 통화했는지까지 다 기록해두었고, 검찰에 그 자료를 제출했다고 한다.

그래서 조사 내용은 그동안 노조나 김미화씨가 주장한 사실들에 대한 사실관계 확인이 주를 이루었다. 그동안 언론노조는 내가 김미화, 윤도현을 퇴출시켰다는 낙인을 찍고 나의 해명에는 귀를 기울이지 않았다. 잊을 만하면 또 낙인을 찍는 일이 반복되었다. 그런데 누군가 내 얘기를 끝까지 들어주고, 미진한 내용이 있으면 보충 질문까지 던져주니 이렇게 속이 후련할 수가 없었다.

검찰 조사 통해 사실 관계를 바로잡다

검사에게 요청하여 문제의 '문화방송 정상화 전략 및 추진 방안'이라는 문건을 직접 확인해 보았다. 라디오에 관한 부분을 중점적으로 확인했는데 엉터리 내용들이 많았다. 라디오는 기피 부서이기 때문에 다른 부서로 발령을 내면 좋아한다는 내용도 있었는데 말도 안 되는 소리였다. 그래서 이 문건을 작성할 때 라디오본부 내부 사람의 조력을 받은 것으로는 보이지 않는다고 진술조서 말미에 추가로 진술하였다. 손석희, 김미화, 성경섭, 시선집중 김현정 작가 등의 이름이 좌편향 인사로 올라와 있었다.

그런데 이상한 점이 있었다. 김미화씨가 자신의 '친노 좌파' 논란에 대해 해명하면서, 1992년 열린 '출발 20~30대의 물결문화제'라는 공연에 노무현 당시 의원을 출연시킨 것은 SBS PD의 결정이었다는 출연내용 확인서를 기자들에게 공개한 적이 있었다. 그런데 이 공문이 조작된 것이라는 의혹이나 'KBS 블랙리스트 주장 트위터' 사건은

2010년 7월에 불거졌다. '문화방송 정상화 전략 및 추진 방안'이 작성되었다는 2010년 3월보다 훨씬 이후에 일어난 일이었다. 만약 '국정원 개혁 TF'의 주장이 사실이라면, 김미화씨를 퇴출시키기에 이때만큼 좋은 기회는 없었을 것이다. 그런데 전혀 그런 낌새가 없었다.

손석희 앵커는 퇴출된 것이 아니라 더 좋은 조건으로 JTBC에 스카우트 된 것이었다. 김종국 사장 시절의 일이다. 손석희 앵커가 스카우트 된 이후 라디오국장이 된 나는 그동안의 노고에 감사하는 뜻으로 '행운의 열쇠'를 전달하고 싶다고 건의했다. 김종국 사장은 내가 생각했던 예산의 2배 이상을 배정해 주었다. 그때 김종국 사장이 손석희 앵커에 대해 굉장히 호감을 가지고 있다는 느낌을 받았다. '시선집중'의 김현정 작가도 그때 따라간 것이다.

김현정 작가 이름을 리스트에서 보면서 피식 웃음이 나왔다. 메인 작가도 아니었고, 전혀 과격하지도 않은 친구인데 거기 왜 올라 있나 싶었다. 보도국의 성경섭 논설위원도 계속 라디오에서 주요 프로그램 진행을 맡았다. 일부 언론에서는 국정원의 리스트에 이름이 올랐기 때문에 '성경섭의 뉴스터치'가 폐지되었다고 보도하기도 했다. 오보였다. 토요일과 일요일 오후 6시 5분부터 8시까지 방송되던 '뉴스터치'는 2011년 봄 개편 때 폐지된 것이 아니라, '성경섭의 주말 와이드'로 확대개편된 것이었다. 성경섭 논설위원은 '주말 와이드'를 진행하다가 2011년 가을 개편 때 평일 오전 11시대에 '성경섭이 만난 사람'을 새로 맡아서 2013년 10월까지 방송을 잘 했다. 그때 라디오를 그만두게 된 것도 TV '이브닝 뉴스' 앵커를 맡으면서 어쩔 수 없이 그만 둔 것이었다.

전반적인 내용을 살펴보니 국정원 I.O.라는 사람이 회사 내부의 인물로부터 대충 주워들은 내용을 마치 자기가 기획한 것처럼 생색을 내며 상부에 보고한 문서처럼 보였다. 더군다나 그 당시 국정원 I.O.는 MBC에 출입한 지 몇 달 되지 않은 사람이라 들었다.

새벽 2시 반경 조사를 마치고 나갈 때 검사는 배웅하면서 "언론노조원이 밑에서 기다리고 있으면 어쩌죠?"라고 걱정해 주었다. 나는 "이 시간까지 기다리고 있다면 성의를 봐서라도 인터뷰에 응해 줘야죠."라고 대답했다. 1층에 내려와 보니 아무도 없었다.

Chapter04

내전 치른 MBC, 170일 간의 파업

1 노사 현안 관련 합의로 노조 발언권 강화돼

나는 2012년 1월 30일부터 7월 17일까지 계속된 170일 파업을 'MBC의 6.25전쟁'에 비유한다. 극심한 이념 대립의 결과라는 점도 그렇고, 수많은 사상자를 내고 깊은 상흔을 남긴 내전이라는 점도 비슷했다. 또한 6.25 전쟁으로 이웃 일본이 부흥의 길을 걷게 되었듯이 MBC의 170일 파업은 새로 출범한 종편 채널들에 기회를 주었다.

2010년 8월 17일 PD수첩에서는 '4대강 수심 6m의 비밀'편이 방송될 예정이었다. 이날 방송에서는 당초에 소규모 보 중심으로 진행되려던 '4대강 살리기 프로젝트'가 대형 보 건설 위주의 마스터 플랜으로 변경되는 과정에서 이명박 대통령의 모교인 동지상고 출신과 영포회 회원 등으로 구성된 비밀 팀의 입김이 작용됐다는 주장을 다룰 예정이었다. 김재철 사장은 그날 임원회의를 주재하면서 해당 프로그램의 사전 시사를 요구했으나 제작진은 이를 거부했다.

제작진이 사장의 시사 요구를 거부한 명분은 국장 책임제였다. 편성·보도·제작상의 실무책임과 권한은 관련 국·실장에게 있기 때문에, 사전 시사의 최종 책임자는 국장이며 사장은 물론 본부장도 시사 권한이 없다면서 거부한 것이었다. 김재철 사장은 방송 보류를 결정했다. 이날 방송이 보류되었던 'PD수첩-4대강 수심 6m의 비밀'은 8월 23일 PD수첩 담당 부장, 시사교양국장과 TV제작본부장, 편성본부장 등 경영진도 참석한 가운데 사전 시사회를 열고, 일부 내용을 수정보완한 뒤 8월 24일 방송되었다.

김재철 사장도 방송 직전인 8월 24일 밤 9시10분경에 사전 시사를 했다. 하지만 설사 마음에 들지 않는 부분이 있었다 하더라도 수정이 불가능한 상황이었으니 상징적인 차원이었다.

2011년 1월 14일 김재철 사장은 전국언론노조 MBC본부에 단체협약 해지를 통고했다. 이근행 MBC 노조위원장은 "연임을 앞두고 방문진 안팎에서 김재철 사장의 자질에 문제 제기하는 목소리가 많은 것으로 안다."며 "이번 단협 해지는 연임을 위한 무리수다. 노조는 노동위원회에 조정 신청을 하고 동시에 김재철 사장의 연임을 막기 위한 투쟁에 돌입할 것"이라고 밝혔다. 김재철 사장은 엄기영 사장의 잔여 임기를 부여받았기 때문에 2011년 2월이 잔여 임기가 만료되는 시점이었다. 법으로 정해진 완충기간인 6개월이 경과한 7월 15일부터 무단협 상태가 되었다.

회사와 노조의 핵심 쟁점은 노사 동수의 공정방송협의회 운영 등 공정방송 관련 조항이었다. 공정방송의 실현을 담보한다는 명분으로 노조에게 핵심 보직 간부에 대한 인사 조치를 건의하는 권한을 부여하기 때문에 회사의 경영권과 인사권을 침해한다는 논란이 있었다.

무단협 상태에 반발한 언론노조가 9월 26일부터 파업에 돌입하겠다고 통보하자 회사 측은 노조에 굴복하였다. 9월 23일 MBC 노사가 '노사 현안 관련 합의'에 서명하면서 9월 26일로 예정되었던 총파업은 잠정 유보되고 10월 17일 단체협약을 체결하였다.

나중에 알게 된 것이지만 노사 합의 중에 "사장은 노사 대타협 정신에 따라 사내 분위기 쇄신을 위한 조치를 취한다."라는 내용이 있었는데, 이우용 라디오본부장과 윤길용 시사제작국장의 교체를 의미했다. 회사 측의 성과라고 하면 '각 사의 경영진은 편성·보도·제작상의 모든 실무에 대해 관련 국·실장의 권한을 보장해야 한다.'라고 하는 단체협약 제21조 3항을 폐지함으로써 본부장 책임제를 도입하였다는 점이다.

공정방송협의회(이하 공방협) 운영을 비롯한 공정방송 관련 조항에는 언론노조의 뜻이 관철되었다. 주요 내용은 다음과 같다.

1. 프로그램의 방송강령 위반 및 제작 중인 프로그램의 프로그램 제작 가이드라인 위배 여부를 심사하기 위하여 회사 대표와 지부대표를 포함하여 노사 각 5인 이내의 동수로 공정방송협의회를 구성한다.

2. 공방협은 필요한 자료를 요구할 수 있으며, 담당자는 이에 응해야 한다. 또한 해당 부문 관련자의 출석을 요구할 수 있으며, 출석 당사자는 특별한 사유가 없는 한 이에 응해야 한다.

3. 공방협에서 방송강령 또는 방송제작 가이드라인을 현저하게 위반한 사례로 판명되거나, 공방협의 합의사항을 이행하지 않을 경우 관련자의 문책을 사장에게 요구할 수 있으며, 이를 해당 부서 및 구성원에게 통보한다. 또한 출석위원 과반수의 찬성으로 인사위원회에 징계의 심의를 요구할 수 있다.

4. 공방협은 보직 발령일로부터 6개월이 경과한 시점부터 사장에게 문책 대상자의 보직 변경을 요구할 수 있다. 사장은 특별한 사유가 없는 한 이를 존중한다. 위 문책 대상자가 3개월 이내 보직변경 건으로 재차 공방협에 회부되어 가부동수가 되었을 경우 사장은 특별한 사유가 없는 한 이를 수용한다.

가장 핵심적인 본부장이라고 할 수 있는 편성·보도·제작본부장의 경우, 보임 1년 이후에 노조 의견조사의 대상이 되고, 문책이나 보직변경 요구의 대상이 되기 때문에 방문진보다는 언론노조에 대해 책임을 지는 성격이 더 강했다. 따라서 회사가 유일한 성과라고 내세운 본부장 책임제라는 것도 사실상 유명무실한 것이었다.

단체협약 체결 이후 처음으로 11월 3일에 열린 공정방송협의회에서 언론노조는 이명박 대통령 내곡동 사저논란과 서울시장 선거 보도의 문제를 집중 비판하였다. 노조가 문제 삼은 것은 다음과 같았다.

> 첫째, 이명박 대통령 사저가 논란이라는 사실은 뺀 채 '대통령이 퇴임 후 내곡동이 아니라 논현동으로 가기로 했고, 경호상 문제로 아들 이름으로 했다.'는 청와대 해명을 앞세워 리포트했다.
>
> 둘째, 서울시장 선거 때도 박원순 후보와 나경원 후보에 대한 전체 보도량은 비슷했지만, 박 후보의 경우 병역 논란 등 의혹을 앞세워 철저히 검증한 반면, 나 후보의 후원금 의혹은 빠지는 식이었다. 1억 원 피부 클리닉 논란도 '피부 클리닉에서 실제로 쓴 돈은 550만 원'이라는 경찰 발표는 방송됐지만, 애초 특종을 냈던 시사주간지가 공개한 피부클리닉 원장 인터뷰 녹음테이프 기사는 못 나갔다.

이에 대한 회사 측의 입장은 다음과 같았다. 언론사 데스크의 정상적인 게이트 키핑gate keeping인데 이걸 노조가 편파적인 렌즈로 보는 것이라고 반박했다.

첫째, 이명박 대통령 사저 보도가 불공정했다는데 어이가 없다. 불순한 의도를 갖고 (기사를) 막으려고 했다면 나중에 '사저 구입비 중 6억 원을 청와대에서 내줬다'는 단독 보도는 왜 내보냈겠는가.

둘째, 서울시장 선거 유세 초반 나경원 후보에 대한 검증 기사가 상대적으로 분량이 적었다. 박원순 후보 쪽에서 처음에는 나 후보를 공격하는 네거티브 전략을 사용하지 않았기 때문이다. 피부클리닉 녹음테이프의 경우 아무리 내용이 사실이라 하더라도 MBC 기자가 테이프를 입수해 확인한 다음에 기사를 쓰는 게 맞다. 그런데도 노조는 '나 의원이 여권 핵심 인사라서 그랬다'고 주장한다.

언론노조는 보직 발령일로부터 6개월이 경과한 시점부터 사장에게 문책 대상자의 보직 변경을 요구할 수 있다는 공정방송협의회 규정을 들어 전영배 보도본부장, 문철호 보도국장, 김장겸 정치부장에 대한 보직변경을 요구했다.

코너에 몰린 김재철 사장은 2011년 11월 29일 파격적인 인사를 단행하였다. 기자 출신인 김상수 사장특보를 시사교양국장으로, 시사제작국 출신의 최진용 PD를 보도제작국장으로, 이우용 라디오본부장을 외주제작국장, 정호식 외주제작국장을 라디오본부장, 윤길용 시사제작국장은 크리에이티브 센터장으로 발령냈다. 하지만 언론노조에서는 이우용, 윤길용 두 사람을 다른 국장으로 임명한 것에 대해 돌려막기 인사이자 노동조합의 선의를 꼼수로 되받아친 '조삼모사 인사'라고 비난했다.

새로 라디오본부장이 된 정호식 본부장은 나와 1986년도 입사동기였다. 정호식 본부장에게 이런 얘기를 했다.

"MBC 라디오에 많은 갈등이 있었다. 노조원들이 내 욕을 많이 할 것이다. 그때 나를 불러 '당신 왜 그랬어?'라고 물어본다면 내 입장을 얘기해 주겠다. 쌍방의 얘기를 들어보고 판단하시라."

그런데 나에게 물어보지는 않고, 언제가 지나가는 말처럼 이런 얘기를 했다. 라디오 밖에서 나를 봤을 때는 일을 참 잘하는 사람이라고 생각했는데, 와보니 나를 욕하는 사람들이 너무 많더라는 것이었다. 그렇게 얘기하니 할 말이 없었다. 그냥 웃어넘겼다. 어차피 11월 29일의 파격적인 인사 자체가 노조의 입김 때문이었던 만큼 신임 본부장은 언론노조원들의 말에 귀를 많이 기울였다.

2012년 170일 파업 직전의 MBC 상황이었다.

2 전 방송사로
파업이 확대되다

해가 바뀌자 파업의 먹구름이 다시 끼기 시작했다. 2012년 1월 3일 발행된 비상대책위 특보 제37호에서 언론노조는 '이번 주까지 답변 없으면 전면전 돌입!'이라는 제목으로 이렇게 주장했다.

10.26 재보궐 선거와 관련하여, (노동조합이) 지난 11월 열린 공정방송협의회에서 보도본부장·보도국장·정치부장의 보직 변경을 요구했다. 한미 FTA 반대집회 보도에 관련해서는 이 세 명과 편집1부장·사회2부장에 보직 변경을 요구할 것이며, 김문수 경기도

지사의 119 전화 논란과 관련해서도 편집1부장과 사회2부장을 상대로 재차 보직 변경을 요구할 예정이다. 이로써 전영배 보도본부장과 문철호 보도국장, 김장겸 정치부장, 최기화 편집 1부장, 박용찬 사회 2부장은 지난 11월부터 각각 두 번 이상씩 보직변경 요구를 받게 된 것이다. 단협상 김재철 사장은 이 요구를 수용할 수밖에 없게 되었다.

11월 26일경 카메라기자 한 명이 한미 FTA 반대시위 취재를 다녀온 다음날, '쫓겨나는 MBC 기자들'이라는 글을 사내 게시판에 올렸다. MBC 영상기자회는 "왜 후배들이 취재현장에서 조·중·동과 같은 취급을 받으며 욕먹고 맞고 쫓겨 다녀야 하는가?"라고 반문한 뒤 "조직 구성원들의 자존심과 애사심을 바닥에 팽개치는 보도 책임자들의 행태가 MBC 뉴스를 망가뜨리고 있다."고 보도국 수뇌부를 비난하는 성명서를 11월 30일 발표했다.

만약 공정방송협의회가 열려서 언론노조가 예고한대로 보도본부의 핵심 간부 5명의 보직 변경을 두 차례씩 요구하고, 회사가 이를 수용할 수밖에 없게 된다면 어떻게 되었을까? 4.11. 총선을 불과 4개월, 그리고 18대 대선을 11개월 정도 남겨둔 상태에서 사장은 사실상

허수아비 신세로 전락하게 될 것이었다. 그렇다고 보직 변경 요구를 받아들이지 않을 '특별한 사유'를 만들어내기도 쉽지 않았을 것이다. 회사가 4차례에 걸친 언론노조의 공정방송협의회 개최 요구에 응하지 않은 것은 이런 이유 때문이 아니었나 생각한다.

그러자 1월 6일 MBC 기자협회에서 보도본부장과 보도국장을 대상으로 불신임투표를 진행했다. 단체협약(보충협약) 제 7조에 따르면 '노동조합은 편성, 보도, 제작 관련 본부장의 보임 1년 후, 조합원들을 대상으로 해당 본부장의 공정방송 실현 의지에 대해 의견조사를 실시할 수 있다.'라고 되어 있었다. 전영배 보도본부장은 2011년 2월 23일에 발령을 받아서 보임 후 1년이 경과하지 않았기 때문에 노동조합의 의견조사 요건은 충족되지 않았다. 그래서 기자협회가 대신 나선 것이었다. 1996년 이후 입사자 135명 가운데 125명이 참여했으며, 이 중 108표가 불신임 표를 던졌다. 신임 의견은 9표, 기권은 8표로 조사됐다.

회사는 박성호 기자협회장이 진행하던 '뉴스 투데이' 앵커를 즉시 교체하고, 양동암 영상기자회장과 함께 인사위원회에 회부했다. 그러자 언론노조는 1월 9일부터 여의도 MBC 방송센터 1층에서 농성을 시작했다. 1월 10일에는 긴급 대의원회의를 열어서 기자들이 제작거부에 돌입할 경우, 당초 예정했던 파업 찬반투표 일정을 앞당겨 즉각 실시한 뒤 총파업으로 대응할 것이라고 경고했다. 1월 25일부터 기자협회는 제작거부에 돌입했고, 뉴스가 축소되는 파행이 빚어졌다. '뉴스데스크'의 방송시간이 50분에서 15분으로, '뉴스 투데이'의 방송시간은 90분에서 10분으로 대폭 축소되고, 기타 뉴스들은 결방되기도 하였다.

노동조합과 달리 법으로 그 지위가 보장되지 않는 임의단체인 기자협회의 제작거부는 법적으로 보호를 받는 행위가 아니었다. 1월 27일 언론노조는 총파업 투표를 앞당겨 찬성률 69.4%로 총파업을 가결했다. 당시 조합원 939명 가운데 783명이 투표해 파업 찬성이 533명, 반대 235명, 무효 15명이었으니 전체 언론노조원의 57% 가량만 총파업에 동의한 것이나 마찬가지였다. 그렇게 파업 찬반투표가 열린지 불과 3일 후인 1월 30일부터 170일 파업은 시작되었다.

1월 30일 파업 출정식에서 노조는 이번 파업이 김재철 사장 퇴임 때까지 벌이는 '종결 파업'이라고 규정했다. 이미 1월 25일부터 제작거부에 들어가 있던 기자들은 이대로 가다간 총선, 대선 때 MBC가 정권 재창출 도구로 전락할 수 있다는 불안감이 주된 집단행동의 이유라고 밝혔다.

MBC · KBS · YTN 공동투쟁위원회 출범

MBC 노조의 파업은 MBC · KBS · YTN의 동시 파업으로 확대되었다. 이들 3사 노조는 2월 7일 공동투쟁위원회를 출범시키고 공정방송 복원, 김재철 MBC 사장·김인규 KBS 사장·배석규 YTN 사장 퇴출, 해고된 언론노동자의 복직 등을 요구했다. KBS는 3월 2일 기자회의 제작거부를 거쳐, 3월 6일부터 파업에 들어갔고, YTN은 10차례의 시한부 파업을 진행하였다.

2012년 2월 16일 김재철 사장은 문철호 보도국장을 베이징지사로 전보 조치하고 후임에 황헌 논설실장을 임명했다. 2월 22일에는 전영배 보도본부장을 특임이사로 발령하고 권재홍 기자를 신임 보도본부장으로 임명했다. 노조에 대한 화해 제스처였다. 하지만 노조는 "돌려막기 인사로 공영방송을 되살리기 바라는 MBC 구성원들과 국민들의 마음을 돌릴 수 없다."며 "김 사장 스스로 떠나는 것만이 사태 해결의 유일한 길"이라고 주장했다.

2012년 파업은 절차상의 하자가 있었다. 파업 찬반투표를 한 지 불과 3일 만에 전격적으로 파업에 돌입하느라 노동위원회에 조정 신청을 하지 않은 것이다. 게다가 '김재철 사장의 퇴진과 공영방송 MBC의 정상화'를 파업에 돌입하는 이유로 제시했는데, 제11차 파업 때 경영진의 퇴진을 요구하는 파업은 불법이라고 고용노동부가 규정한 선례가 있었다.

회사는 이 파업이 절차상 하자가 있는 불법파업이라는 판단 하에 노동조합과 집행부에 33억 원의 손해배상 청구소송을 제기하는 한

편, 노조 집행부를 대상으로 가압류까지 신청하였다. 프리랜서 뉴스
앵커, 시용기자 등 파업 대체인력을 대대적으로 뽑았다. 노사 간의
'죽기 살기'식 싸움이 되어 버린 것이다.

　2011년 연말까지만 해도 여당이 100석을 확보하기도 어려울 것이
라는 전망이 우세했다. 하지만 예상과 달리 4.11 총선에서 새누리당
이 152석을 차지해 통합민주당의 127석을 크게 앞지르는 결과가 나
왔다. 그 사이 3월 28일에 방문진 야권이사들이 발의한 김재철 사장
해임안이 3:5로 부결되었다.

　파업의 동력이 많이 떨어질 법도 했다. 그런데 꺼져가던 파업의 불
길에 기름을 붓는 일이 발생하였다. 4월 17일 노조가 기자회견을 열
고, 김재철 사장이 재일교포 여성 무용인 J씨에게 20여 차례에 걸쳐
무리한 협찬금을 주는 등 막대한 특혜를 제공했다고 의혹을 제기했
다. 대중들의 말초적인 호기심을 자극하기 때문에 회사의 이미지 추
락이 걱정되었다. 법인카드 관련 의혹보다도 더 고약했다. 파업 초기
인 2월 27일 언론노조는 김재철 사장과 비서진의 법인카드 사용내역
을 공개했다. 지난 2년 재임 기간 동안 사장과 비서진이 사용한 법인
카드 비용이 모두 7억 원이 넘으며 비서실에서 공식적인 회식비, 선
물 값으로 사용한 5억 원 정도를 빼면 김재철 사장 명의로 사용한 금
액은 2억 원에 이른다고 했다.

　파업이란 돌입하기는 쉬운데 해제할 명분을 찾기란 쉽지 않은 법

이다. 파업이 100일째를 넘어가던 5월 7일 회사는 보도본부장과 보도국장 인사에 이어 두 번째 타협안을 노조에 제시했다. 방송의 공정성을 둘러싼 소모적인 논쟁이 MBC의 발전을 가로막아서는 안 된다며, 노사 및 시청자대표가 참여하는 '공정방송협의체 구성'을 공식 제안한 것이었다.

여기에 대해 노조는 "공정 방송과 관련한 논의는 김재철이 사라진 뒤 MBC 구성원과 시청자, 각계 전문가들이 모여 고민할 일"이라며 "비리 투성이 낙하산 김재철이 끼어들 자리는 없다"고 단호한 입장을 밝혔다.

회사가 내민 마지막 타협의 손길을 뿌리친 것이다.

3

메우기 힘든 갈등의 골
남긴 170일 파업

파업 사태가 100일을 넘어가자 언론노조 내부에서 균열이 일어나기 시작했다. 5월 10일에는 양승은 아나운서와 최대현 아나운서가 노조를 탈퇴하며 업무에 복귀했고, 5월 11일에는 배현진 앵커가 파업 대열에서 이탈하여 103일 만에 뉴스데스크 앵커로 복귀했다.

배현진 앵커는 사내게시판에 "더 이상은 자리를 비워둘 수 없다는 결론을 내렸다. 적어도 뉴스 앵커로서 시청자 이외의 그 어떤 대상에도 일방적으로 끌려가지 않겠다."라는 글을 남기고 뉴스데스크 앵커로 복귀했다.

배현진 앵커는 5월 29일 저녁 사내 인트라넷 게시판에 '배현진입니다'라는 제목으로 자신이 왜 업무에 복귀했는지 설명하는 장문의 글을 올렸다.

이 글에서 배 앵커는 노조 파업이 야당 국회의원, 진보인사, 소셜 테이너 등 특정 정치 진영 인사들에 의지하며 정치적 중립성을 잃었다고 지적했다. 자신이 이런 이유로 "파업에 참가할 수 없다."고 어느 아나운서 선배에게 고민을 토로하자 "앞으로 방송을 못하게 하겠다."는 답을 들었다고 전했다. 특히 배현진 앵커에게 모 선배 아나운서가 말했다는 "대의를 위해 사소한 거짓말이나 작은 진실은 덮고 넘어가야 할 때도 있다."는 말이 충격적이었다. 제국주의 열강에 포위된 사회주의 요새 러시아를 강화하기 위해서는 모든 것이 정당화될 수 있다고 주장하던 '포위된 요새 신드롬'을 연상시켰다.

배현진, 최대현, 양승은 등 파업 대열에서 이탈

처음부터 파업에 참가하는 것도 자신의 선택이 아니었다고 털어놨다. 노조의 제작거부로 뉴스 시간이 단축되는 바람에 자신이 뉴스 진행에서 빠지게 되었고, 곧 파업이 시작돼, 자신에게는 뉴스 잔류나 하차 여부를 선택할 기회와 겨를은 없었다는 것이었다. 그는 파업의 시점과 파업 돌입의 결정적 사유에 대해서 충분히 설득되지 않은 채 그저 동원되는 모양새는 수긍할 수 없었다며 "점점 더 의의를 잃어가고 있는 내가 눈치 보는 것 또한 비겁이라 생각했다."며 파업 대오 이탈을 결심한 당시 심경을 밝혔다.

　파업이 기약 없이 길어짐에 따라 노조의 지도노선에 회의를 느낀 사람은 배현진, 양승은, 최대현 이 세 사람만이 아니었다. 언론노조의 노선에 염증을 느끼고 '산업적 노조주의' 노선을 추구하는 제3노조(MBC노동조합)가 태동하게 된 것도 170일 파업의 부산물이었다. 산업적 노조주의란 노동자의 처우개선이나 불만해소에 중점을 두는 전통적 노조를 가리킨다. 2013년 MBC노동조합을 창설한 주역인 김세의 당시 기자의 말이다.

　"170일간 파업이 이어졌어요. 역대 최장기간 전개된 파업이었습니다. 저를 포함해 천명이 넘는 직원들이 월급을 단 한 푼도 받지 못한 채로 170일을 버텼습니다. 정말 엄청난 희생이 따르는 파업이었죠. 그런데 문득 이런 생각이 들더라고요. 수많은 직원 가운에 파업에 반대하는 사람이 한 명도 없었을까? 파업 기간이 하루 이틀 길어지면서 '내가 여기에서 왜 이러고 있지?'라는 회의가 들더라고요.

　입으로는 뭔가 대단한 '정의'를 외치고 있었지만, 제 눈에는 당시 경영진이나 그들을 비판하는 선배들이나 다를 게 없어 보였습니다. 이건 아니다 싶었죠. 그때부터 싫으면 싫다고 당당히 말할 수 있는 그런 조직을 만들어 보자는 꿈을 꾸게 됐어요."

　김세의 기자는 1988년 노조의 출근 저지 투쟁으로 최단명 MBC 사장을 기록했던 김영수 전 사장의 아들이다. 그렇다 보니 김세의 기자가 파업에 동참하면서 느낀 감정은 남달랐을 것 같다. 2013년 언론노조에 대한 대안노조를 표방하면서 출범한 MBC 노동조합은 한때 조합원이 160명에 달했으나 최승호 사장 등장과 함께 많이 위축되어 이제는 30~40명 수준을 기록하고 있다.

끝이 보이지 않던 파업은 노조가 갑자기 7월 17일부터 업무에 복귀하겠다고 선언함으로써 끝났다. KBS가 6월 8일부터 업무에 복귀하는 조건으로 '노사 동수의 대선 공정방송위원회' 설치, 탐사보도팀 부활, 이병순 사장 이후 보복인사에 대한 원상복귀 등을 쟁취한 것과는 대조가 되었다. 노조는 복귀 투쟁지침을 통해 첫째, 회사의 부당한 지시를 거부하고, 둘째, 부역자들과는 업무상 관계만 유지하며, 셋째, 조합이 배포하는 투쟁 상징물을 패용 또는 비치한다고 결의했다.

노조원들은 복귀 후 보직자들에게 인사 안 하기, 식사 같이 안 하기 등의 방법으로 보직자들에게 저항했다. 2011년 8월 라디오에서 경력 PD를 채용한다고 했을 때 라디오의 언론노조원들이 보여주었던 행태 그대로였다. 언론 노조원들의 화풀이는 특히 파업 기간 중에 채용된 경력기자 등에게 집중되었다. 이들에 대한 폭언, 왕따는 심각한 수준이었다.

회사는 강성 노조원들의 경인지사, 용인 드라미아 전출, 그리고 소위 '신천교육대'로의 교육발령, 영상취재부와 시사영상부의 폐지 등으로 대응했다. 업무에 복귀하기 전 정치권과 이면합의가 있었다는 사실을 몰랐던 나는 파업 투쟁에서 졌으면 그냥 조용히 복귀할 것이지 왜 뻣뻣하게 굴어서 조합원들의 희생을 가져오나 의아하게 생각했다.

노조의 기대와는 달리 11월 8일 방문진 이사회에서 김재철 사장의 해임안은 부결되었다. 노조는 그동안 공개하지 않았던 박근혜 새누리당 후보의 약속, 여야 원내대표의 약속, 방송통신위원들의 약속 등 김재철 사장의 퇴진에 대해 정치권이 3중의 약속을 해놓고는 이를 어겼다고 비난했다. 하지만 다시 파업에 돌입하기에는 일선 조합원들의 피로감이 너무 컸다.

나 개인적으로 다행스럽게 생각했던 것은 170일 파업이 본격적으로 격화되기 전에 여의도 사옥을 떠났다는 점이다. 그 무렵 나는 라디오를 떠나 글로벌사업국 부국장으로 자리를 옮겼다. 프로그램의 해외 수출, 한류 행사 등을 담당하던 부서였는데, 을지로에 따로 나와 있어서 파업으로 인한 갈등 양상에서 한걸음 벗어나 있었다.

김재철 사장 결국 사퇴

2012년 12월 19일에 실시된 제 18대 대선은 박근혜 후보의 승리로 끝났다. 김재철 사장의 입장에서는 안도의 한숨을 쉬려는 순간 위기가 닥쳐왔다. 감사원이 2012년 9월부터 실시한 방문진 감사 결과가

2013년 2월 1일 발표된 것이다. 감사원은 "MBC 대표이사에게 경영 관련 자료와 법인카드 사용 관련 자료 등을 제출하도록 3차례에 걸쳐 요구했으나, 김재철 사장과 임진택 감사는 응하지 않았다."면서 이들 을 검찰에 고발한다고 밝혔다. 또한 방문진 김재우 이사장에게 MBC 관리·감독을 철저히 하도록 하고, 직무상 책임을 다하지 않은 MBC 대표이사 및 감사에 대한 적절한 제재 조치 방안을 강구하도록 통보 했다.

엎친 데 덮친 격으로 김재철 사장의 든든한 바람막이가 되어온 김 재우 방문진 이사장이 2013년 3월 12일 사의를 표명했다. 2012년 8 월초 민주통합당 신경민 의원은 김재우 이사장이 2005년에 쓴 단국 대 박사학위 논문이 어느 대학원생의 석사학위 논문을 표절했다며 사퇴를 요구했다. 2012년 9월 27일 방문진 회의에서는 "본 조사를 통 해 (표절 여부에 대해) 최종결론이 나오면 그때 가서 그만 두겠다"라고 공언했는데, 2013년 1월 단국대에서 표절이라고 판정을 받았고, 3월 8일 단국대가 김재우 이사장의 박사학위를 취소하자 더 이상 견디지 못하고 사퇴하게 된 것이다. 후임으로는 김문환 전 국민대 총장이 3 월 21일 선임되었다.

3월 22일 오후 MBC의 사내 인트라넷 게시판에 지방사와 자회사 임원 내정 내용이 발표되었다. 지역 MBC 사장 내정자 8명, 지역사 상무이사 내정자 6명, 그 외 자회사 임원 내정자 8명의 인선 내용을 발표해 버린 것이다. 방문진의 '문화방송 관리지침' 5조는 관계사 임원 선임을 '이사회 사전 협의사항'으로 규정하고 있는데, 김문환 이사장만 따로 만나 인선을 협의한 다음에 기습적으로 발표한 것이었다.

그동안 진영논리 때문에 김재철 사장에 대해 불만이 있어도 자제해 왔던 여권 추천 이사들이 이번에는 폭발했다. 여권 추천의 한 이사는 "만약 김문환 이사장이 김재철 사장과 만나 사전협의를 했다면 이도 잘못된 행위로 이사회의 위임을 받지 않은 권한 남용에 해당한다."고 강조했다.

3월 23일 오후에 열린 긴급 이사회에서 김재철 사장 해임안 상정을 주도하고 해임안을 사무처에 제출한 사람은 여권 추천 이사인 김광동 이사였다. 방문진 이사들은 "공영방송의 거버넌스 체제에 대한 무시, 문화방송의 사유화 시도, 문화방송의 관리·감독 권한을 지닌 방문진 체제에 대한 거부"를 이유로 김 사장 해임안을 상정했다.

3월 26일 오전에 열린 방문진 이사회에서 김재철 사장의 해임안은 총 5인의 찬성으로 통과되었다. 야권 추천 이사가 3명이니, 여권 추천 이사 2명이 해임안에 찬성했다는 얘기였다. 1988년 방문진이 설립된 이래 MBC 사장이 해임된 것은 처음 있는 일이었다. 청와대와 여권은 이번 방문진 의결에 대해 언론 문제에 간섭하지 않는다는 원칙을 내세우며 수수방관하는 입장을 취했다고 전해졌다. 지금 되돌아보면 감사원이 김재철 사장을 고발할 때 이미 정권 내부에서 해임 방침이 서지 않았나 생각된다.

170일 파업은 MBC 사람들에게 큰 상처를 주었다. 많은 사람들이 파업 후유증으로 신경정신과 진료를 받아야 했다. 파업에 참가한 사람들도 그랬겠지만, 파업 때 내려가지 않았던 사람들도 마찬가지였다. 얼마 전까지 동료로 지내던 사람과 불구대천의 원수처럼 서로 싸워댔으니 그럴 수밖에 없었으리라. 170일 파업 때 어느 편이었느냐에 따라 양쪽 진영에는 건널 수 없는 골이 파였다.

메우기 힘든 깊은 골 남긴 초장기 파업

파업이 장기화되면서 회사 내에서 완충지대, 중도지대에 속하는 사람들까지 어느 진영을 선택할 것인지 강요당했고, 그 결과 MBC의 인재 발탁 풀pool이 상당히 좁아졌다. 파업 기간 중에 회사는 박성호, 지금은 고인이 된 이용마와 정영하, 강기웅, 최승호, 박성제 등 6명을 해고하였다. 뉴스데스크의 시청률 때문에 170일 파업이 벌어졌다고 해도 과언이 아닌데, 파업 결과 오히려 큰 폭으로 시청률이 하락했다.

김재철 사장이 노조를 상대로 굉장히 억압적인 정책을 펼쳤기 때문에 170일 파업이 일어난 것으로 생각하는 사람들이 많다. 하지만 단체협약을 파기할 때까지만 해도 호기를 부리던 김재철 사장은 언론노조의 파업 돌입 방침에 굴복하여 2011년 10월 단체협상에 서명했고, 이 단체협상의 공정방송협의회 조항 때문에 막다른 골목에까지 몰리게 된다.

나는 언론노조가 2012년 1월말 파업에 돌입한 것은 노조가 절박한 상황에 몰려 있었기 때문이 아니라 완승을 거두기 위해서였다고 생각한다. 무리하게 핵심 보직자 5명의 교체를 요구하지 말고 어느 정도 선에서 절충했더라면 노조도 더 많은 것을 얻어낼 수 있었을 것이다. 단체협약의 공정방송협의회 조항 때문에 김재철 사장이 코너에 몰리는 것을 본 후임 사장들은 단체협약에 대해 알레르기 반응을 보이게 되었고, 이후 무단협 상태가 5년 이상 지속되었다.

파업에서 복귀한 언론노조 지도부가 무리하게 복귀 투쟁지침을 내세우지 않았더라면, 회사가 소위 '신천교육대' 발령이나 '유배지' 발령을 낼 명분은 찾기 어려웠을 것이다. 또한 김재철 사장이 도덕성 문제로 노조에 꼬투리를 잡히지 않았더라면 얼마나 좋았을까 하는 부질없는 생각도 해본다. 총선을 앞두고 무리한 파업에 돌입했던 언론노조는 내부 갈등으로 존립의 기반이 흔들렸을 것이다.

이로부터 5년 뒤인 2017년 언론노조는 2012년 170일 파업이 실패한 이후 쌓인 응어리를 김장겸 사장을 대상으로 분풀이하게 된다. 복수혈전이었다. 피는 피를 부른다는 말이 MBC에서 재현된 것이다.

Chapter 05

잠깐 동안의 평화

1

라디오국장으로
돌아오다

2013년 5월 2일 김종국 전 대전MBC 사장이 김재철 사장의 후임으로 제 19대 MBC 사장에 선임되었다. 내가 2004년경 '김미화의 세계는 그리고 우리는' PD를 할 때 국내 소식을 전하는 코너에 출연하던 분이었다.

그 무렵 나는 외주국장을 맡고 있었다. 외주국은 예능 프로그램부터 생활정보 프로그램, 다큐멘터리까지 다양한 성격의 프로그램을 외주 제작사에 발주하고 프로그램 품질을 관리하는 부서이다. 외주 프로그램의 편성비율이 40%를 넘는 상황에서 회사의 경쟁력을 위해서는 외주사 선정과 탈락에 관한 투명한 원칙을 만들어서 예측 가능성을 높이는 것이 필요했다.

한 달 정도 일선 PD와 부장들의 의견을 수렴해서 원칙을 만들었는데, 공교롭게도 제일 먼저 탈락 후보로 올라온 외주사의 본부장이 내가 잘 아는 친구였다. 두 눈 딱 감고 그 회사를 탈락시켰다. 그렇게 의욕적으로 일을 해보려 하던 중 갑자기 외주국을 떠나게 되었다. 2013년 5월 22일 라디오국장으로 발령이 난 것이다. 라디오를 떠난 지 13개월 만의 복귀였다.

내가 떠나 있는 동안 라디오본부는 라디오국으로 조직이 강등되어 편성제작본부 산하로 편입되어 있었다. 그 사이 국장이 3번이나 바뀌는 어수선한 분위기였다. 새삼 느꼈지만 라디오국은 늙은 조직이었다. 50명 남짓한 PD 가운데 국장인 나보다 입사가 빠른 사람이 20명 가까이나 되었다.

라디오국장으로 와보니 MBC 라디오는 진짜 망하기 일보 직전의 상황이었다. 우선 FM4U의 경우 청취 점유율 조사에서 6.5%를 차지해 라디오 채널 중 5위로 추락해 있었다. 3위인 CBS-음악FM이나 4위인 KBS-2FM에 비해 청취 점유율이 절반도 안 되었다. 표준 FM도 하락세가 지속되면서 SBS-파워FM에 청취율 1등자리를 빼앗긴 상태였다. 엎친 데 덮친 격으로 표준 FM의 기둥인 '시선집중'의 손석희 앵커가 5월 10일부로 JTBC로 가버렸다.

외주국장으로 간 지 몇 달 만에 라디오국장으로 불려오게 된 것은 이런 상황 때문이었다. 잘못하면 내가 국장으로 있는 동안 진짜 MBC

라디오가 망하겠구나 하는 위기감이 들었다. 라디오를 되살리기 위해서 어떻게 해야 할지 고민하다가 몇 가지 원칙을 정했다.

첫째, '시선집중', '세계는 그리고 우리는'과 같은 시사 프로그램에서 불편부당성을 유지하는 것이 무엇보다 중요하다고 생각했다. 나는 택시를 타면 기사들에게 어떤 라디오 프로그램을 즐겨 듣는지, 그리고 왜 MBC 라디오를 듣지 않는지 직업병처럼 물어본다. 특히 2012년 170일 파업 기간 중에 MBC 라디오에서 채널을 돌리는 기사들이 많았는데, 노조 꼴이 보기 싫어서 안 듣는다는 사람도 있고, 김재철 사장 때문에 정나미 떨어졌다는 사람들도 있었다.

방송이 불편부당성을 상실하면 청취자들로부터 외면을 당한다는 것을 절감했다. 그래서 '시선집중' 등 시사 프로그램 제작진에게 다음과 같은 원칙을 제시했다.

---

1. 사실fact과 주장opinion을 엄격히 분리하여야 한다. 사실의 영역에 속하는 아이템은 사실관계 확인을 철저히 하였다면 못 다룰 것이 없다.

2. 주장opinion을 소개할 때는 방송의 공정성을 규정한 방송법 제6조 9항의 정신을 유념해야 한다.

방송법 제6조 9항은 "방송은 정부 또는 특정 집단의 정책 등을 공표함에 있어서 의견이 다른 집단에게 균등한 기회가 제공되도록 노력하여야 하고, 또한 각 정치적 이해 당사자에 관한 방송 프로그램을 편성함에 있어서도 균형성이 유지되도록 하여야 한다."고 규정하고 있다.

라디오 시사 프로그램 제작진은 좌파 성향의 인터넷 매체를 보고 아이템을 정해 그쪽 아젠다에 말려들어가는 경향이 있었다. 이런 것을 예방하기 위해 주장opinion의 영역에 속하는 논쟁적 사안을 다룰 때는 반드시 반대편의 주장도 같이 소개하라고 했다. 또 양 당사자의 의견을 가능하면 같은 날에 소개하라고 지침을 주었다. 청취자들이 라디오를 매일 듣는 것이 아닌 만큼 가급적 하루에 다 소화를 해야 오해를 피할 수 있기 때문이다.

3. 찬반 양측의 의견을 소화한다면 주장opinion에 속하는 아이템도 못 다룰 아이템은 없다.

이런 가이드라인이 정착하면서 MBC 라디오의 시사 프로그램은 추락을 멈췄고, 2014년에는 '시선집중', '손에 잡히는 경제', '세계는 그리고 우리는'까지 라디오 전체 시사 프로그램 중 청취율 1,2,3 위를 전부 휩쓸기도 하였다. 언론노조가 나를 '제3차 언론 부역자' 명단에 올리면서 그 사유 중의 하나로 "2013년 라디오국장 시절 시사 프로그램 '시선집중', '세계는 그리고 우리는' 등 무력화"라는 매우 추상적인 사유를 들었는데 무슨 근거로 그런 주장을 하는지 모를 일이다.

두 번째로 내세운 원칙은 오랜 노사갈등으로 사분오열된 라디오국 분위기를 다잡아 경쟁력 회복이라는 한 방향으로 이끄는 것이었다.

우선 제작 능력이 있는데도 170일 파업의 후유증으로 현장에서 벗어난 사람들을 제작에 복귀시켰다. 라디오 MD를 하고 있던 정찬형 전 본부장을 '배철수의 음악캠프' PD로 배치하고, 170일 파업 당시 편성제작부문 민실위 간사를 지낸 H 피디도 본인의 희망대로 라디오에서 가장 비중이 큰 '여성시대' PD로 배치했다. 그가 '여성시대' 청취율을 많이 올리자 인사고과 최고 등급인 S도 부여했다. 특정 신인가수들의 노래를 지나치게 많이 선곡하는 등 프로그램을 사유화한 PD에게는 최하 등급인 R을 부여하는 등 신상필벌을 확실히 했다.

내 업무 추진비를 절약해서 표준FM의 주요 진행자 10명가량에게 명절 때마다 한우 선물세트를 선물했다. 출연진이 방송사 국장에게 명절 선물을 하는 경우는 있어도, 방송사 국장이 출연자에게 명절 선물을 하는 경우는 처음이었을 것이다.

세 번째로 세운 원칙은 라디오, 특히 MBC 표준FM은 청취자들의 희로애락을 함께해야 한다는 것이었다. 우선 PD가 청취자들의 삶을 직접 체험하고 프로그램으로 구성을 할 기회가 없다는 것이 문제라고 판단했다. 그래서 오전 11시50분부터 12시까지 표준FM에 '이 사람이 사는 세상'이라는 라디오 다큐를 편성했다. PD들이 직접 출연자를 선정, 섭외해서 취재와 구성을 하고 원고까지 쓰는 1인 제작 시스템이었다. 여러 피디들이 돌아가면서 제작하도록 했다. 본인이 담당하는 프로그램과 별개로 몇 주에 한 편 정도 10분짜리 라디오 다큐를 제작하는 셈이었다.

라디오 PD들은 내가 자신들을 골탕 먹이기 위해서 이런 프로그램을 편성했다고 반발했다. 나는 이렇게 대꾸했다. 구성을 할 줄 모르면 PD가 아니다. 라디오 PD가 원고를 쓸 줄 모르면 라디오 PD가 아니다. 지금은 회사 형편이 좋아서 한 프로그램에 작가를 몇 명씩 쓰고 취재할 일이 있으면 리포터를 대신 보내고 있다. 하지만 그런 시대는 조만간 끝난다. 지금처럼 일하면 당신들은 조만간 구조조정 대상이다. 당신들을 위해서 하는 것이니 따라오라. 내가 입사 초에 '현장 르뽀 마이크 출동'이라는 프로그램의 PD를 하면서 취재, 원고, 방송까지 해본 경험이 없었다면, 이런 요구를 하지 못했을 것이다.

내가 PD들에게 1인 제작방식에 익숙해지라고 요구했던 것은 저작권 문제도 고려해서였다. 라디오가 향후 유튜브나 팟캐스팅으로 수익원을 다변화하려면 저작권 문제를 확실하게 정리할 필요가 있는데, 그러기 위해서는 작가나 외부 출연진에 대한 의존도를 줄여야 한다고 생각했다.

'이 사람이 사는 세상'이라는 라디오 다큐 외에도, 우리 이웃들이 자신의 삶속에서 느낀 인생의 교훈을 함께 나누는 '세상은 커다란 학교입니다'라는 캠페인, 그리고 청취자의 궁금증을 전문가가 풀어주는 '그건 이렇습니다'와 같은 청취자 참여형 프로그램이 내가 기획하고 작명한 프로그램들이다.

FM4U에서는 새벽 3시부터 1시간짜리 녹음 프로그램인 '심야 라디오 DJ를 부탁해'를 신설했다. 고정된 DJ가 없이 일반인들이 1일 DJ를 맡아서 자신이 좋아하는 음악을 청취자들과 나누는 프로그램이었다. '이 사람이 사는 세상'이 PD가 청취자를 만나러 나가는 프로그램이었다면, '심야 라디오 DJ를 부탁해'는 청취자가 PD를 만나러 오는 프로그램이었다.

그리고 라디오 이동중계차 '알라딘'을 활용해 청취자들이 있는 현장으로 가서 방송하도록 독려했다. 알라딘은 내가 라디오편성기획부장으로 있던 2009년에 6억 원이 넘는 예산을 따내서 직접 설계한 나의 땀이 배어 있는 작품이다. '싱글벙글 쇼' PD를 하던 시절, 지역사 창사기념일이 되면 축하방송을 하러 많이 내려갔는데 나는 방송국 내 스튜디오가 아닌 야외에서 주로 방송했다. 춘천 닭갈비 골목, 유달산 정상, 강릉 바닷가 등 시민들이 많이 모여 있는 곳을 찾아가 방송을 하면 지역 청취자들을 직접 만날 수 있었고, 진행자들의 매너리즘을 깨는 데도 효과적이었다. 그 때의 경험을 바탕으로 새로운 이동방송차를 만든 것이었다.

네 번째로 세운 원칙은 홍보를 강화하겠다는 것이었다. MBC 라디오가 뭔가 활기차게 움직인다는 느낌을 구성원들뿐만 아니라 청취자들에게도 주는 것이 필요했다. 라디오를 떠나 있는 동안 만약 라디오로 돌아가게 된다면 '지금은 라디오시대'의 '웃음이 묻어나는 편지'를 동영상으로 만들어 유튜브에 올려야 하겠다고 생각했다. 그래서 애니메이션을 전공하는 학생을 아르바이트로 써서 재미있는 사연에다 간단한 애니메이션을 입힌 '엠라대왕'을 매주 유튜브에 올렸다.

반응은 폭발적이었다. 평균 20~30만 건의 조회수를 기록했고, 서비스를 시작한 지 3달 만에 100만 조회수가 넘는 에피소드까지 나왔다. 표준FM이 올드 미디어라는 선입견을 깨는 데 어느 정도 도움이 되었으리라 생각한다. ID song도 계속 새롭게 만들어서 MBC 라디오가 끊임없이 변신하고 있다는 느낌을 주고자 노력하였다. 티셔츠에 전현무, 김신영 등 인기 DJ의 캐리커처를 새겨 청취자들에게 사은품으로 나눠주는 홍보방식도 시도했다. 5,000벌 이상을 배포했는데 걸어 다니는 입간판 역할을 할 뿐 아니라, DJ의 사기를 올리는데도 도움이 되었으리라 생각한다.

라디오국장으로 부임한 후 가장 시급한 과제는 '시선집중'의 후임 진행자를 선정하는 일이었다. 원래 전임자의 자리가 크면 후임자가 전임자의 무게에 눌려 제 기량을 발휘하기 힘든 법이다. 라디오 방송의 경우 특히 그랬다. 이문세씨가 떠난 '별이 빛나는 밤에'가 그랬고, 이종환 선배가 떠난 '지금은 라디오시대'가 그랬다. 청취자들이 자꾸 전임자와 비교하는데다, 무엇보다도 후임자 자신이 전임자를 끊임없이 의식하기 때문에 자신만의 개성을 발휘하지 못하는 경우가 많았다. 이런 경우는 배짱이 좋은 사람을 선정하는 것이 좋다는 것이 나의 지론이었다.

라디오 부흥에 성공하다

지난 13년 동안 '시선집중'을 진행해 온 손석희 앵커가 떠난 빈자리는 워낙 컸다. 그래서 이재용 아나운서, 김창옥 아나운서 등 임시 진행자들로 시간을 벌면서 여러 사람들을 대상으로 오디션을 보았다. 보도국 기자 등 여러 명을 추천받았지만 다들 마음에 들지 않았다. 당시 주말 뉴스데스크 앵커를 맡고 있던 신동호 아나운서국장이 적임자라고 판단한 나는 7월 8일부터 '시선집중'을 신동호 체제로 바꾸었다.

이튿날인 7월 9일 언론노조에서 발행하는 민실위 보고서는 '이슈 피해가는 시선집중, 라디오의 위기'라는 제목으로 손석희 앵커가 하차한 이후인 5월 12일부터 6월말까지 7주간의 아이템을 분석해 본

결과 '시선집중'이 정권 실세들과 관련된 이슈를 피해가고 있다며 공격해 왔다. 신동호 국장이 앵커로 결정된 것이 못마땅한 모양이었다.

내가 국장으로 부임하기 이전의 시기까지 포함해서 조사함으로써 '신동호의 시선집중'을 폄훼하려고 공격하는 것으로 보였다. 다행히 바로 다음날인 7월 10일 소수 노조인 MBC 노조에서 '민실위는 사실 왜곡을 통한 분열선동을 중단하라!'는 글을 통해 민실위 보고서 내용을 반박했다. MBC노동조합에서 신동호 국장이 임시 진행을 맡기 시작한 6월 24일(월)부터 7월 5일(금)까지의 2주 방송 내용을 분석한 결과는 전혀 달랐다.

이후로는 민실위 보고서에서 라디오 시사 프로그램에 대한 문제를 제기한 경우가 없었다. 7월에 조사한 청취율 조사결과 '신동호의 시선집중'은 5.8%로, 5월에 조사한 '손석희의 시선집중' 8.1%에 비해서는 떨어졌지만 나름대로 선방한 결과가 나왔다. 동시간대 1위를 지키는 데는 문제가 없었다.

시사 프로그램의 경쟁력을 안정시킨 다음 착수한 일은 FM4U의 경쟁력 복원작업이었다. 모바일을 통해 실시간 뉴스를 확인하는 시대에 라디오 뉴스의 속보성은 예전 같은 매력을 가지기 힘들었다. 그렇다면 뉴스가 주요 콘텐츠의 하나인 MBC 표준FM과 같은 종합편성 라디오는 인기가 떨어질 수밖에 없다고 판단했다. 그래서 MBC 라디오의 전체 파이를 키우기 위해서는 음악FM의 경쟁력 보강이 시급한 과제였다. 우선순위를 정해서 추진하기로 했다. 가장 공략할 만한 시간대가 출근 시간대에 방송되는 '굿모닝 FM'이었다. 오전 7시부터 9시까지 출근 시간대는 SBS-파워FM의 '이숙영의 파워 FM'과 '황정민의 FM 대행진'의 양강 구도였다. 두 사람 모두 전성기는 지났기 때문에 충분히 공략 가능해 보였다.

본사 아나운서 중에는 마땅한 인물이 없었다. 개편 아이디어 회의에서 누군가 전현무씨가 어떠냐는 의견을 제시했는데, 사실은 나도 전현무씨를 새 DJ로 염두에 두고 있었다. 그래서 이미 전현무씨가 KBS-2FM에서 하던 방송을 다 모니터해둔 상태였다. 예전 같았으면 나의 뜻을 밝히고 그냥 추진했을 터인데, 이제는 부장 때의 시행착오를 교훈 삼아 일선 PD의 아이디어를 채택하는 방식을 취했던 것이다.

아이디어 회의 현장에서 즉시 찬성의 뜻을 밝히고 바로 소속사와 접촉했다. TV 활동을 병행하면서 라디오 아침 생방송을 하는 것은 쉬운 일이 아니어서 좀 망설인다는 얘기도 들렸다. 하지만 전현무씨와 만난 자리에서 전현무씨가 KBS-2FM에서 DJ할 때뿐만 아니라, 코너 게스트로 나왔을 때 방송한 것, 심지어 라디오 뉴스할 때 실수한 얘기까지 하면서 내가 오래전부터 눈여겨보고 있었다고 얘기했더니 대화가 잘 풀렸다.

'전현무의 굿모닝FM'은 2013년 9월 2일 첫 방송을 시작해서 방송 1년 3개월만인 2015년 1월 청취율 조사에서 난공불락처럼 보였던 '황정민의 FM대행진'과 '이숙영의 파워FM'을 물리치고 동시간대 청취율 1위를 차지하였다. 이후 전체 라디오 프로그램 중 청취율 2위에 오를 만큼 인기몰이를 하면서 FM4U의 부흥에 1등 공신이 되었다.

2015년 3월 1일부로 나는 편성국장으로 발령이 났다. 거의 2년 만에 다시 라디오를 떠나게 된 것이다. 새로운 라디오국장으로는 입사 동기인 노혁진 편성국장이 왔다. 편성국장과 라디오국장을 맞바꾼 것이다.

라디오국장으로 보낸 지난 2년을 돌이켜보니 목표했던 것의 70~80%는 달성했던 것 같았다. 내가 라디오국장으로 온 이후 라디오 청취율 조사는 12번 있었는데 MBC−표준FM이 그중 8번 점유율 1등을 했다. 6%대의 점유율로 바닥을 헤매던 FM4U는 내가 국장으로 있는 동안 청취 점유율이 두 배 이상 올라서 3위와 거의 대등한 접전을 벌이고 있었다.

2 또다시 라디오를 망친 인물이라는 비난을 받다

'이제 나보고 MBC 라디오를 망친 인물이라는 비난은 할 수가 없 겠지?'라는 생각을 했다. 그런데 몇 년 뒤인 2017년 8월 24일 라디오 PD들이 제작 거부에 들어가면서 '다시 라디오로 돌아가기 위하여'라 는 성명서를 발표했다. 내가 '시선집중' 등 시사 프로그램 제작에 '추 악한 간섭'을 일삼은 바람에 MBC 라디오의 청취율과 신뢰도가 추락 을 거듭했다고 주장하는 내용이 들어 있었다. 그러면서 라디오 추락 의 주범 김도인 편성제작본부장은 사퇴하라고 요구했다.

바로 다음날인 8월 25일 나는 '40명의 라디오PD들에게'라는 글을 사내 인트라넷 게시판에 올렸다. 40명은 제작 거부에 서명한 PD들의 숫자였다.

40명의 라디오PD들에게

또 김도인 때문입니까?

"그간 라디오는 추락을 거듭했다. 청취율의 추락. 신뢰도의 추락. 추락의 이면에는 추악한 간섭이 존재했다. 아이템 검열과 제작 개입은 지난 몇 년간 '신동호의 시선집중' 등 시사프로그램에서 지속적으로 이루어졌다. 김도인 편성제작본부장이 제작진에게 연락해 아이템과 인터뷰이를 강요하는 일이 벌어졌다. 부당한 지시에 반발한 PD에겐 인사 불이익이 뒤따랐다."

제가 추악한 간섭을 많이 해서 청취율과 신뢰도가 추락한 것처럼 보이게 써놓았더군요. 그럼 사실관계를 따져 보겠습니다.

첫째, 저는 2013년 5월 22일 라디오국장으로 발령받아 2015년 2월말까지 1년 9개월 동안 라디오국장으로 있었습니다. 그 사이에 한국리서치에서 주관하는 라디오 청취율조사가 12번 있었는데, 그 중 4번을 제외하고는 표준FM이 청취율 1위를 차지했습니다.

FM4U의 경우에는 제가 국장으로 있는 동안 청취율이 2배 올랐습니다. 적어도 저 때문에 라디오 청취율이 추락했다는 얘기는 할 수 없겠죠?

둘째, 부당한 지시에 반발한 PD에겐 인사 불이익이 뒤따랐다고 하는데 제가 어떤 부당한 지시를 했으며 어떤 인사 불이익을 줬는지 구체적으로 지적해 주시면 자기성찰의 계기로 삼겠습니다.

"시사프로그램 뿐만이 아니었다. 모든 프로그램에서 '세월호'와 '위안부'는 금기였다. 세월호 1주기를 맞아, 구출에 참가했던 어민을 다룬 프로그램은 수많은 시사와 수정을 거쳐야 했다. '정부'를 삭제하라, '해경'과 '헬기'를 삭제하라. 프로그램은 결국 기름 유출로 생활고를 겪는 어민의 이야기로 대폭 수정된 채 방송됐다. 한일관계 아이템조차 위안부 합의 문제가 부각될 수 있다며 거부당하기 일쑤였다. PD에게는 진행자 선정의 자율성도, 아이템 선택의 자유도, 때론 선곡의 자유도 없었다."

셋째, 저는 2015년 2월 27일 편성국장으로 자리를 옮겼습니다. 세월호 1주기는 2015년 4월 6일이었고요. 그때는 편성국장이라서 라디오에 관여하고 싶어도 할 수가 없었습니다. 한일 위안부 합의도 그 이후에 벌어진 일이구요.

넷째, 제가 PD들에게 진행자 선정의 자율권을 주지 않은 것처럼 얘기하셨는데, 진행자는 라디오의 기획에서 가장 중요한 부분으로 일선 PD가 마음대로 하는 것이 아닙니다. PD들의 의견을 들어 국장이 결정을 내리고 나중에 책임지면 되는 것입니다.

다섯째, 제가 선곡의 자유를 주지 않은 것처럼 얘기하는데, 마치 특정 노래를 틀어라 틀지 말라고 국장이 지시한 것으로 오해하는 사람들도 있겠다는 생각이 드네요. 저는 PD가 좋아하는 노래를 선곡하지 말고 청취자가 듣고 싶은 노래를 선곡하라는 원론적인 얘기를 계속 강조했던 것으로 기억합니다.

제가 다시 라디오에 관여할 수 있게 된 것은 편성제작본부장이 된 2017년 2월 28일 이후입니다. 6월 26일 유경민 라디오국장이 과감한 개편안을 제안하기에 적극적으로 수용했습니다. 개편한 지 일주일 만에 이뤄진 청취율 조사에서 '시선집중'은 3.5%에서 5.1%로, '손에 잡히는 경제'는 2.3%에서 3.7%로, '그건 이렇습니다'가 방송되는 오전 6시대는 0.7%에서 1.1%로 의미 있는 상승을 했습니다.

저를 '라디오 추락의 주범'이라고 했는데, 오히려 '라디오 추락의 진짜 주범'은 사실관계를 무시하고 전후맥락을 교묘하게 왜곡시킨 이런 글로 PD들을 현혹시키는 사람이라고는 생각해 보지 않으셨나요? 생각이 다른 PD들까지 자기편에 줄 세우기 위해, 우리말을 듣지 않으면 이렇게 된다고 '마녀사냥'의 대상으로 저를 이용하는 것이라면 사양하겠습니다.

2017.8.25.

편성제작본부장 김도인

라디오PD들은 2017년 8월 28일 기자회견을 열고 은근슬쩍 '세월호'나 '위안부' 문제가 나의 후임자 시절에 일어난 일이라고 밝혔다. 나는 8월 31일 '다시 40명의 라디오PD들에게'라는 글을 통해 라디오PD들이 기자회견에서 한 발언에 대해 문제 제기를 했다.

다시 40명의 라디오PD들에게

여러분이 8월 28일에 가진 기자회견에서 여전히 사실관계를 왜

곡한 부분이 있어 바로잡고자 합니다.

2017년 4월 20일에는 김 본부장이 직접 '세계는 우리는' 작가에게 카카오톡 메시지를 보내 방송인 김어준씨를 비난하고 이날 아침에 담당 부장이 PD에게 아이템으로 지시했던 영화 '더 플랜' 관련 중앙선거관리위원회 인터뷰 섭외를 체크했다며 "김 본부장의 방송 내용 직접 개입은 '편성·보도·제작상의 실무권한과 책임은 관련 국장에게 있으며 경영진은 편성·보도·제작상의 모든 실무에 대해 관련 국장의 권한을 보장해야 한다'는 MBC 편성규약 제5조 3항을 위반한 것"이라고 지적했다.

제가 그 무렵 '세계는 우리는' 작가에게 포워딩했다는 기사는 경향신문에 게재된 노정태씨의 '진보의 적폐세력 음모론자'라는 글이었을 겁니다. "김어준씨가 세월호 승무원들이 닻을 던져 고의로 배를 침몰시켰다는 '고의 침몰설'이라는 음모론을 주장하더니, 이번에는 대선을 불과 보름 앞두고, 18대 대선에서 개표 부정이 벌어졌다는 음모론을 담은 영화 '더 플랜'을 인터넷에 공개했다."며 비난하는 내용이었죠.

진영논리를 떠난 신선한 글이라 생각했습니다. 그래서 제가 아는 여러 사람에게 기사를 포워딩했던 기억이 있습니다. '세계는 우리는' 작가도 그중 한명이었던 모양입니다. 여러분들이 과장했듯이 제가 기사를 포워딩한다고 작가들이 별로 압박으로 느끼는 것 같지는 않습니다. 왜냐하면 아이템에 반영되는 경우는 거의 없으니까요. 그렇다고 제가 그 작가에게 왜 안했냐고 압박을 했거나, 불이익을 줬다는 얘기를 들은 분이 있으면 지적해 주십시오.

그리고 대선을 불과 보름 앞두고 '아니면 말고'식의 무책임한 폭로를 통해 사회를 혼란에 빠뜨린 영화가 있는데, 우리 시사 프로그램에서 반론 인터뷰를 한번 해보는 게 어떠냐고 제안한 것이 부당한 제작 간섭입니까?

그리고 본부장이 이렇게 방송내용에 직접 개입한 것은 2001년 제정된 편성규약 위반이 아니냐고 했는데 현재 MBC는 본부장 책임제입니다. 2011년도 10월 17일에 체결된 단체협약 21조 방송의 독립성 유지에서 "편성, 보도, 제작상의 실무권한과 책임은 관련 국장에게 있으며, 경영진은 편성 보도 제작상의 모든 실무에 대해 관련 국장의 권한을 보장해야 한다."는 조항을 빼고 본부장책임제를 시행하기로 노사가 이미 합의한 바 있습니다.

"김도인 편성제작본부장은 PD·작가에게 아이템을 일방적으로 지시하거나 진보성향 출연자에 대해 경고하는 등의 카카오톡 메시지를 보낸 것으로 확인됐다. (이러한) 부당한 지시에 반발한 PD에겐 인사 불이익이 뒤따랐다"

어떤 아이템을 일방적으로 지시했는지, 진보성향 출연자 누구에 대해서 어떤 경고를 했는지 구체적으로 적시하면 제 의견을 얘기하겠습니다. 그리고 지난번에 어떤 PD가 어떤 인사 불이익을 받았는지 밝히라했는데, 아직 답변이 없군요.

"김도인 본부장이 본인 재직 시절 여러 차례 청취율 1위를 했다고 말했는데 1위를 몇 번 한 건 맞지만 그 전에는 항상 1위였다. 오히려 김 본부장이 라디오 국장일 때 1위를 많이 뺏긴 것이다. 손석희 현 JTBC 보도 담당 사장이 '시선집중'을 진행할 당시 청취율이 10.5%였다면 최근 '신동호의 시선집중'은 3% 정도로 1/3 가량 추락했고 '세계는 우리는'도 3% 가까이로 떨어졌다."

제가 국장으로 있는 동안 청취율 1위를 12번 조사에서 8번 했고,

그것도 '시선집중'의 손석희 진행자가 떠난 후의 성적인지라, 청취율면에서는 제가 '라디오 추락의 주범'은 아니라고 했습니다.

그랬더니 제가 라디오국장으로 재직하기 전에는 큰 격차로 항상 1등이었고, 오히려 제가 국장일 때 1위를 많이 뺏긴 것이라고 주장했더군요. 2011년 1R에서 2017년 3R까지 HRC 청취율 변화표를 첨부합니다. (음영표시가 제가 국장으로 있던 기간)

그리고 손석희 진행자가 진행할 다시 청취율이 10.5%였는데, 최근 '시선집중'은 3%로 1/3 가량으로 추락했다고 했습니다. 당시 국회에 보고되었던 '시선집중' 청취율 자료가 있어서 첨부합니다. 2013년 3R 8.1%가 '손석희의 시선집중' 마지막 청취율이었습니다.

그리고 최근 '신동호의 시선집중'의 청취율은 3% 정도가 아니라 5.1%입니다. 동시간대 '김어준의 뉴스공장'은 7.0%, '김현정의 뉴스쇼'는 2.4%이지만, '뉴스공장'보다는 20분 늦게 편성된다는 점을 고려하면 그렇게 비하할 수준의 청취율은 아닙니다.

"특히 오랫동안 '시선집중'의 고정 출연자로 나왔던 김종배씨가 윗선의 압박으로 인해 하차를 하게 되면서 난항을 겪게 됐고…"

김종배씨의 후임으로 뉴스 브리핑을 맡게 된 사람은 '시사IN'

의 이숙이 전 편집장이었는데, 2011년 하반기에 갤럽 청취율 조사를 해보니, 김종배씨가 진행할 때보다 '뉴스 브리핑' 코너의 청취율이 상반기 3.4%P에서 5.1%P로 1.7%P(50% 상승)하여, 4.5%P에서 6.0%P로 33% 상승한 '3, 4부'에 비해 상대적으로 상승폭이 더 컸습니다. 노조가 93.2%라는 압도적인 찬성률로 파업에 들어가는데, 한가하게 작은 문제로 그런다고 할 사람도 있겠지요? 하지만 아무리 현 경영진이 미워도 사실관계는 제대로 밝히면서 공격해 주십시오.

2017. 8. 31.

편성제작본부장 김도인

김어준씨가 19대 대선을 불과 보름 앞둔 시점에서 '더 플랜'이라는 영화를 통해 지난 18대 대선에서 개표 부정이 있었을 수도 있다는 식으로 주장한 것은 큰 문제였다. 이렇게 중요한 문제에 대해 선거관리위원회 관계자와 인터뷰를 추진해 보라고 한 것은 담당 본부장으로서 당연히 할 수 있는 얘기였다. 이것을 가지고 '편성규약 위반' 운운하는 것을 보니 연민의 정마저 느껴졌다. 국민적인 의혹을 해소하지 않으려는 것이 이상한 것이지, 인터뷰를 추진해 보라고 한 내가 이상한 것이 아니었다.

내가 2011년부터 2017년까지 라디오 청취율 조사 전체를 공개할 줄은 미처 짐작하지 못했을 것이다. 라디오에서 나만큼 청취율 조사 결과에 대해 많이 아는 사람은 없었다. 아니 나만큼 관심을 가졌던 사람이 없었다는 말이 더 정확할 것이다. 공교롭게도 내가 라디오국장 자리를 떠난 다음, MBC 표준 FM은 한 번도 청취율 1위를 하지 못했다. 최승호 사장 체제가 본격화된 2018년에는 한해 평균 채널 점유율이 14.5%까지 추락하여, SBS파워FM, TBS교통방송, CBS음악FM에 이어 4위로 주저앉았다. FM4U는 12.8%의 채널점유율로 4위이던 것이 10.1%의 점유율로 KBS-2FM과 함께 공동 5위로 떨어졌다. 두 달 이상 파업으로 인해 파행방송을 해야 했던 2017년의 표준FM의 청취점유율 17.3%, FM4U 11.8%보다도 오히려 더 떨어진 것이다.

3

미래지향적인
편성 전략을 시도하다

입사동기인 편성국장과 라디오국장의 자리를 맞바꾼 2015년 3월
1일 인사는 상당한 파격이었다. 안광한 사장이 나를 편성국장으로 발
탁한데는 내가 라디오편성기획부장을 두 차례 한 것을 감안했을 것
이다. 편성국장은 실무에 약하면 결코 소화할 수 없는 보직이었다.
내가 편성국장으로 발령받았을 때 일부 편성PD들이 반대 성명서를
준비했지만 발표는 보류했다고 들었다. 누가 주동했다더라 하는 얘
기가 들려왔지만, 그동안 언론노보를 통해 내 악명(?)을 익히 들었을
테니 그럴 수도 있겠다 싶어서 불문에 붙였다.

전통적인 편성국의 업무는 어떤 프로그램을 어떤 시간대에 방송할
지 결정하고, 그 계획대로 방송이 잘 나갈 수 있도록 운행을 체크하

며, 사후 분석을 통해 프로그램의 계속 존속 여부에 대한 의사결정을 내리는 일이다. 장기적으로 방송사의 콘텐츠 전략을 어떻게 끌고 갈 것인지 결정하는 부서이기도 했다. 방송사에서 가장 배분하기 힘든 자원은 방송 시간이다. 방송 시간대에 따라 대략 얼마의 제작비를 투입할 것인지 결정되니 그럴 수밖에 없었다. 그러니 편성국장은 사장의 경영철학을 프로그램에 반영하는 역할을 하는 셈이다. 사장의 의중을 정확하게 파악하는 것이 매우 중요했다. 또 현업 부서의 돌아가는 상황을 파악하여, 경영진이 정확한 판단을 내릴 수 있도록 직언하는 역할도 중요했다.

편성 전략의 요체는 시청자들의 시청 흐름flow을 형성하여 채널을 이동하지 않도록 하는 것이다. 앞 프로그램을 본 시청자가 뒤 프로그램까지 이어지는 인접효과adjacent effect를 극대화시키는 것이 중요했다. 이를 위해 MBC 편성이 채택한 전략의 특징은 시청자들의 반감을 최소화시키고, 시청자들이 공통적으로 선호하는 공통분모를 최대화하는 편성전략인 LOPLeast Objectionable Programming와 띠 편성이었다.

LOP는 미국의 방송 네트워크 체제가 전성기를 누리던 1960~70년대에 NBC의 중역이던 폴 클라인Paul Klein이 주장한 이론으로 대략의 내용은 이렇다. TV 시청자들은 다른 채널로 돌릴 만큼 신경을 거슬리지 않는 방송을 발견하면 채널을 고정한다. 따라서 방송 프로그램이 성공하기 위해서는 정형화된 공식을 따르고, 다소 진부하고, 바로 익숙해지는, 그리고 결말이 예측 가능할 필요가 있다는 이론이다. 아침이나 저녁 일일드라마, 주말 드라마, '리얼 스토리 눈'과 같은 프로그램이 이런 성격을 띤다.

또 하나의 전략은 띠 편성strip programming이다. 일주일에 5일 이상 동일 시간대에 동일 프로그램을 편성하였다. 저녁 8시 뉴스데스크 방송 전에 일일 드라마와 '리얼 스토리 눈'이라는 리얼리티 프로그램, 그리고 뉴스데스크 방송 후에 또 일일특별기획이란 이름으로 드라마가 방송되는 편성 유형이다. 170일 파업의 후유증을 단시간 내에 극복하는 데는 이런 편성전략의 역할이 컸다.

하지만 급속도로 바뀌고 있는 매체 환경 때문에 이런 편성 전략의 약발이 급속히 떨어지고 있다는 생각이 들었다. 1인 가구의 증가, 실시간 시청인구의 급격한 감소, 모바일 시청증가 등으로 인해 미디어 소비행태는 급격히 바뀌고 있었다. 언젠가는 20~30대와 1~2인 가구의 비중을 현실화한 시청률 조사가 이루어질 텐데 LOP와 띠 편성 전략에 의존하여 가구 시청률만 추구하는 것이 오히려 독이 되겠다는 생각이 들었다.

게다가 드라마에 대한 의존도가 과도했다. 그 무렵 MBC의 드라마 슬롯은 일일극이 3개, 주말극이 2개, 미니 시리즈가 월·화 및 수·목 드라마 2개 등 7개나 되었다. 연간 제작비의 절반이 넘는 1,400억 원 가량을 드라마 예산으로 쓰면서도 단위 슬롯별로는 제작비가 부족해서 캐스팅 등에 문제가 발생하기 시작했다. 또 드라마 편성 시간이 많다 보니 예능 슬롯이 부족해서 여기에 불만을 품은 예능 피디들이 종편이나 케이블로 이적하는 경우가 늘어났다.

내가 편성국장으로 부임한 첫 해인 2015년, MBC는 연간 평균 시청률 1위를 달성했다. 전시간대 시청률 7.2%로 1위, 핵심시간대 시청률 10.6%로 1위, 2049 시청률 2.4%로 1위 등 3관왕을 차지한 것이다. '전설의 마녀' 등 드라마 부문 시청률 상위 20개 프로그램 중에 9개를 MBC가 차지할 정도로 드라마가 선전하였고, 내가 편성국장에 온 다음 정규 프로그램으로 편성한 '복면가왕'과 '마이 리틀 텔레비전', '능력자들' 등이 기존의 '무한도전'과 함께 호조를 보이면서 전체 시청률 1위로 올라선 것이었다.

뉴스데스크의 평균 시청률은 7.5%로 경쟁 프로그램인 SBS '8시 뉴스'의 8.1%에 비하면 다소 부진하였으나 회복 추세에 있었다.

'복면가왕', '마이 리틀 텔레비전'의 성공으로 시청률 3관왕

'복면가왕'과 '마이 리틀 텔레비전' 두 개의 프로그램이 회사의 경쟁력뿐만 아니라 사원들의 사기까지 반전시키는 것을 보면서 나는 킬러 콘텐츠의 중요성을 새삼 깨달을 수 있었다. 갈수록 '몰아보기' 등 능동적인 시청행태를 보이고 있는 시청자들에게 지속적으로 사랑받을 수 있는 여건을 만들기 위해 무엇을 할 것인지 고민해 보았다.

첫째, 가장 중요한 것이 프로그램을 평가하는 잣대를 미래지향적으로 보완하는 것이었다. 기존에 프로그램 평가 기준이 되었던 가구 시청률은 1인 가구의 증가, N스크린을 통한 시청 확대, VOD를 이용한 다시보기 이용 등 바뀐 시청행태를 반영하지 못하고, 나이든 시청자들을 '과다 표집' 하는 한계를 드러내고 있었다. 2015년 상반기 기준으로 가구 시청률 TOP 20에 주말 드라마와 일일 드라마 같은 연속극이 11개나 포함되어 있었다. 우리가 피부로 느끼는 체감 시청률과는 괴리감이 있었고, 무엇보다 광고 판매율과 연동되지 않았다.

그런데 2049 시청률 TOP 20을 조사했더니 연속극은 4개에 불과했고, 미니 시리즈와 예능 프로그램들의 순위가 급상승했다. 2049 시청률이란 20세~49세 연령층에서의 시청률을 말하는 것으로, 이들 연령층은 VOD나 N스크린을 많이 이용하기 때문에, 체감 시청률과 비교적 일치하는 경향이 있었다. 그래서 예능 프로그램과 드라마 미니 시리즈를 평가하는 기준으로 가구 시청률과 함께 2049 시청률을 도입하였다. 원래는 2049 단일 기준으로 통일하고 싶었으나, MBC와 같은 거대조직에서 혁명적인 변화는 쉽지 않았다.

둘째, CAMI와 '화제성 지수'를 프로그램을 평가하는 보조지표로 도입했다. CAMI는 지상파나 PC, 모바일을 활용한 본방송 시청자 A그룹, 케이블을 통한 재방송 시청자 B그룹, POOQ나 IPTV VOD,

웹하드를 통한 시청자 C그룹으로 분류하여, 각종 경로를 통해 2주 동안 프로그램을 실시간, 비실시간으로 시청한 시청자수를 집계하는 방식이었다.

다른 방송사의 다시보기 숫자를 파악할 수 없다는 한계는 있었지만, MBC 프로그램의 콘텐츠 파워를 측정·비교하는 데는 아주 유용한 도구였다. 예컨대 '무한도전'의 경우 2014년 평균 가구시청률은 12.5%로 8위였지만, 평균 CAMI는 1,079만으로 3위로 상승했다. 특히 C그룹이 연간 평균 129만 건으로 압도적 1위를 차지해서 MBC를 대표하는 킬러 콘텐츠라는 것이 증명되었다. 이 CAMI는 제작비 배분을 어떻게 할 것인지, 향후 편성 방향을 어떻게 잡아야할 것인지 알려주는 가이드라인 역할을 해주었다.

'화제성지수'는 프로그램이 방송되고 난 뒤 1주일 동안, 인터넷 뉴스나 블로그, SNS, 동영상에서 나타난 네티즌들의 반응을 수집하여 지수화한 것이었다. 종전에는 거실에서 가족들이 함께 TV를 시청했지만, 이제는 SNS를 통하여 취향이 비슷한 사람끼리 프로그램 시청 경험을 공유하는 형태로 시청 문화가 바뀌었다. 따라서 SNS에서 우리 프로그램에 대해 어떤 화제들이 오가는지를 파악하는 것이 중요했다. 어떤 프로그램이 화제가 되었는지 수치화하는 정량분석뿐만 아니라, 왜 그 프로그램이 화제가 되는지, 어떤 점에 대해 시청자들이 불만을 가지고 있는지 정성분석 자료를 제작부서에서 전달하여 제작에 반영하도록 하였다.

셋째, 해외 프로그램들의 포맷 정보를 데이터베이스로 구축하여 제작진들이 새로운 프로그램을 기획하는데 참고할 수 있도록 제공했다. 편성 PD가 MIPTV 등에서 보고, 듣고, 느낀 것을 정리하여 예능이나 교양PD들이 참고할 만한 정보를 제공하였다. 2016년에는 MIPTV에서 맺은 인연을 바탕으로 NBC 유니버설과 함께 포맷 공동 개발을 위한 MOU도 체결하였다.

드라마 경쟁력에 빨간불이 켜지다

2016년 하반기에 들어서 MBC의 경쟁력에 큰 충격파가 밀려왔다. 진앙지는 드라마와 뉴스였다. 2016년 상반기에만 해도 시청률은 호조를 보이고 있었다. 전시간대 시청률에서 6.7%로 1위, 핵심시간대에서도 9.7%로 1위, 2049 시청률에서도 2.25%로 1위를 차지했다. 하지만 CAMI 수치가 감소 추세로 접어든 것이 신경에 거슬렸다. '나 혼자 산다'와 '라디오 스타'는 완만하게나마 상승세를 기록한 반면, '무한도전', '복면가왕', '마이 리틀 텔레비전' 등 대부분의 예능 프로그램이 하락세로 돌아섰다. 예능의 부진은 완만하고 점진적이었던데 반해 드라마에 밀어닥친 충격파는 쓰나미와 같았다.

전통적으로 SBS가 수목 드라마에서 강세였다면, MBC는 월화 드라마에서 강세를 보였다. '허준', '대장금', '주몽'을 비롯하여 '이산', '에덴의 동쪽', '선덕여왕', '동이', '빛과 그림자', '기황후' 등 수많은 시대극들이 MBC 월화 드라마의 강세를 이끌어왔다. 그런데 2015년 '화정'에 이르러서 이런 불패신화가 깨어지고 말았다. 첫째 최완규, 김영현과 같은 능력 있는 작가들이 이탈하면서 스토리텔링이 약화되었다. 둘째로 드라마를 방송하는 방송사들이 늘어나면서 50부작이나 되는 장편 드라마에서는 한류 스타급 연기자들을 섭외하기가 힘들어졌다. 셋째, 50부작이나 되는 긴 호흡 때문에 불가피했던 느슨한 전개에 시청자들이 싫증을 내기 시작한 것도 큰 이유였다.

시청률의 하락과 더불어 광고 수익의 하락이 가속화되면서 드라마 부문의 수지는 급격히 악화되었다. 2015년만 해도 347억 원의 흑자였던 것이 2016년에는 137억 원의 적자를 기록했다.

MBC는 용인 대장금 파크라는 사극 촬영 세트장을 보유하고 있다. 그래서 사극 한번 찍으려면 멀리 지방까지 내려가야 하는 경쟁사에 비해, MBC는 섭외나 촬영 일정에서 강점이 있다. 이런 강점을 활용해 MBC는 그동안 주로 월화 드라마 시간에 '대장금' 등 수많은 한류 드라마를 성공시킬 수 있었던 것이다.

하지만 너무 많은 사극을 찍다 보니 어느 순간인가 작품 배경이 비슷하다는 느낌을 주고, 이야기 전개가 느리다 보니 젊은 층의 외면을 받기 시작했다. 이에 반해 tvN을 비롯한 CJ 계열 케이블 채널들은 속도감 있는 전개, 영화 같은 연출, 배우들의 열연 등 작품성과 완결성을 갖춘 '웰 메이드 드라마' 방송이라는 이미지를 쌓고 있었다.

월화 드라마와 함께 MBC 드라마의 양대 축이었던 주말 특별기획의 경우도 마찬가지였다. 스튜디오 녹화 비중이 높아서 촬영 효율이 높은데다, 50부작을 넘어가는 장기간의 제작으로 회당 미술세트 비용이 절감되는 경제성 때문에 경영진이 보기에는 가장 매력적인 장르였다. 2015년에 방송된 '내딸 금사월'의 경우 51부작의 평균 시청률은 24.9%, 최고 시청률은 35.9%였고, 수익은 140억 원을 기록했다.

50부작이 넘는 월화 드라마와 주말특별기획이 시청률이나 수익성 면에서 효자 노릇을 하다 보니, MBC의 미니 시리즈 편성 숫자는 타사에 비해 굉장히 적었다. 젊은 드라마 PD들이 많이 이직한 것은 타사에 비해 미니 시리즈의 연출기회가 적다는 점이 크게 작용했다.

어떻게 하면 미니 시리즈를 활성화시킬 수 있을지 알아보기 위해, 여성 20세~49세를 대상으로 조사를 해본 결과 재미있는 사실을 알게 되었다. 드라마 선택에 있어서 여성층은 본인의 선택 비중이 월등히 높았던 반면, 남성층은 배우자에 대한 의존도가 높았다. 그런데 수목 미니 시리즈를 보면서 다른 활동을 병행하는 비율이 여성 20대의 경우 무려 44%나 되었고, 30대 여성의 경우도 37% 정도 되었다.

그동안 드라마의 성공을 위해서는 화제성을 부양하는 것이 중요하며, 어떤 프로그램이 화제성이 높은지, 왜 화제성이 높은지 분석을 해왔었는데, 막상 화제성을 올리는 역할을 수행하는 부서가 없었다. 홍보부가 전통적으로 수행해 왔던 방식으로는 부족했다. 프로그램의 기획 단계에서부터 될성부른 작품을 선정하여 프로그램의 어떤 점을 소구할 것인지 결정하고, 첫 방송이 나가기 한참 전부터 티저 영상을 통하여 그 프로그램이 꼭 시청해야할 만한 기대작이라는 느낌을 시청자에게 전달하는 것이 중요했다.

할리우드 영화배급 방식 가운데 하나인 와이드 릴리즈wide release와 비슷한 전략이었다. 마침 편성국의 젊은 PD들 몇 명이 자신들이 그런 역할을 해보겠노라고 자원했다. 첫 대상 프로그램으로 수목 드라마 'W'를 선정했다. 전통적으로 MBC는 수목 드라마에서 SBS에 열세를 보여 왔는데, 'W'의 시놉시스나 연출자, 작가의 면면을 고려할 때 이번에는 해볼 만하다고 판단했기 때문이었다. 편성기획부가 중심이 되어서 홍보국, 드라마국의 유관부서와 전략홍보TF를 구성해, 방송 2개월 전부터 화제성 강화 프로젝트를 가동했다.

페이스북과 인스타그램에 'W'의 계정을 개설하고 주기적으로 티저 영상을 뿌리는 한편, 커뮤니티와 블로그에서 바이럴 마케팅을 했다. 우상단 예고 등 기존의 편성국에서 해오던 TV 프로모션은 물론, 예능이나 교양 프로그램에서도 'W'의 홍보를 할 수 있도록 편성국에서 조정 역할을 했다. 실무진의 열성에 힘입어 SNS 팔로워 24만 명에 동영상 클립은 총 3,400만 뷰를 달성했다. 그 결과 'W'는 방송 첫 주에 주간 전체 화제성에서 1위를 차지했고, 방영 기간 내내 수목극 화제성 1위를 지켰다.

이런 화제성에 힘입어 시청률에서도 첫 주 11%로 출발해 6주 연속 가구 시청률과 2049 시청률 1위를 차지했다. 수많은 채널들이 드라마나 예능 프로그램들을 쏟아내는 상황에서, 시청자들의 관심을 선점하고 시청자들의 입에 오르내릴 만한 얘기꺼리를 제공하는 방송사의 능력은 중요한 경쟁역량이라는 것을 실감할 수 있었다. 이후 월화 드라마 '역적-백성을 훔친 도적'과 수목 드라마 '군주-가면의 주인' 때도 전략홍보TF를 가동한 다음, 결과 보고서를 작성해 관련 부서들과 공유했다. 2년 뒤인 2018년 11월 최승호 사장 체제의 MBC가 조직 개편을 통하여 콘텐츠시너지국을 발족하였는데, 아마도 이 보고서가 참고가 되었을 것이다.

뉴스 시청률 하락 본격화

뉴스 시청률의 타격은 최순실 사태를 맞아 본격화되었다. 2016년 10월 24일 JTBC '뉴스 룸'에 단독 보도된 '최순실, 대통령 연설문 수정 파문' 기사는 정국의 흐름뿐만 아니라, 시청률의 흐름도 바꾸어놓았다. 2% 후반을 맴돌던 JTBC '뉴스 룸'의 시청률이 태블릿 PC 보도 이후 갑자기 7~9%대로 치솟으면서 MBC 뉴스데스크의 시청률이 뚝

떨어졌다. 5.9~6.0%를 오르내리던 주간 평균 시청률이 11월 셋째 주
가 되면서 3.9~4.2%로 2%P 가량이 떨어진 것이다.

'뉴스 룸'과 뉴스데스크의 방송 시간이 겹치는데다, JTBC가 앞장
섰던 태블릿 PC나 박근혜 대통령의 탄핵에 대해 MBC 뉴스가 유보적
입장을 취했기 때문이었다. 나는 당시 확인되거나 검증되지 않은 정
보에 부화뇌동하지 않았던 MBC의 논조가 언젠가는 제대로 평가받을
날이 있으리라 생각한다.

뉴스데스크는 2016년 10월 둘째 주에는 7.6%의 평균 시청률로
SBS '8시 뉴스'를 0.1%P 차로 누를 만큼 SBS '8시 뉴스'와의 격차를
좁혀나가던 중이었기에 그 충격은 더욱 컸다. 뉴스데스크의 시청률
만 떨어진 것이 아니었다. JTBC '뉴스 룸'의 방송시간이 8시부터 9시
30분까지였기 때문에, 뉴스데스크가 끝난 뒤 밤 9시부터 9시 25분까
지 방송되던 일일특별기획 드라마가 오히려 더 큰 타격을 입었다.

드라마보다 더 드라마틱한 사건이 벌어진 때문인지, 아니면 '워킹
맘 육아대디'의 후속 작품인 '황금주머니'의 자체 경쟁력이 떨어져서
인지, 최순실 보도 이후에 드라마의 주시청층이었던 여성 40대와 남
녀 50대가 대거 MBC에서 이탈하면서, 띠 편성의 효용성이 크게 떨어
진 것으로 드러났다. 진작에 일일특별기획 드라마를 폐지하고, 밤 9
시대 띠 편성을 바꿨어야했는데 하는 자책감이 들었다.

사실 '워킹맘 육아대디'를 마지막으로 일일특별기획을 폐지하자

는 얘기를 본부장에게 건의했으나 대체 프로그램 개발이 안 된 상태였기 때문에 관철시키지 못했었다. 결국 최순실 사태의 여파로 뉴스와 일일특별기획 드라마의 시청률이 큰 타격을 받은 끝에, 2016년도 연간 시청률은 가구시청률 6.2%로 2위, 핵심시간대 시청률 9.1%로 1위, 2049 시청률 2.11%로 2위를 마무리되었다.

돌이켜보면 보직 부장을 맡기 시작한 2007년 이래, 노조의 비난으로부터 자유로웠던 기간은 편성국장으로 보낸 2년뿐이었던 것 같다. 2017년 파업 때도 내가 편성국장으로 있던 때의 얘기는 나오지 않았다. 내가 편성국장으로 있는 동안 최선을 다하기도 했지만, 편성국에 배배꼬인 친구들이 없었기 때문이 아닐까 생각한다.

PART

03

공정방송
회복을 위한 길

Chapter01

공정성을
보장하기 위한 외국의
방송제도들

1 BBC의 방송 공정성 확보를 위한 장치

선진국에서도 노조가 방송의 내용에 관여하는 사례가 있는지 알아보자. 공영방송의 대명사인 BBC는 객관주의 저널리즘을 추구하는 대표적인 방송사이다. 앞에서도 잠시 언급했지만 1982년 포클랜드 전쟁 당시 BBC가 영국군과 아르헨티나군 사이의 전쟁을 마치 제3국의 방송처럼 객관적이고 중립적으로 보도한 것은 유명하다. 객관주의 저널리즘의 특징인 전문 직업주의를 신봉하기 때문에 프로그램의 편성권에 대해서는 회사가 배타적인 권한을 보유하고 있다. 노조가 개입할 여지가 전혀 없다는 얘기다. 다만, 편집, 제작에 관한 결정이 직원의 고용조건에 영향을 미칠 때에만 노사 합의의 원칙에 따라 협상이 이루어진다고 규정하고 있다.

영국 방송의 미래에 관한 애넌 위원회Annan Committee는 BBC를 향한 사회적 비판과 개혁 요구 등 다양한 제안들을 검토한 끝에 1977년 애넌 보고서를 발표했는데, 그중에 이런 내용이 있다. "공중이 일반적으로 생각하는 것은 이익집단이나 압력단체가 행사하는 통제는 정부의 간접적인 감독, 감시와 동일하게 나쁘다는 것이다."

고대영 전 KBS 사장은 국회 청문회 때 제출한 서면 답변을 통해 "방송법 제4조 2항에는 '누구든지 방송편성에 관하여 이 법 또는 다른 법률에 의하지 않고는 어떠한 규제나 간섭도 할 수 없다'라고 규정하고 있다. 여기에서 '누구든지'에는 노동조합도 포함된다고 생각한다."고 주장했다. 애넌 보고서와 같은 맥락이라고 볼 수 있다.

BBC에서 방송의 공정성을 확보하기 위해 가장 중요하게 생각하는 원칙이 '정확성'accuracy과 '적절한 불편부당성'이다. 불편부당성impartiality은 공적인 중요성을 띠며 논쟁의 여지가 있는 쟁점이나 이해관계가 첨예하게 대립되는 사안을 방송이 다룰 때, 그 내용에서 특정한 견해에 치우치지 않고 다양한 의사표명의 기회를 부여하는 것을 의미한다.

BBC도 내부의 진보적 편향 때문에 불편부당성의 원칙이 지속적으로 침해되고 있다는 비판에 직면한 적이 있었다. 그래서 '시소에서 수레바퀴 보고서'From Seesaw to Wagon Wheel를 통해 불편부당성의 기본원칙을 재천명했는데, 그중 다음과 같은 내용은 언론노조원들이 방송 현장의 절대다수를 차지하고 있는 우리 방송 상황에도 시사하는 바가 크다.

> 첫째, 프로그램 제작자들은 자신의 입장, 의견, 경험으로 인해 불편부당성이 침해되는 상황이 빚어지지 않도록 스스로 의심하고 점검하여야 한다.
>
> 둘째, BBC 자신이 견지하고 있는 '조직적 가치관'을 점검해 볼 필요가 있다. 이른바 '집단사고'는 그것이 옳다고 생각하기 때문에 존재하며, 강력하게 존재하기 때문에 의식되지 않는 경향이 있다. 그리고 바로 그 지점에서 위험이 싹튼다. BBC의 조직적 사고가 수용자의 사고와 유리된다면, 그 틈새에서도 위험이 자라날 수 있다.

BBC는 거의 10년에 한 번씩 영국여왕이 내리는 칙허장에 의해 BBC의 설치 근거와 거버넌스 틀이 결정된다. 2007년 BBC 칙허장 Royal Charter 갱신과 함께 등장한 새로운 경영감독 및 규제기구인 트러스트Trust는 칙허장과 정부협정서Agreement에 의거하여 편성준칙Editorial Guidelines과 시행세칙Editorial Policy Guidance을 재정비하였다.

뉴스의 경우에는 책임 편집자Editor, 시사 프로그램이나 다큐 시리즈의 경우에는 책임 프로듀서Executive Producer가 BBC의 편성준칙 준수 여부를 검증하는 역할을 하고 있다. '편성준칙'은 자체 제작이나 외주 프로그램을 불문하고 사전 녹화·녹음된 모든 방송물은 반드시 상급 편집자가 방송 전에 모니터를 하고, 그 결과를 기록·보관하도록 규정하고 있다.

뉴스의 경우는 생방송으로 분류되어 이 규정에서는 예외이다. 하지만 조사나 취재 과정에서 관련된 내용을 반드시 구체적인 노트나 기록물로 남기도록 규정하고 있다. 일상적인 문제에 대해서는 에디터나 책임 프로듀서가 결정을 내리지만 어려운 문제가 생기면 지휘계통상의 상급자나 편성정책위원회Editorial Policy and Standards Board에 협의하는 상향 협의upward referral를 한다. 사안에 따라서는 상급자나 편성정책위원회에 반드시 협의해야 하는 경우가 있는데 이런 절차를 의무적 협의mandatory referrals라고 한다.

이를 위해 편성준칙은 15개 주제에 대해 의무적으로 협의해야 할 사항을 편성준칙의 각 섹션 앞에 적시하고, 각 사안에 따라 누구와 협의해야 하는지 협의 상대자를 구체적으로 명시하고 있다. 예를 들어 정확성accuracy에 관해 규정하고 있는 섹션 3.2.1.에서는 '익명을 요구하는 한 사람의 제보자로부터 중요한 폭로 주장을 들으려고 할 때는 반드시 편성정책위원회 담당 이사와 상의하라.'고 규정하고 있다.

불편부당성과 관련해서는 섹션 4.2.1.에서 '평상시에 정치적 이슈나 정치적 의견을 다루지 않거나 정치인들이 출연하지 않던 스포츠나 퀴즈 쇼 등 일반 프로그램에 정치인을 출연시키려고 할 때는 반드시 정치 자문역Chief Adviser Politics과 상의하라.'며 구체적으로 '의무적 협의' 대상자를 지정하고 있다.

뿌리 못 내린 MBC의 방송제작 가이드라인

MBC도 PD수첩 '광우병'편이 사회적 물의를 빚은 이후 게이트키핑이 부실하다는 논란이 일자 2009년 1월 '방송제작 가이드라인'을 발표하였다. KBS도 그동안의 규정을 집대성한 '2016 방송제작 가이드라인'을 발표한 바 있다. 다들 BBC의 가이드라인을 참고한 것이다. 그럼에도 불구하고 방송의 공정성 시비가 끊이지 않는 것은 이런 장치들이 BBC의 편성준칙Editorial Guidelines처럼 방송사 조직에 내면화되지 않았기 때문일 것이다. BBC의 편성준칙은 단순한 가이드북이 아니라 확고한 제도적 지위를 지니고 있는 정책 매뉴얼이다. BBC의 편성준칙이 BBC의 뉴스나 시사 프로그램에 제대로 구현이 되는 이유는 무엇인지 생각해 보았다.

첫째, BBC는 현장 제작진들의 경험과 전문성에 바탕하여 내용과 절차를 아주 구체적으로 명시하고 있다. 반면에 우리 방송사의 가이드라인은 선언적 성격에 그치는 성격이 강하다. BBC의 경우 특히 시행세칙Guidance의 경우는 구체적인 상황에서 제작진들이 손쉽게 참고할 수 있도록 알파벳 순서로 정리해두고 있다.

둘째, 권한의 위임과 책임 소재가 명확하다. 사전 녹화·녹음물의 경우 반드시 책임 PD가 시사를 하고 그 결과를 기록·보존해야 한다는 BBC의 규정을 접하고 처음에는 잘못 본 것이 아닌지 눈을 의심했다. 우리 방송의 경우, 특히 제작 PD의 경우는 제작 자율성이란 명분 아래 상급자의 간섭을 거부하는 전통이 있는데, BBC의 가이드라인은 이와 달랐다. '상향 협의' 제도에 따라 사안이 복잡하고 논쟁의 소지가 클수록 협의의 대상은 더 상위의 책임자에게로 올라가게 된다. 협의는 직제 라인의 본부장Divisional Director을 거쳐 최종적으로는 최고편성책임자Editor-in-Chief인 사장Director General까지 올라간다. 또한 중요한 경우 반드시 관련 부서와 상의하게 하는 '의무적 협의' 규정을 둔 것도 책임 소재를 명확히 하기 위한 장치이다.

셋째, 2016년 칙허장에 의해 경영이사회로 대체되기 전까지는 BBC Trust가 경영감독과 규제기구의 역할까지 겸했기 때문에, 이를 어길 경우 확실한 제재가 가능했다. 우리나라의 경우는 방송통신심의위원회가 제재권한을 가지기 때문에 자사의 제작 가이드라인보다는 '방송심의에 관한 규정'에 더 신경을 쓸 수밖에 없는 한계가 있다.

2 독일과 오스트리아의 공정방송 제도

우리 방송이 편성규약의 모델로 삼고 있는 독일과 오스트리아의 편성규약 제도는 노동조합과 관계가 없다. 오스트리아는 1974년 개정된 방송법을 통해 편성규약제도를 최초로 법제화했다. 이 법은 오스트리아 방송공사ORF 기자의 자율성을 보호하는 방안으로, 기자는 그 저널리즘 활동의 자유에 배치되는 바를 쓰거나 책임지도록 강요될 수 없고, 정당한 이유로 이를 거부한 자에게는 하등의 불이익을 가할 수 없다고 규정하고 있다. 이를 위하여 ORF의 경영진과 기자그룹 대표 간에 편성규약 체결을 의무화하고 있다.

이런 편성규범 체계 아래서 사장을 비롯한 프로그램 책임자들은 프로그램 실무자에 대한 일반적인 지시권을 가지나 이 권한은 '테두리 설정 권한'에 국한된다. 어떤 프로그램이 어떤 내용으로 제작될 것인가, 어떤 직원이 어떠한 프로그램을 제작할 것인가, 특정 방송물이 송출될 것인가의 여부 및 시점, 프로그램의 대상과 길이, 제작자간의 업무분배, 제작을 위한 기술상·행정상의 인력 및 지원수단의 배정 등 일반적인 사항에 관해 결정권한을 갖는 것이다.

개개 프로그램의 내부적 형성에 관해서는 프로그램 실무자에게 자유로운 역할이 보장된다. 따라서 수집할 자료의 종류와 범위, 수집된 자료에 대한 판단, 전체적 연관 속의 사실 평가, 도서 선택, 인터뷰 상대 선정 등은 프로그램 실무자가 저널리즘의 전문적인 직업기준에 따라 자유로이 결정할 수 있도록 허용하고 있다.

프로그램 책임자는 프로그램 실무자의 사전 양해를 구할 필요도 없이 기술상 또는 편집상의 작업지시를 내릴 수 있다. 그것이 특정 기자의 확신에 반하는가의 여부는 지시받은 기자가 결정할 일이기 때문이다. 갈등 사안에 대한 최종 결정권은 '사장 직권'이라는 제도를 통해서 보장한다. 제작 실무자가 사장 직권 결정에 대해 불응할 경우 방송사 외부의 중재기관으로서 사법권의 판단에 위임하고 있다.

오스트리아 방송법에서 ORF 방송사업자의 권한을 제약하는 이런 편성규약을 의무화한 데는 이유가 있다. 원래 ORF는 연방정부와 주정부가 출자한 유한회사 형태였으나, 1974년 방송법 개정으로 독점적 공영방송 네트워크가 되었기 때문이었다. 그 후로도 오랫동안

ORF가 전파사용 독점권을 행사했고, 민영방송사는 위성이나 케이블을 통해서만 방송을 송출할 수 있었다. 이렇게 ORF가 독점적인 위상을 갖고 있는 상황에서 외적 다양성을 확보하기가 어려웠기 때문에 내적 다양성을 보장할 필요가 대두되었던 것이다.

다양성 보장하는 편성 규약

독일의 경우 바이마르 공화국 헌법에서는 우편과 전신에 관한 권한이 연방정부에 있다고 규정하여, 방송은 사실상 국가 통제 하에 있었다. 나치가 집권한 1933년 이후 방송은 나치의 중요한 선전도구였고, 괴벨스가 이끄는 선전부에서 방송을 통제했다. 나치는 체제 선전을 위해 값싼 라디오 수신기를 보급하고 외국의 방송 청취를 금지했으며, 적국의 라디오 방송국으로부터 청취한 내용을 다른 사람에게 유포하는 행위에 대해서는 징역이나 사형까지 구형하였다.

2차 세계대전이 끝난 이후 연합군 점령지역에서는 영국의 BBC를 모델로 공영방송국이 설립되었는데, 1950년 6개 지역 공영방송들의 연합체로 출발한 것이 제1 공영방송 ARD이다. 이후 ARD의 참여 방송사는 9개 공영방송사와 해외 독일어 방송인 DW로 늘어났고, 권역 내에 독자적 채널을 가지고 있으면서 Das Erste라는 전국 채널을 공동 운영하고 있다. ARD의 대내외적인 활동을 위하여 ARD 대표자를 선출하기는 하지만, 각 구성 방송사 대표들이 1년씩 교대로 근무하는 제도를 운영하고 있다.

1961년 ARD의 진보적인 보도 성향에 불만을 가진 기독교민주당의 아데나워 수상은 연방정부 주도로 '독일 텔레비전 유한회사'를 설립하고자 하였다. 그 과정에서 야당이던 사회민주당이 지배하는 주들의 참여를 배제하려고 하자 야당이 집권하던 주에서 연방헌법재판소에 권한쟁의 심판을 제기하였다. 그 결과 방송사의 설립, 조직, 프로그램 등에 관한 권한을 가지는 것은 주정부이며, 연방정부는 중계기술에 관한 권한만 가진다는 연방헌법재판소 판례가 나왔다.

연방정부에 의한 단일 방송국 설립계획이 무산되자 당시 기독교민주당 정권은 각 주의 야당과 타협하여 전국 단일채널인 제2 공영방송 ZDF를 1963년 설립하기에 이르렀다. 이러한 설립 배경 때문에 ZDF의 이사회 격인 텔레비전 평의회는 보수 정당 진영인 '흑우회'와 진보 정당 진영인 '적우회'로 나뉘어 심각한 대립과 갈등을 빚기도 한다.

ZDF는 텔레비전 평의회 3분의 2 출석과 출석자 3분의 2 이상의 찬성으로 사장을 선임하는 특별 다수제를 채택하고 있어서, 어느 한 정파가 승자독식을 할 수 없는 구조이다. 따라서 사장과 프로그램본부장을 여당이 맡으면, 보도본부장과 행정본부장은 야당에서 맡는 식으로 정치적 절충을 하는 것이 관례가 되었다. 독일은 1982년에야 민영방송이 출범하여 공·민영 이원방송 체제가 되었다.

독일은 나치 시대에 대한 반성으로 방송에 대한 국가의 개입을 최소화하고, 의견의 다양성을 보장하기 위한 제도적·절차적 체계를 중시해 왔다. 공영방송사를 관리·감독하는 기구로는 방송평의회와 행정평의회가 있다. 방송평의회는 공익적 편성이 이루어지는지를 감시한다. 방송 프로그램 품질을 감독하며, 방송사 경영을 평가하는 역할을 수행한다. 편성규약에 따른 제작 자율성 이슈를 담당하는 중재 기구로서의 역할도 한다. 우리나라의 방송문화진흥회, MBC 시청자위원회, 그리고 방송통신심의위원회 역할을 겸한다고 볼 수 있다.

방송평의회는 사회적으로 다양한 여론이 수렴될 수 있도록 정당, 사회, 문화, 종교, 시민단체의 대표 등 멤버 구성의 다양성을 보장하고 있다. 이처럼 방송평의회 구성의 다양성을 통해 경영과 프로그램 기획, 제작, 편성, 사후평가에 이르기까지 모든 과정에서 여론의 다양성을 보장한다. 방송평의회에서는 사장을 선임할 뿐만 아니라 방송사 경영을 일상적으로 감독하는 행정평의회 평의원을 선출한다.

독일의 편성규약 역시 '내적 다양성'을 보장하기 위한 수단이다. 편성규약은 1985년 사회민주당이 장악한 노르트라인베스트팔렌주州에서 WDR서부독일방송을 위한 법을 개정하면서 처음으로 도입되었다. 독일의 모든 공영방송에서 편성규약이 엄격하게 적용되는 것은 아니다. 편성규약은 주로 사회민주당SPD이 강세를 보이는 지역에 위치한 WDR, NDR 등을 중심으로 활성화되었다.

노르트라인베스트팔렌 주의회는 1987년 방송법에서 편성규약을 민영방송 허가 조건의 하나로 규정하여 이를 민영방송에까지 확대했다. 이 법이 방송에 대한 국가의 지나친 간섭이라는 이유로 헌법소원도 제기되었지만 연방헌법재판소는 합헌 판결을 내렸다. 한 채널의 방송 내용에서 다양한 의견 반영이 보장되려면 프로그램을 제작하는 단계에서부터 다양한 견해를 대변하도록 제작진에게 제작 자율권을 부여하여 내부에서부터 사상적 경쟁을 할 수 있도록 보장할 필요가 있다는 것이 판결의 요지였다. 그러나 방송인의 독자성은 어디까지나 방송의 내적 다양성 확보라는 목적에 한정된 것으로, 방송법에서 규정한 방송의 의무와 책임 범위를 넘어서는 개인적 자유를 보장하기 위한 것이 아니라는 점을 이 판결은 분명히 했다.

　　독일도 편성규약은 편성·제작 실무자가 참여하는 제작자총회와 제작자위원회를 두고 있는데, 임금과 복지협상을 주로 담당하는 노동조합과는 달리 프로그램 편성에 관련된 특수 사안만 담당한다. 갈등사안에 대해서 경영진과 의견이 불일치할 경우 중재위원회를 통해 해결하기도 하지만, ZDF의 경우처럼 직원대표가 사장과 직접 협상하면서 문제를 해결하기도 한다. 최종 결정은 대부분의 경우 사장 직권 혹은 사장 권한으로 규정하고 있다. 사장이 잘못된 결정을 내릴 때는 재임용 때 그 책임을 물을 수 있기 때문이다.

3

프랑스 방송의
공정성 장치

프랑스 방송은 독일 등으로 대표되는 북 유럽의 지역 분권적 공영 방송 제도와 달리 국가 통제적인 공영방송 제도를 오랫동안 유지해 왔다. 2차 세계대전 직후 설립된 RTFRadio-Télévision Française는 프랑스 공보부 직속 산하기관으로 정부에서 RTF의 대표와 임원진을 임명했다. 1964년 RTF가 ORTFOffice de Radio diffusion-Télévision Française로 바뀌면서 이사회가 구성되는 등 법적으로는 국가로부터 독립하는 모양새를 취하기 시작했다.

하지만 ORTF의 이사회 구성을 보면 정부 대표가 절반이고, 라디오 청취자와 TV 시청자 대표, 신문이나 잡지 등 활자매체 대표, 직원 대표와 이사로서의 자질이 충분한 외부 인사를 대표하는 인물들이 나머지 반을 채우고 있었다. 또 임기 3년의 사장은 정부에서 임명했기 때문에 여전히 정부의 강력한 영향력 아래 있었다.

1972년 통과된 미디어 관련법에서도 "국가는 프로그램 편성, 방송, 방송시설에는 독점권을 행사하지만, 방송 수신과 프로그램 제작은 독점 대상에서 제외된다."고 하여 방송 편성에 대한 국가독점을 유지했다. 1975년 ORTF의 비효율성을 개선하고 경쟁을 촉진하기 위하여, TF1, Antenne 2, FR3 라는 3개의 방송사로 분리 운영하였다.

1981년 사회당 집권 이후 방송편성의 국가 독점이라는 철학에 변화가 일기 시작하였다. 1982년 7월 29일 수정 방송법이 통과되면서 방송의 국가 독점이 깨졌다. 이후 1984년 첫 민영 유료 방송사인 카날 플러스Canal Plus가 설립되었고, 뒤따라 광고수입으로 운영되는 La5와 TV6가 설립되었다. 1987년에는 국영이던 TF1이 민영화되면서 전국 네트워크 방송사 기준으로 공영 4개사, 민영 3개사의 공·민영 혼합체계로 운영되고 있다.

산술적 균형을 엄격히 유지

오랜 세월 국가가 독점적인 영향력을 행사해 온 프랑스의 방송 상황에서 정치적 중립성 논란을 피하기 위해 프랑스 공영방송 제도가 선택한 전략은 엄격한 '산술적 균형'을 유지하는 것이다. 특히 선거와 관련하여 방송 프로그램에서 특정 인사나 정당, 정치 세력의 발언 시간이나 노출 빈도를 명세표로 작성하여 계량화함으로써 방송의 형평성 준수 여부를 판정하였다. 선거기간이 아닐 때에는 '3분의 3'trois tiers 규정이 적용되었다. 방송시간의 3분의 1은 정부, 3분의 1은 의회 다수당, 나머지 3분의 1은 야당에 할당하는 것이다. 우리나라의 방송위원회에 해당하는 CSAConseil Superieur de L'Audiovisuel가 방송시간을 계산해서 의회나 정치집단에게 결과를 알려준다. 이 '3분의 3'trois tiers 규정은 1969년 11월 12일 프랑스에서 첫 TV방송이 시작되면서 생겨나, 2009년 개정될 때까지 40년간 TV와 라디오의 정치적 중립을 보장하는 역할을 해왔다.

2009년 9월 1일부터는 '다원성'pluralisme이라는 새로운 규정이 적용되기 시작했다. 당시 사르코지 대통령의 언론 노출이 너무 많으니, '3분의 3' 원칙에 따라 정부가 할당받는 방송시간에 대통령의 발언도 포함시키라고 야당이 주장한 결과였다. 새로운 '다원성' 규정에는 '3분의 3' 원칙에 세 가지 사안이 추가되었다.

첫째, 대통령의 발언은 그 '내용'과 '맥락'에서 국내 정치와 관련된 부분으로 분류되는 방송시간만을 계산해서 포함한다. 다시 말해 국제외교와 관련된 대통령의 발언 부분은 앞서 설명한 시간 규제 원칙에서 제외된다. 따라서 외교 관련 연설 중 어디까지가 대통령으로서 국제정치에 관한 연설이고, 어디까지가 여당의 수장으로서 프랑스

내 정치에 관한 연설인지를 구분한다.

두 번째는 정부 각료, 국회 다수당 정치인들, 대통령 측근 등 여당 정치인들의 발언시간을 모두 하나로 묶어서 계산을 단순화한다.

마지막 세번째로 국회 야당의 방송시간은 여당과 대통령의 발언시간을 합한 시간의 절반 이하가 되어서는 안 된다. 이러한 규정에 따라서 각 채널이 CSA에 제출한 시간 계산 자료는 매월 국회와 각 당 대표들에게 통지된다. 프랑스의 '다원성' 원칙은 구체적인 내용에 대한 개입이라기보다는 형식적 규제 방식이며, 조사 결과 방송사를 직접 제재하기보다는 정치단체나 정당에게 공표하는 방식을 취하고 있다는 것이 특징이다.

4 방송의 공정성 원칙을 둘러싼 논란

지금은 폐지되었지만 미국 방송계의 '공평 원칙'Fairness Doctrine은 1949년 미국의 FCC가 공정한 여론 형성을 위해 마련한 방송 원칙이다. 미국의 방송 시장을 과점하는 3대 지상파 네트워크가 편향된 여론을 조성하는 것을 막기 위해 첫째, 공중파 방송사업자는 중요한 논쟁적 이슈들을 시청자들에게 소개하여야 하고, 둘째, 그 이슈들을 소개할 때 다양한 시각을 소개해야 한다고 의무화하였다.

이 원칙으로부터 두 개의 규칙이 파생되었다. 먼저 '인신공격규칙' Personal Attack Rule은 방송 중에 특정 개인이나 단체가 인신공격을 당했을 때 방송사가 해당 개인이나 단체에게 일주일 이내에 속기록을 보내서 그 사실을 고지하고 반론 방송을 제공해야 한다는 규칙이다. 또 하나 정치논평규칙political editorial rule은 방송에서 공직에 출마하는 특정 후보를 지지하거나 반대하는 논평을 했을 경우 상대방 후보들에게 그 사실을 알려서 적절한 반론권을 제공해야한다는 규칙이다.

1969년 펜실베니아주의 보수 라디오방송국 'The Red Lion Broadcast Co. 對 FCC' 판례는 공평 원칙을 둘러싼 기념비적인 판례로 평가받고 있다. 우파 라디오 방송 진행자가 프레드 크룩Fred Crook이라는 언론인을 잠재적인 공산주의자라고 비난하자 크룩은 동일한 시간의 방송 기회를 요청했다. 하지만 The Red Lion Broadcast Co.가 반론 기회를 거부하자 크룩이 소송을 제기하여 연방대법원까지 올라간 사건이다. 언론 자유freedom of speech를 주장하는 The Red Lion Broadcast Co.에 대해 재판부는 공평 원칙이 합헌이라며 "언론의 자유는 시청자나 청취자의 권리이지 방송사업자의 권리가 아니다."는 취지의 판결을 내렸다.

이 같은 공평 원칙에 대해 보수주의자들은 불만이 많았다. 이들은 전반적인 언론계 성향이 민주당 지지여서, 논쟁적 사안에 대해 정치적 정당성Political Correctness의 구애를 받지 않고 보수의 목소리를 선명하게 내는 토크 라디오방송이 필요하다고 생각했다. 공화당 출신의 레이건 대통령이 재임 중이던 1985년 FCC는 공평 원칙이 언론 자유를 위축시키는 효과가 있다는 견해를 밝혔다.

다양한 시각을 소개해야 한다는 규칙 때문에 논쟁적인 이슈들을

아예 다루지 않게 되는 위험성이 있다는 것이었다. 또한 케이블TV
의 등장으로 전파의 희소성이 상당 부분 희석된 상황 변화를 이유로
1987년 공평 원칙을 폐지했다. 민주당이 공평 원칙의 복원을 입법화
하자 레이건 대통령은 거부권을 행사하였다. 공평 원칙의 폐지로 방
송에서 다른 시각의 의견을 기계적으로 함께 소개해야 하는 족쇄가
풀리게 되었다.

한국판 '공평 원칙' 도입 검토해야

그러자 '러시 림보 쇼'The Rush Limbaugh show 등 보수 성향의 토크 라
디오방송이 기승을 부리기 시작했다. FM 라디오에 밀려서 살길을
모색하던 AM 라디오가 공평 원칙의 폐지를 기회로 활용한 것이다.
1994년 조사에서 러시 림보 쇼의 청취자수가 2,000만 명에 이를 정
도로 보수 토크 라디오방송이 성장했다. 1994년 미국 공화당이 30년
만에 상하 양원에서 다수당이 된 것은 토크 라디오의 힘을 여실히 보
여준 사례로 평가되고 있다. 이를 지켜본 루퍼트 머독이 1996년 폭스
뉴스Fox News를 출범시키면서 '러시 림보 쇼'를 벤치마킹한 오라일리
쇼O'Reilly Factor를 선보였다. 이 방송은 친공화 · 반증세 · 친기업 · 반
노조 · 친기독교 · 반환경적인 노선을 고수했고 보수적인 시청자들은
열광했다.

이에 힘입어 폭스 뉴스 채널은 2002년부터 시청률 1위 자리를 고수하고 있다. 오늘날 미국의 여론과 정치가 극단적으로 양극화되고 증오의 정치를 불러온 원인 중 하나로 꼽히는 것이 바로 이 공평원칙의 폐지와 이에 따른 미국 토크 라디오, 폭스 뉴스 등 케이블 뉴스채널의 정파성 강화이다.

우리나라에서는 대표적으로 TBS '김어준의 뉴스공장'이 진보 편향적인 방송을 한다는 논란의 와중에 있다. 나는 적어도 공영방송인 KBS, MBC나 서울시민의 세금으로 운영되는 TBS에는 한국판 '공평원칙'의 적용을 검토해 볼 필요가 있다고 생각한다.

지금까지 세계의 주요 공영방송들이 방송의 공정성을 담보하기 위하여 어떤 정책이나 제도를 운용하고 있는지 살펴보았다. 각국의 공영방송은 핵심적인 존립 근거로 '의견의 다양성과 다원주의의 보장'을 들고 있다. BBC에서는 방송사 구성원의 집단사고를 경계하면서, 정확성과 불편부당성을 강조하는 정교한 편집 가이드라인을 운용함으로써 공정성 논란에 대응하고 있다. 독일의 경우에는 과거 나치 시대에 대한 반성으로, 다양한 의견을 소개하는 것이 공영방송의 기본적 방송공급 책무의 하나라고 헌법재판소가 판결한 바 있으며, 이를 보장하기 위해 방송평의회 구성에 있어서 다양한 이념 스펙트럼을 가진 정치, 사회, 이익, 종교 단체의 참여를 보장하고 있다.

독일과 오스트리아에서는 제작 종사자의 '내적 자유'를 보장하기 위해 편성규약을 제정하고 편성위원회를 구성하게 하고 있으나, 이는 더 큰 헌법적 가치인 의견의 다양성을 보장하기 위한 수단적 성격을 띠고 있다. "언론의 자유는 시청자나 청취자의 권리이지 방송사업자의 권리가 아니다."라는 미국 연방대법원의 판례와도 일맥상통한다고 볼 수 있다. 프랑스의 경우는 방송 내용이 정파적으로 치우치는 것을 막기 위해 아예 산술적 균형을 맞출 것을 공영방송사에 요구하고 있다. 물론 방송사에서는 편성의 자유가 침해당한다며 불만이 있지만, 다양성이라는 더 큰 헌법적 가치를 위해 숙명으로 받아들인다.

이처럼 그 어느 나라에서도 방송의 공정성을 이유로 공영방송 노조가 방송 내용에 개입하거나 총파업에 들어가는 경우는 없었다.

Chapter 02

공정방송을
위한 제언

1

갈 길 먼 공영방송의
공정성 확보

우리나라에 공영방송 제도가 도입된 지도 꽤 많은 세월이 흘렀다. KBS가 공사체제로 전환한 것이 1973년 3월 3일이고, MBC 지분의 70%를 소유한 비영리공익법인 방송문화진흥회가 1988년 12월 31일 설립되었고, EBS는 2000년 공사로 전환되었다. 공영방송이 사회의 갈등을 조정하고 공론을 형성하는 게 아니라 오히려 갈등을 증폭시키는 역할을 하는게 우리 실정이다. 그동안 공영방송에 대한 문제점들이 제기될 때마다 해결책으로 제시된 것이 공영방송 지배구조 개선 법안과 공영방송 사장 선임 방식에 대한 개선 방안들이다.

대표적인 공영방송 지배구조 개선법안은 박홍근 더불어민주당 의원이 2016년 7월 제안한 법안으로 민주당·국민의당·정의당 의원

162명이 공동 발의했다. 이른바 '언론장악방지법'이라 불린 이 법안의 주요 내용은 다음과 같다.

① 방송통신위원회에서 추천 또는 임명하는 공영방송 이사의 추천 권한을 국회로 넘기도록 했다.

② KBS이사회와 방송문화진흥회, EBS이사회 이사 정원을 동일하게 13인으로 늘리고 여야에서 각각 7대 6의 비율로 추천하면 대통령이 임명토록 했다. 단 EBS의 경우 여당 추천에서 교육부 장관이 추천하는 1인과 대통령령으로 정하는 교육 관련 단체에서 추천하는 1인을 포함하도록 했다.

③ 방송 사업자와 취재 · 제작 · 편성 부문 종사자 대표가 각각 5인씩을 추천해 총 10인으로 편성위원회를 구성토록 했다. 편성위원회에는 방송편성규약 제 · 개정과 방송편성책임자 임명 제청, 시청자위원회 위원 추천 등의 권한을 부여했다.

④ 이사회에서 공영방송 사장을 선임할 땐 '특별 다수제'를 따르도록 했으며, 사장 추천위원회 구성에 대한 규정을 신설했다.

⑤ 그 외 부칙 조항으로 법이 시행되고 3개월 내에 공영방송 이사진 등 경영진을 새로 구성한다는 내용을 담고 있다.

2016년 7월에 이 법이 제안되었으니, 최순실 태블릿PC에 관한 기사가 최초로 보도된 2016년 10월 24일 훨씬 이전의 일이었다. 2017년 대선을 앞두고 어떤 당이 정권을 잡을지 모르는 '불확실성'이 큰 상황에서 대선 패배 가능성까지 염두에 두고 제출된 법안이라는 분석이 나왔다. 정권이 바뀌고 나서도 한동안 이 법안에 대한 집권여당의 입장은 변함이 없었다.

2017년 취임 100일 기념회견 때까지만 해도 문 대통령은 "공영방송 지배구조 개선을 제도적으로 보장해서 정권이 언론을 장악하지 못하도록 확실한 방안을 입법을 통해서 강구하겠다. 이미 국회에 그런 법안들이 계류되고 있는데, 그 법안의 통과를 위해서 정부도 함께 힘을 모을 것"이라고 밝혔다.

그랬던 문재인 대통령이 2017년 8월 22일 과학기술정보통신부와 방송통신위원회 업무보고에서 기존 입장과 다른 발언을 한다.

"(이대로 시행되면) 최선은 물론 차선의 사람도 (공영방송) 사장이 안 될 수 있다."며 "온건한 인사가 선임되겠지만 소신 없는 사람이 될 가능성도 있다."고 말했다. 대통령이 우려를 나타내자 분위기는 바뀌었다. 정치권이 독식하는 구조가 아니라 시민사회의 의사를 반영하는 방안을 도입하자는 법안들이 제출된 것이다. 정의당 추혜선 의원 법안의 주요 내용은 다음과 같다.

① 지역, 성별, 연령을 두루 고려해 균형 있게 위촉한 200명으로 이사추천국민위원회를 구성한 뒤, 이 위원회에서 이사 후보자들에 대한 공개 면접을 실시해 재적 위원 3분의 2 이상의 투표를 통해 다득표 순으로 13명의 이사를 추천하되 ② 여성, 청년, 경영, 방송기술 분야의 각 1인을 포함하도록 했다.

더불어민주당 이재정 의원 법안의 주요 내용은 다음과 같다.

① KBS나 방문진 이사 9명을 각 분야 대표성을 고려해 방송통신위원회가 추천하고 대통령이 임명하되, KBS나 MBC 및 그 구성원, 방송학계가 추천하는 사람이 전체 이사진의 3분의 1 이상 되도록 하고 ② 공영방송 사장 선임 때 국민 대표성을 고려해 100명 이상 홀수의 위원으로 사장추천위원회를 만드는 내용이다. 성별, 지역 등을 고려해 안심 전화번호로 100인 이상 200인 이하(홀수)의 위원을 선정하고 이들의 과반 찬성으로 한 명을 후보자로 추천하는 방식이다.

2017년 11월 김장겸 사장 해임 이후 잔여 임기를 채울 MBC 사장을 뽑을 때는 선임과정을 일반 국민들에게 공개했다. 방문진 이사회에서 후보자 3배수를 뽑은 다음, 인터넷으로 생중계되는 가운데 일반 시민들이 방청하는 정책 설명회를 가졌고, 그 이후 방문진 이사회에서 최종 면접을 할 때 시민들의 질문을 함께 소화하는 방식을 채택했다. 시민들의 의견이 점수 산정에는 반영되지 않았다.

　　KBS의 경우는 170명 규모의 시민자문단이 참여하는 가운데 사장 후보자 3명이 나서는 정책설명회를 실시하였다. 그래서 시민자문단의 평가결과를 40% 반영하고, KBS 이사회의 면접 결과를 60% 반영하여 가장 높은 배점을 받은 후보자를 사장 후보로 확정하는 방식을 취하였다. 하지만 시민자문단의 선정 과정에 대한 공정성 논란이 있었고, 시민자문단 평가의 변별력에 대한 문제 지적도 있었다.

　　이재정 의원이 제안한 방식은 KBS나 MBC 사장 선임에 있어서 소위 '국민 대표'들로 구성된 사장추천위원회가 전적으로 결정하는 것이었다. 자유한국당과 바른미래당은 민주당이 과거 야당 시절에 당론으로 발의한 방송법 개정안(박홍근안)을 처리해야 한다고 더불어민주당을 압박하고 나섰다.

　　한편, 방송통신위원회는 대통령 업무보고 이후 독자적인 공영방송 지배구조 의견서를 마련하고 국회에 제출을 했다. 2018년 12월 26일 방통위 전체회의에서 확정한 의견서의 주요 내용은 공영방송이 정치

영향에 좌우되지 않도록 중립 또는 완충지대 역할을 할 '국민추천 이사제'를 도입하는 것이 핵심이었다.

① 이사 정원의 3분의 1 이상 또는 일정 수 이상을 국민의견을 수렴해 위원 전원 합의로 선임하고, 선임 절차 및 과정은 공개토록 했다.

② 이사 수는 13명으로 증원, 의사 결정의 연속성 확보를 위해 임기 교차제, 정치적 후견주의 방지를 위한 '연임 제한' 등을 도입한다.

③ 국민추천 이사제 도입 등 이사회 개선을 전제로 사장추천위원회 및 특별다수제 도입 여부 등에 대해서 이사회에 재량권을 부여했다. 다만, 사장 후보자 추천과정에서 이사회가 국민 의견을 직접 듣도록 의무화하고, '특별 다수제' 도입 시 의사결정 지연방지를 위해 일정 기간(3개월 등) 경과 후 과반수제로 전환하는 보완규정 마련 등을 제안했다.

2018년 11월 5일 대통령과 여야 대표들이 모인 국정 상설협의체가 첫 회의를 갖고 12개 항의 합의문을 발표했다. 그 가운데 방송법 개정안을 본격적으로 논의한다는 합의가 있었다. 그래서 국회 과방위는 방송법 개정안을 집중적으로 심의해 늦어도 2019년 2월 임시국회까지 처리할 수 있도록 노력하자고 합의했다. 하지만 세부 논의에 들어가서는 의견 차이를 좁히지 못해, 2019년 10월 현재까지도 방송법 개정안은 처리될 기미를 보이지 않고 있다.

한편 언론노조, 민언련 등 241개 시민단체로 구성되었다고 주장하는 방송독립시민행동이라는 단체는 국회 과방위가 방송법 개정안 논의를 시작하자 2019년 1월 22일 기자회견을 열고 그들의 입장을 이렇게 밝혔다.

① 공영방송 이사 선임은 방송통신위원회가 전적인 권한을 행사한다.

② 정치권이 공영방송 이사 선임에 개입하는 것을 금지하는 것을 법률로 명문화하고, 이를 어길 경우 형사 처벌 조항을 신설한다.

③ 공영방송 사장 선임 시 시민 참여와 공개검증을 제도화하고, 종사자와 이사회 의견을 일정 비율 반영한다.

④ 정부, 현업 언론인, 다양한 계층을 대표하는 이용자 국민, 미디어학계와 시민사회가 적극적으로 참여하는 사회적 논의 기구인 '(가칭)미디어개혁 국민위원회'의 구성을 제안했다.

국민의 대표로 '공영방송 사장추천위원회'를 구성하자는 얘기나 '공영방송 이사추천국민위원회'를 구성하자는 얘기나, 정치권의 공영 방송 이사 선임에 대한 개입을 금지시키자는 얘기나 공통점이 있다. 그들이 말하는 국민이나 시민은 진보 성향의 국민이라는 것이다. 국회라는 대표성이 있는 기관을 버려두고, 자의적으로 국민의 대표를 새로이 선정하여 공영방송 사장이나 이사를 뽑는다는 것이다. 세계 어느 나라도 그런 식으로 선출하는 사례는 없다.

공영방송 이사 선임에 있어서 국회의 개입을 금지하자는 주장은 대의제 민주주의를 부정하는 것이다. 그런데도 그런 주장을 하는 이유는 두 가지로 짐작된다.

현재의 승자독식 지배구조가 마음에 들어서 개선할 생각이 없는데 야당에서는 바꾸자고 하니 실현 가능성이 없는 줄 알면서도 주장하고 있거나, 혹시 대통령 선거에서 정권을 잃더라도 공영방송에 대한 지배권은 놓치지 않기 위해서 열성 지지자들이 참여하는 공영방송 지배구조를 만들어놓겠다는 생각일 것이다.

나는 공영방송 사장 선임방식이나 이사 선임방식을 바꾼다고 해서 방송의 공정성이 갑자기 좋아질 수 있다고 생각하지 않는다. 현재 MBC의 경우 전체 본사 직원 1,700여명 가운데, 언론노조 MBC본부에 가입한 노조원은 1,200명 가량이고, 제2노조인 MBC 공정방송 노조원은 8명, 제3노조인 MBC노동조합은 36명이다. 언론노조는 과반

수 노조일 뿐만 아니라 전체 노조 가입자의 96%에 이를 정도로 압도적인 세력이다. 지역 MBC에는 그나마 제2노조나 제3노조가 아예 없다. 현재 기자나 PD로 방송 현업에 종사하는 사람은 거의 100% 언론노조원이라고 보아도 무방하다.

KBS에도 3개의 노조가 있다. 2019년 2월 8일 현재 전체 노조원의 수는 3,768명인데, 그중 언론노조 KBS본부에 속한 노조원은 2,150명이다. 기업별 노조인 KBS노조의 구성원들은 대부분 기술직이고, PD나 기자 직종에서는 대부분이 언론노조원들로 구성되어 있다. 그래도 MBC보다는 제작 현장에 보직 간부 출신의 비노조원들이 많은 편이어서, 가끔 언론노조와 결이 다른 목소리들이 나오기도 한다. SBS의 경우는 언론노조 이외에 다른 노조가 없다. 이런 상황에서는 BBC가 경계했던 집단사고의 위험이 클 수밖에 없다.

이른바 집단사고를 깨기 위해 꼭 필요한 것이 바로 내적 다양성이다. 내적 다양성은 당장은 경영진에게 성가실 수 있지만 더 큰 실패를 방지해 준다는 차원에서 꼭 필요하다. 무엇보다도 공영방송의 존재이유인 의견의 다양성과 다원주의를 위한 필수조건이기도 하다.

2 공영방송의 다양성을 위한 방안

　　우리나라 공영방송이 의견의 다양성과 다원주의를 보장함으로써 극심한 국론 분열을 해결하는 공론의 장으로 역할하기 위해서는 어떤 제도적 장치가 필요한지 생각해 보았다.

1. 방송법 제6조의 실효성을 살린다

　　우리 방송법 제6조는 다음과 같이 다원주의 내지 의견의 다양성에 관한 규정을 담고 있다. ②항에서 '방송은 성별·연령·직업·종교·신념·계층·지역·인종 등을 이유로 방송편성에 차별을 두어서는 아니 된다.' ⑤항에서 '방송은 상대적으로 소수이거나 이익추구의 실현에 불리한 집단이나 계층의 이익을 충실하게 반영하도록 노력하여

야 한다.'

⑨항에서 '방송은 정부 또는 특정 집단의 정책 등을 공표함에 있어 의견이 다른 집단에게 균등한 기회가 제공되도록 노력하여야 하고, 또한 각 정치적 이해 당사자에 관한 방송프로그램을 편성함에 있어서도 균형성이 유지되도록 하여야 한다.'라고 규정하고 있다.

나는 개인적으로 방송법 제6조 9항의 정신만 제대로 지켜진다면 공영방송에 대한 논란은 대부분 사라질 것이라 생각한다. 문제는 이 방송법 제6조 9항이 선언적인 의미에 그칠 뿐 실효성이 없다는데 있다. 그래서 프랑스의 공영방송에서 시행하고 있는 산술적 균형 보장책인 '다원성' 규정이나 미국에서 시행했던 공평 원칙의 '인신공격규칙'과 '정치논평규칙'을 방송법 시행령으로 강제하면 어떨까 한다.

방송사 경영진에게 정치적인 중립성을 지킬 수 있도록 명분을 제공한다는 의미도 있다. 물론 방송사 편성권에 대한 침해가 아니냐, 방송사에 지나친 부담을 주는 것이 아니냐는 불만이 나올 수 있다. 하지만 현재 우리나라의 공영방송은 그런 불만을 얘기하기엔 너무나 심각한 신뢰의 위기에 처해 있다. 극심한 진영논리와 이에 따른 국론분열을 예방할 수 있다면 도입을 검토해 볼 필요가 있다.

2. 방송법 제4조 2항의 성격을 명확히 한다

방송법 제4조 2항은 '누구든지 방송편성에 관하여 이 법 또는 다른 법률에 의하지 아니하고는 어떠한 규제나 간섭도 할 수 없다.'고 규정하고 있다. 이 '누구든지'의 범위에 이익단체인 노조도 포함된다는 것을 명확히 함으로써 한국 공영방송의 고질병인 파업의 악순환에 종지부를 찍어야 한다.

현재 언론노조는 '민주노총과 제 민주단체 및 진보정치세력과 연대하여 노동자 민중의 정치세력화를 위하여 다음 각 호의 사업을 추진한다.'는 정치위원회 규정을 가지고 있다. 정치적 중립과 균형성을 유지할 의무를 가지고 있는 공영방송의 편성에 개입할 자격이 없는 셈이다. 더군다나 2000년 통합방송법이 제정될 때 언론노조의 요구로 방송법 제4조 4항이 신설되었으니 노조가 방송의 편성에 개입할 명분은 더욱 없어진 셈이다. 방송의 공정성에 관한 문제를 방송법이 아닌 노동법 차원에서 해결하려는 접근 방식은 중단되어야 한다.

3. 방송법 제4조 4항을 보완한다

현재 방송법 제4조 4항은 '종합편성 또는 보도에 관한 전문편성을 행하는 방송사업자는 방송 프로그램의 자율성을 보장하기 위하여 취재 및 제작 종사자의 의견을 들어 방송편성규약을 제정하고 이를 공표하여야 한다.'고 되어 있다. 방송편성규약에 관한 내용만 규정하고 있는 것이다. 제4조 2항의 성격을 명확히 한다는 전제하에 편성위원회의 역할을 명문화함으로써 그 기능을 활성화해야 한다. 방송의 공정성 문제를 노조가 아닌 편성위원회를 통하여 논의하게 된다면 보수정권이 들어서더라도 무단협無團協 상태가 될 위험성을 줄일 수 있다. 설사 무단협 상태가 되더라도 제작 자율성에 대한 문제 제기가 가능해서 파업과 같은 극한상황을 방지할 수 있다는 장점이 있다.

또한 방송법 시행령 등을 통해서 편성위원회의 역할, 구성 방식, 편성위원의 선정방식, 중재기관 등에 대해 정교하게 규정해야 한다. 언론노조에서 주장하는 '노사 동수 편성위원회'는 책임을 지지 않는 언론노조가 권한만을 행사하는 셈이기 때문에 문제가 있으며, 내적 다양성을 보장하는 측면에서도 허용되어서는 안 될 것이다. 따라서 '노사 동수'가 아닌 '사용자와 제작 종사자 동수' 위원회의 방식으로 추진해야 한다. 또한 제작 종사자의 범위를 확대해야 한다.

독일 ARD 계열의 공영방송인 남서독일방송SWR은 제작 종사자의 범위를 기자, 데스크, 진행자, 리포터, 방송작가, 연출자 그리고 SWR 협약상의 자원봉사 기자로 폭넓게 규정함으로써, '내적 다양성'을 보장하기 위한 편성규약 본래의 목적을 잘 살리고 있다. 제작 종사자의 대표를 선정하는 방식 또한 명확히 규정할 필요가 있다. ORF의 경우 총 1,300여명의 제작 실무자들이 10명당 1명의 대의원을 선출하여 총 130명의 대의원을 선출하고, 이 가운데 3명을 제작자 대표로 최종 선출한다. 이 과정이 오스트리아 방송법에 명시되어 있다.

편성위원회에서 갈등 조정이 되지 않을 경우 이를 해결하기 위한 중재위원회의 설치 또한 필수적이다. 오스트리아 ORF의 경우 중재위원회는 3인의 중재위원으로 구성된다. 편성위원회와 사측은 각각 1인의 중재위원을 선임하며, 이들은 상호 합의를 통해 1주일 안에 사외 인사 가운데 법률가 1인을 나머지 위원으로 위촉해야 한다. 만약 중재위원회에서도 결정을 내리지 못할 경우 문제 사안은 법원에 이관되어 민사소송법이 정하는 규정에 준하여 결정된다.

편성위원회에서 사용자와 제작 종사자 사이의 의견이 팽팽하게 갈려서 결론이 나지 않을 경우, 방송통신위원회 산하 방송분쟁조정위원회의 기능을 확대하여 여기에 중재기능을 맡기든지 KBS 이사회나 방송문화진흥회에 그 기능을 맡길 수도 있다고 본다.

4. 시청자위원회의 구성에 이념적, 정치적 다양성을 보장한다

시청자위원회는 2000년에 제정된 통합방송법이 '시청자 주권'을 강조하면서 방송자문위원회의 권한을 대폭 확대한 것이다. 방송법 제4조 2항은 '누구든지 방송편성에 관하여 이 법 또는 다른 법률에 의하지 아니하고는 어떠한 규제나 간섭도 할 수 없다.'고 규정하고 있다.

방송사의 편성에 합법적으로 간섭하도록 설치된 기관이 시청자위원회이다. 시청자위원회는 '방송 편성에 관한 의견 제시 또는 시정 요구' 그리고 '방송사업자의 자체 심의 규정 및 방송 프로그램 내용에 관한 의견 제시 또는 시정 요구'를 할 권한을 가지고 있다.

방송사업자는 시청자위원회가 필요로 하는 자료의 제출 또는 관계자의 출석·답변을 요청하는 경우에는 특별한 사유가 없는 한 이에 응하여야 하고, 시청자위원회의 의견 제시 또는 시정 요구를 받은 경우에도 특별한 사유가 없는 한 이를 수용하여야 한다. 시청자위원회는 방송사업자가 의견 제시 또는 시정 요구를 부당하게 거부하는 경우, 방송위원회에 시청자 불만처리를 요청할 수 있다.

하지만 이렇게 막강한 권한과 직무를 부여받고 중요한 역할을 해야 할 시청자위원회의 구성에 있어서 다양성과 균형성이 부족하다는 것이 문제다. 현재 방송사는 각계의 시청자를 대표할 수 있는 사람 중에서 '방송통신위원회 규칙' 제24조에서 지정한 단체로부터 추천을 받아 시청자위원을 위촉하고 있다. 학부모단체, 소비자보호단체, 여성단체, 청소년 관련기관 또는 단체, 변호사단체, 언론 관련 시민·학술단체, 장애인 등 사회소외계층의 권익을 대변하는 단체, 노동 관련 기관 또는 단체, 경제단체 또는 문화단체, 과학기술관련 단체 등 시청자위원을 추천할 수 있는 단체는 다양하다. 하지만 방송사에서 자사의 성향과 같은 사람들을 시청자위원으로 위촉하기 때문에 레드 팀Red Team 역할을 하는 사람은 없다고 봐도 무방하다.

더군다나 2019년에 체결된 MBC 단체협약에는 시청자위원을 노사 합의로 구성된 '시청자위원 선정위원회'를 통하여 선정하게 되어 있다. 방송사 시청자위원 선정위원회를 노사 합의로 구성하라는 2018

년 방송통신위원회의 권고에 따른 것이다. 다른 방송사의 경우도 유사할 것이다. 이렇게 되면 언론노조와 정치 성향이 같은 사람들로만 시청자위원회가 구성되어서 더더욱 의견이나 관점의 다양성은 기대할 수 없게 되었다.

1980년대의 공정성 논의가 '민주 대 반민주'의 대립구조에서 나타난 민주적 요구를 반영한 것이라면, 2004년 탄핵보도 이후의 공정성 논의는 '보수 대 진보'의 대립구조에서 나타난 보수적 요구라 할 수 있다. 따라서 각 방송사 시청자위원회 구성에서 정당이나 이념 스펙트럼의 다양성이 보장되도록 방송법 시행령이나 '방송법 시행에 관한 방송통신위원회 규칙'을 개정하여야 할 것이다.

5. 방송문화진흥회의 기능을 강화시킨다

방송문화진흥회의 여권 이사들이 자주 쓰는 말이 있다. "방문진은 외부의 정치 세력으로부터 MBC를 보호하는 역할만 하고, 가급적이면 MBC가 자율적으로 경영할 수 있도록 간섭을 최소화해야 된다." 나는 이런 태도가 그동안 공영방송의 문제점들을 키워왔다고 생각한다. 시청자들이 MBC에 대해 느끼는 불만은 방송문화진흥회를 통하여 MBC 경영진에게 제대로 전달되어야 한다. '견제와 균형'은 나라뿐만 아니라 공영방송을 제대로 운영하는데도 꼭 적용되어야할 원칙이라고 생각한다.

방문진법 제 5조에 따르면 방문진의 업무는 'MBC의 경영에 대한 관리 및 감독'이라고 매우 포괄적이고 모호하게 규정되어 있다. 방문진법 제10조에 규정된 방문진 이사회의 권한은 다음과 같다.

예산·자금 계획 및 결산, 기본재산의 취득 및 처분, MBC의 공적 책임에 관한 사항, MBC의 기본운영계획에 관한 사항, 결산 승인에 관한 사항, 경영평가 및 공표에 관한 사항, MBC 정관 변경 승인에 관한 사항, MBC 사장 추천에 관한 사항 등

업무와 권한이 이처럼 포괄적이고 모호하게 규정되어 있기에 방문진은 마음 먹기에 따라 무소불위의 권한을 행사할 수도 있다. 2017년 11월 이완기 이사장 때의 일이다. 방문진 구여권 이사 2명(유의선, 김원배)의 자진 사퇴와 고영주 전 이사장의 해임 이후 방문진 이사회의 다수를 차지한 다음 김장겸 사장을 해임하였다. 그리고 "자숙하면서 MBC 기본운영과 관련된 최소한의 업무만 하고 인사나 새로운 계약 행위 이런 활동은 하지 않았으면 한다."는 공문을 통해 남아 있는 경영진들을 무력화시키기도 했다.

하지만 이런 사례는 MBC 경영진이 정권의 눈 밖에 났을 때의 일

이다. 경영진이 정권의 신뢰를 잃었다는 신호가 없는 한 방문진 이사들은 이렇다 할 견제 역할을 제대로 하지 못했다. 정치권의 승자독식 체제에서 비롯된 진영논리 때문이기도 하겠지만, 방문진의 업무와 권한에 대한 규정이 너무 모호한 탓도 크다고 생각한다.

우리나라 방송 관련 단체는 여야 진영이 3:2 또는 6:3, 7:4로 구성되어 있다. 그 정점에 있는 방송통신위원회는 5명의 위원으로 구성되는데, 위원장을 포함한 2명을 대통령이 지명하고, 나머지 3명을 국회의 추천을 받아서 임명한다. 3명의 국회 추천 위원 중 대통령이 소속되거나 되었던 정당의 교섭단체가 1명을 추천하고, 나머지 교섭단체가 2명을 추천하기 때문에 3:2의 구도를 이룬다.

방송통신심의위원회는 9명의 위원으로 구성되는데, 대통령이 위촉한다. 9명 중 3명은 국회의장이 각 교섭단체 대표의원과 협의하여 추천한 자를 위촉하고, 또 3명은 국회 소관 상임위원회에서 추천한 자를 위촉한다. 따라서 대통령이 지명한 사람이 3명, 여당이 추천한 사람이 3명이 되어 6:3의 구도가 된다.

KBS 이사회는 11명으로 구성되는데, 각 분야의 대표성을 고려하여 방송통신위원회에서 추천하고 대통령이 임명한다. 방송통신위원회에서 추천을 하기 때문에 관례적으로 방통위의 3:2 구도가 반영된다. 그래서 11명의 5분의 3은 6.6명이기 때문에 여당 7명 대 야당 4명의 구도가 된다.

3 방문진의 MBC 관리 이렇게 개선하자

　방문진 이사회는 9명의 이사로 구성되는데, 이사는 방송에 관한 전문성 및 사회 각 분야의 대표성을 고려하여 방송통신위원회가 임명한다. 방통위의 구성비로하면 9명의 5분의 3은 5.4명이기 때문에 여야가 5:4가 되어야 할 것 같은데 관례적으로 6:3의 구도로 이어져 왔다.

　방문진 이사회는 재적이사 과반수의 찬성으로 의결하기 때문에, 현재의 여야 구성비로는 소수 이사들이 낸 안건이 결의될 가능성은 거의 없는 실정이다. 그래서 MBC 구성원들도 정권이 바뀌는 등의 격변기가 아니면 방문진에 대해 그다지 신경을 쓰지 않는다. 어차피 회사의 입장을 옹호하는 결론이 내려질 것이라 생각하기 때문이다. 게

다가 방문진은 KBS 이사회와는 달리 방송사 외부 조직이기 때문에, MBC 이사회에서 결의한 내용을 사후에 보고받는다.

그렇다 보니 방문진에서 문제를 지적해도 사후약방문에 그치는 경우가 대부분이다. 방문진 정기이사회가 월 2회에 불과한 실정에서 제대로 된 관리감독이 이루어질 리가 없다. 그동안 방문진의 기능에 대한 논의가 있을 때마다, 방문진 이사를 어떻게 그리고 몇 명을 뽑느냐하는 문제에만 논의가 집중되어온 느낌이 있다. 더 중요한 것은 방문진이 MBC를 더 잘 관리 · 감독할 수 있도록 체계를 갖추는 일이다.

첫째, 지금까지 MBC의 가장 큰 문제가 되어 왔던 방송의 공정성 문제에 있어서 MBC의 방문진에 대한 설명책임의무accountability를 강화해야 한다. MBC나 언론노조는 방송법 제4조 2항을 들어서 편성 독립권에 대한 침해라고 반발하겠지만 방문진법 제10조 5항에 MBC의 '공적 책임'에 관한 사항을 방문진이 심의 · 의결하게 되어 있어서, 법적으로 아무런 문제가 없다.

회사 경영진이나 언론노조, 시청자위원회가 같은 정치적 성향을 띠고 있을 때, 그나마 의견의 다양성을 보장할 수 있는 길은 방문진의 야권이사들이 문제를 제기하는 것이다. 독일의 방송평의회처럼 방문진 이사회의 산하에 공정성위원회 같은 기구를 둬서 정기적으로 방송의 공정성을 논의한다면 견제가 될 것이다.

방문진에 대한 MBC의 설명 책임의무와 관련해서 문제가 되는 것이 MBC가 단체협약으로 채택하고 있는 국장 책임제이다. 방문진에 대하여 설명책임을 지는 사람은 본부장들인데, 막상 프로그램에 대한 모든 실무 권한과 책임은 국장들이 가지고 있다. 그렇다면 방송의 편성, 제작, 보도에 관한 방문진의 관리 · 감독권은 무력화가 되는 셈이다. 어쩌면 언론노조가 국장 책임제에 그토록 집착하는 것도 방문진의 간섭에서 벗어나고자 하는 이유 때문일 것이다. 이 문제에 대한 해결책이 나와야 할 것이다.

둘째, 지역 MBC에 대한 관리감독을 강화하는 방향으로 법이 개정되어야 한다. 1988년 방송문화진흥회법을 제정할 때 지역 MBC의 소유구조에 관한 고민이 부족했던 것 같다. 방문진법 제1조는 "이 법은 방송문화진흥회를 설립하여 방송문화진흥회가 최다 출자자인 방송사업자의 공적 책임을 실현하고, 민주적이며 공정하고 건전한 방송문화의 진흥과 공공복지 향상에 이바지함을 목적으로 한다."고 규정하고 있다.

지역 MBC는 방문진이 아니라 서울 본사가 최다 출자자이기 때문에 방문진법의 적용 대상이 아니다. 따라서 지역 MBC가 과연 공영방송이냐 하는 부분에서 논란이 발생할 수 있다. 사실 MBC 본사의 경우도 공영방송이라 부를 만한 법적 근거는 현행 방송법에 없다.

현재 지역 MBC의 경우 본사보다도 훨씬 미래전망이 어둡다. 콘텐츠 판매수입이 있는 본사와는 달리, 광고 수입에 거의 전적으로 의존하고 있는데 지상파 광고 수입은 계속 줄고 있는 추세이기 때문이다. 향후 5~6년이 지나면 사내 유보금을 다 소진해서 차입경영에 들어갈 것이 뻔한 데도 근본적인 대책은 없다. 본사의 경영에 대해서는 방송문화진흥회가 관리 · 감독을 하지만, 지역 MBC는 관리의 사각지대가 되고 있다. 현재 MBC 본사가 보유한 지역 MBC 주식을 방문진으로 이관하여, 방문진이 지역 MBC에 대한 체계적인 관리 · 감독을 할 필요가 있다.

MBC는 소유구조에 있어서는 KBS와 같은 공영이지만, 운영방식은 민영방송과 같이 광고판매 및 콘텐츠 판매에 의존하고 있다. KBS처럼 감사원 감사나 국회의 결산 심사 등 외부 간섭도 전혀 받지 않는다. 그래서 MBC를 '무늬만 공영방송'이라고 비판하는 사람도 있다. 방송 내용에 있어서도 민영방송인 SBS보다 특별히 더 공영방송다운 면모를 보여주는 것도 없다.

2조원대가 넘는 MBC의 자산을 민영화한다면 그 돈으로 많은 일을 할 수 있다. 그럼에도 불구하고 MBC가 공적 소유 형태로 유지되어 온 것은 노조가 파업 불사 등 결사항전을 외친 탓도 있지만 MBC가 국민들로부터 사랑을 받았기 때문이었다. 자율적으로 경영하면서도 경영실적을 잘 내고 좋은 프로그램도 많이 만들고 있으니 굳이 손을 댈 필요가 없다는 생각을 국민들이 가졌기 때문이다. 그래서 역대 정권들도 MBC 민영화를 적극적으로 추진하지 못했다.

그런 의미에서 본다면 공영방송 MBC는 지금 위기를 맞이하고 있다. 본사에서만 최근 2년 사이에 2,000억 원이 넘는 영업적자를 기록했고, 앞으로도 비상한 방안을 마련하지 않으면 경영이 개선될 기미가 보이지 않는다. 지역 MBC의 경우 수년 내에 차입 경영에 들어갈 수밖에 없는 상황이다. 그런데도 불구하고 내부 구성원들은 고액 연봉 등 자신들이 누려온 기득권을 포기하려 하지 않고 있다.

무엇보다 심각한 것은 MBC가 더 이상 온 국민의 만나면 좋은 친구가 아니라, 특정 진영 사람에만 좋은 친구가 되고 있다는 현실이다. MBC는 정권이 바뀔 때마다 오른쪽에서 왼쪽으로 급변침을 계속 해왔다. 공영방송이 사회 통합 기능을 발휘하지 않고 특정 진영 논리를 옹호하는 데 앞장서는 것은 자신의 존재의미를 내팽개치는 일이다. MBC가 진정한 공영방송으로서의 정체성을 확립하는 데는 골든타임이 얼마 남지 않았다는 생각이 든다. 국민들의 인내심이 오래갈 것이라 생각되지 않기 때문이다.

함께 힘들었던 분들께
응원의 박수를

2017년 연말은 유난히 추웠다.

MBC가 있는 상암동의 겨울은 더 그랬다. 김장겸 사장을 비롯해 백종문 전 부사장, 김상철 감사, 최기화, 김성근, 이은우, 오정환, 윤동렬, 이주환, 이흥우 등 동료 본부장. 최재혁 전 제주MBC 사장 등 지역 MBC 사장들…

그해 겨울 힘들었던 분들에게 힘내시라 응원의 박수를 보낸다.

어려운 일을 겪으면서 사람 공부를 많이 했다.

歲寒然後 知松栢之後凋(세한연후 지송백지후조)라는 말처럼 어려운 처지에 처해 보면 누가 진정한 벗인지 알 수 있는 법이다. 당시 편성제작본부의 김지은, 홍상운, 신동호, 유정형, 조창호, 유경민 국장. 그 외에도 방송을 지키기 위해 각자의 자리에서 최선을 다해 주던 MBC 직원들께 감사드린다.

회사를 나오고 나서도 고마운 분들을 많이 만났다. 수시로 불러내서 용기를 북돋아주시던 큰 형님 같은 변상인 회장님, 신원식 장군님, 온갖 하소연을 들어주고 공감해 주셨던 영우 아버님과 어머님, 또한 동아고 27기 친구들 덕분에 삶에 대한 긍정적인 태도를 유지할 수 있었다.

고등학교 한참 후배지만 인생 선배 같이 듬직한 국정리더십포럼 정호윤 대표. TV조선 주용중 본부장, 월간조선의 김성동 편집장과 최우석 기자, 동아일보 서정보 부장, 최우열 기자, 정성택 기자, 조선일보 신동흔 차장, 구본우 기자, 펜앤마이크 성기웅 기자 등 언론계 동료 여러분에게도 감사드린다.

이 책의 많은 부분은 각종 성명서를 통해 내부 사정을 꾸준히 알려온 이순임 전 공정방송노조 위원장과 MBC노동조합 동지들의 용기에 힘입은 바가 크다.

또한 이렇게 딱딱한 원고를 멋진 책으로 만들어 주신 도서출판 프리뷰 가족들, 출판에 대한 귀중한 조언을 해주신 김현호 뉴시스 상임고문, 법률 검토를 해준 박종관 변호사, 정선미 변호사께도 감사드린다. 이 책을 쓰는 동안 지난 일들이 주마등처럼 스쳐가면서 가족들이 얼마나 마음고생을 했을까 새삼 깨닫게 되었다. 나보다 더 나를 걱정해 주고 아파했던 가족들에게 이 기회를 빌어서 정말 미안했다는 말, 고맙다는 말을 전하고 싶다.

김도인

적폐몰이,
공영방송을 무너뜨리다

초판 1쇄 인쇄 | 2019년 12월 6일
초판 1쇄 발행 | 2019년 12월 16일

지은이 | 김도인
펴낸이 | 이기동
편집주간 | 권기숙
편집기획 | 이민영
마케팅 팀장 | 유민호
디자인 | 박성진
교열 | 이민정
인쇄 | 상지사 P&B

주소 | 서울특별시 성동구 아차산로 7길 15-1 효정빌딩 4층
이메일 | previewbooks@naver.com
블로그 | http://blog.naver.com/previewbooks
전화 | 02)3409-4210
팩스 | 02)463-8554, 02)3409-4201
등록번호 | 제206-93-29887호

ISBN 978-89-97201-52-5 03070